{prometeo
l i b r o s

prometeo
libros

LOS DUEÑOS DE LA PALABRA

Acceso, estructura y concentración de los medios en la América latina del siglo XXI

Martín Becerra y Guillermo Mastrini

Prólogos de Carlos Mesa y Enrique Bustamante

Equipo de investigación: Andrés D´Alessandro (Argentina), Rolando Siles Marañon (Bolivia), James Görgen (Brasil), Claudia Lagos Lira (Chile), Humberto Coronel Noguera (Colombia), Mauro Cerbino (Ecuador), Luis Albornoz (España), José Carlos Lozano Rendón (México), Jorge Torres Romero (Paraguay), Gabriel Chávez Tafur (Perú), Alexandra Dans (Uruguay), Oficina de IPYS en Venezuela (Venezuela)

LOS DUEÑOS DE LA PALABRA

Acceso, estructura y concentración de los medios en la América latina del siglo XXI

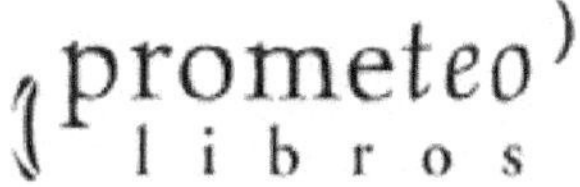

Índice

A los lectores

El Instituto Prensa y Sociedad se complace en presentar un nuevo resultado de los estudios que iniciaran en el año 2003, tendientes a medir la concentración de los medios de comunicación en América latina. Este trabajo complementa la búsqueda ofrecida por el IPYS en *Periodistas y Magnates* (Mastrini y Becerra, Ed. Prometeo, Buenos Aires, 2006), libro pionero que por primera vez mostró la foto regional de la propiedad concentrada de las industrias culturales.

Para el IPYS, las contribuciones centrales del libro permiten no solamente avanzar en la comprensión integral sobre el funcionamiento de los medios de comunicación, de las industrias culturales y de actividades colindantes, sino también complementar el conocimiento sobre las condiciones que operan en las rutinas del periodismo y de otras profesiones de la información y la comunicación en el presente, en América latina.

Debemos agradecimiento a la Fundación Ford, cuyo respaldo financiero permitió reunir en el proyecto a periodistas y académicos de varios países, dirigidos por los profesores Guillermo Mastrini y Martín Becerra. Ellos acometieron una tarea singular y excepcionalmente difícil, pues sigue vigente la paradoja de que los medios de comunicación latinoamericanos, en la etapa más abierta y de mayor profusión informativa de la historia, representan un sector renuente a la transparencia.

Estamos profundamente reconocidos a Mastrini y Becerra, con quienes esperamos continuar informando sobre los medios y contribuyendo a democratizar al especio radioeléctrico. Debemos también agradecer a los miembros del Comité Regional del IPYS, que actuó a modo de grupo consultivo del proyecto. La continuidad de este exitoso proyecto cuenta con la participación de numerosas personas que han contribuido también a darle vida, particularmente los investigadores de cada país que aportaron la valiosa e inédita información reunida en este volumen: Andrés D´Alessandro (Argentina), Rolando Siles Marañon (Bolivia), James Görgen (Brasil), Claudia Lagos Lira (Chile), Humberto Coronel Noguera (Colombia), Mauro Cerbino (Ecuador),

Luis Albornoz (España), José Carlos Lozano Rendón (México), Jorge Torres Romero (Paraguay), Gabriel Chávez Tafur (Perú), Alexandra Dans (Uruguay), y la Oficina de IPYS en Venezuela (Venezuela). También al personal del IPyS que participaron activamente de un proyecto que ha sido inédito y por lo tanto, motivó la capacidad de articulación, de búsqueda, de construcción conjunta y de conceptualización de sus protagonistas.

La información que se ofrece en este libro corresponde al año 2004 y a las tendencias registradas en el primer lustro del siglo XXI, y ya estamos trabajando para medir la del año 2008, con el objetivo de establecer un índice histórico de la concentración de medios en América latina. Con estos elementos, esperamos contribuir a una reflexión más profunda y documentada sobre la diversidad informativa en las democracias latinoamericanas.

Cuando hace tres años presentamos el libro *Periodistas y magnates*, que desplegaba los primeros datos sobre la estructura y la concentración de medios en la región, Horacio Verbitsky, Danilo Arbilla y Armand Mattelart coincidieron en destacar el valor de inducir a un necesario y pendiente debate tanto sobre pluralismo, diversidad y concentración, como sobre las modalidades de la censura directa e indirecta en nuestros países.

Hoy, con *Los dueños de la palabra*, estamos listos para seguir debatiendo sobre las consecuencias de la brutal concentración de medios que nos es presentada. Estamos honrados de que los primeros en tomar la palabra hayan sido el ex presidente de Bolivia, Carlos Mesa, con las penetrantes reflexiones contenidas en el prólogo de este libro y el catedrático Enrique Bustamante, de la Universidad Complutense de Madrid, cuyos aportes teóricos guían a los autores del trabajo en su complejo desafío metodológico.

Ricardo Uceda
Director del IPYS
Lima, marzo de 2009

La palabra, esencia de la libertad

Carlos D. Mesa Gisbert
Ex presidente de Bolivia

La palabra, ¿lo es todo? Lo explica extraordinariamente aquella frase cuyo valor poético y fuerza define lo humano "…y el verbo se hizo carne", del Nuevo Testamento. Es, sin duda, el retrato del ingrediente que nos da las características esenciales como personas. Palabra es lenguaje, lenguaje es comunicación, pero es también conciencia, es sentido de la singularidad. Somos, pero sobre todo sabemos que somos.

La comunicación, traducida con tanto acierto en el sentido del título de esta obra como palabra, abarca en consecuencia al conjunto de acciones humanas que comunican. Pero comunicar en el siglo XXI no es simplemente la expresión de las ideas de cada uno de nosotros a través de la palabra. Partes insignificantes como somos en este mar de casi seis mil quinientos millones de personas, nuestras voces son sólo gotas de agua, su multiplicación es y ha sido una tarea tecnológica que ha producido "milagros" que desde tiempos inmemoriales permitieron la difusión de la palabra para que fuera recibida por cientos, miles, millones y miles de millones de seres humanos. Hoy, un acontecimiento trascendente o no tanto (el atentado contra las torres gemelas o la final de la copa del mundo de fútbol, por ejemplo), puede ser seguido en la pantalla en el mismo instante por dos mil o dos mil quinientos millones de personas. Los códices, la imprenta, la radio, el telégrafo, la telefonía, la televisión, los satélites, la telefonía móvil y el Internet, literalmente nos han conectado. El verbo se ha hecho carne de un modo diferente, se ha apropiado de nosotros a la vez que nosotros somos verbo en esencia.

¿Quién maneja ese verbo de masas? Ésta es la cuestión crucial de este tiempo, la propiedad que en este caso quiere decir el apropiarse de algo que es de todos, pero que cada vez lo es menos.

La paradoja permanente e inherente a nuestra naturaleza de que todo se concentra y todo se disgrega a la vez, es también una realidad en lo que se refiere a los medios de comunicación de masas. La idea básica fue que la tecnología –como de hecho ocurrió– iba a hacer realidad que nuestro gigantesco planeta se convertiría en la célebre aldea global de McLuhan. Una aldea que como en la pequeña villa medieval, la del pregonero y el trovador, cuenta con pregoneros y trovadores que en una fracción de segundo comunican y transmiten ideas, pero el pregonero no eres tú, ni tú, ni yo…no somos ya necesariamente dueños de la palabra. Blas de Otero decía que lo último que queda es la palabra. "Me queda la palabra" dijo el poeta, en una bella expresión que prolonga el concepto más poderoso de nuestra especie.

¿Nos queda la palabra?

Martín Becerra y Guillermo Mastrini intentan demostrar que la palabra se nos escapa cada vez más, que la libertad de expresar esas ideas ya no es de todos en la acepción universal. Su estudio sobre la concentración del poder mediático en América latina, en el primer quinquenio de este siglo, es una confirmación dramática de que en nuestras naciones que se mueven en un mar de contradicciones, en el abismo de riqueza y pobreza más grande del mundo, reproducen ese abismo en el tema de los medios de comunicación.

La idea básica es que el sentido de democracia, de participación, de dar voz a los que no tienen voz (la gran utopía de cambio de los años sesenta y setenta en el continente) y el esfuerzo que fue la creación fallida del Nuevo Orden Internacional de la Información (NOII), sigue plenamente vigente, pero se enfrenta a varias cuestiones de fondo. La primera de ellas, el viejo dilema entre medios de comunicación pública y privada. En ese contexto, en la primera premisa es válido también preguntarse a propósito de la diferencia entre medios del Estado y medios del gobierno. Esta primera ecuación se resolvió mal en la mayor parte de nuestras naciones a diferencia de los importantes y exitosos esfuerzos desarrollados en Europa. Los objetivos se confundieron y la política mal entendida derrotó a la obligación de servir a la sociedad.

Paralelamente, el avance de los medios privados tuvo dos elementos que fueron celebrados con gran entusiasmo siguiendo el estilo de los Estados Unidos, el del desarrollo tecnológico y sobre todo la premisa de que la competencia era el mejor instrumento para la búsqueda de excelencia y calidad. Se sumó además la idea de que, ante la manipulación de los gobiernos en el uso de sus medios, no había mejor camino que la respuesta desde la libertad. Esta reflexión obviamente tomó cuerpo fundamentalmente con el surgimiento de la radio, pero muy especialmente de la televisión. La historia anterior no es que fuese radicalmente diferente, es que tuvo un efecto mucho menos importante, dadas las limitaciones de difusión referidas a ámbitos urbanos y sectores de relativo poder adquisitivo cuando sólo la prensa era el símbolo de los medios masivos.

A esos argumentos se fue sumando otro más que debatible, la idea de que particularmente los medios audiovisuales no hacen otra cosa que ofrecer al espectador lo que éste pide. En otras palabras, que responden a los intereses de los espectadores, cuando es más que evidente que las condicionantes de competencia, vía "rating" y "share", juega al sofisma de ¿qué es primero, el huevo o la gallina? El "moldeo" de los gustos de la audiencia es de un descaro tal, que nos exime de mayores consideraciones, apelando, como era previsible, a apretar las teclas más sensibles de morbo, gusto por lo escabroso y pulsiones oscuras de los seres humanos.

Pero sin duda, el punto crucial del trabajo de Becerra y Mastrini es un análisis que parte de un problema central, la concentración de poder a través de la propiedad de los medios, concentración a partir de grandes holdings, o locales o trasnacionales, que van uniformando intereses y definiendo tendencias . La concentración de poder rompe uno de los principios básicos de la libre empresa, la libre competencia. La competencia se disfraza de cara al consumidor promedio, pero no puede mantener ese perfil en el conocimiento de la estructura de grupos de poder que además van aumentando la concentración de ese poder. Al contrario de lo que podía preverse, las condiciones de inversión demandada son tales hoy en día, que los medios de propiedad familiar, de pequeñas o medianas empresas locales, van siendo superados por la presión que con ventaja pueden imprimir los grandes conglomerados que además se vinculan con otras actividades que son muchas veces, en última instancia, las que definen la razón por la que se debe mantener el control de medios, aunque éstos no sean necesariamente rentables y la defensa de intereses muy concretos y particulares.

Los autores no se limitan a consideraciones de carácter conceptual, sino que llevan adelante un importante trabajo radiográfico de la realidad del continente a partir de cifras de consumo, inversión y penetración de los medios de comunicación de masas y de difusión y distribución de cultura. El haber incluido a los libros en este circuito me parece una consideración importante a la hora de un análisis en profundidad de las cifras que retratan la realidad latinoamericana.

El punto en cuestión es, hecho el diagnóstico, cómo encontrar solución a una tendencia que, por otra parte, no es exclusivamente latinoamericana sino mundial. Hay que intentar aprender y sacar conclusiones de las lecciones recibidas. Los esfuerzos del debate de los sesenta y setenta enfrentaron dos realidades que aún no han sido superadas, la primera es que los estados no han sido capaces de administrar adecuadamente los medios de su propiedad. El segundo elemento es el referido a la legislación. Es en este punto donde debe trabajarse intensamente en la lógica de distinguir el derecho a la libre expresión, a la información y la garantía plena de esas libertades y a la vez establecer límites a la concentración de poder en el control y propiedad directa de medios a través de holdings o sus equivalentes.

La apertura de una discusión en profundidad sobre la cuestión parecería más probable en una región que está girando ideológicamente hacia un cuestionamiento de principios liberales ciegos, pero a la vez empezamos a percibir el riesgo de que retornemos a la lógica (muy improbable de aplicar en la práctica, pero sí en un discurso cada vez más fuerte) del control de los medios a la inversa: "Todos con el Estado, nada fuera de él y menos contra él", cuando la confusión entre Estado y gobierno y lo que es peor entre gobierno y personas mesiánicas comienza a ser una confusión peligrosa para la idea de democracia en el América latina.

Sea como fuere, la evidencia revelada en este trabajo de investigación está fuera de duda. El aporte de Becerra y Mastrini es fundamental como panorama global del continente que permite ratificar lo que se intuye. El trabajo aporta datos, promedios y situaciones con nombre y apellidos que ratifican la realidad de una peligrosa concentración de la palabra, el bien más preciado de la especie, la razón que nos coloca en este nivel extraordinario de pensar sobre nosotros mismos y comunicarnos para construir comunidad.

PRÓLOGO

Atreverse a cuestionar a "los dueños de la palabra"

Enrique Bustamante
Catedrático de Comunicación Audiovisual
y Publicidad, Universidad Complutense de Madrid

Martín Becerra y Guillermo Mastrini, al frente de un equipo de investigación multinacional, nos ofrecen en este texto un panorama iberoamericano de la concentración de la oferta y del consumo de las industrias "infocomunicacionales", de las redes de acceso y de los contenidos culturales de mayor impacto económico y social. Coordinadores de un estudio similar realizado en 2004 (*Periodistas y magnates: Estructura y concentración de las Industrias Culturales en América Latina*) pionero por su ambición y su extensión, perfeccionan ahora sus instrumentos de análisis para ofrecernos un estudio empírico sobre 12 países de la región, entre los que se incluye el caso español, actualizado con datos de cuatro años después (2000-2004), lo que tiene el valor añadido de marcar una evolución histórica y un apunte de las tendencias que se proyectan hacia el horizonte del futuro.

Ante el planteamiento y los resultados de su trabajo hay que agradecer, en primer lugar, la valentía de enfrentarse a un tema "políticamente incorrecto" en nuestros países, que pocos poderes (económicos pero también políticos), van a agradecerles; También el trabajar en un campo espinoso en el ámbito científico, cuya matriz –perspectivas, metodologías, conclusiones– no deja de estar marcada inevitablemente por las ideologías y los intereses. Porque la academia, la ciencia, no están libres de las batallas que se entablan en los demás campos sociales.

Ante la concentración, tenemos en primer lugar el propio discurso de los grandes grupos nacionales, regionales, mundiales, que han construido una doctrina muy acabada de defensa y declinan incesantemente: la talla, cada vez más gigantesca, supondría un elemento básico de protección de la independencia y la libertad de expresión frente a los gobiernos; la integración vertical, horizontal, multimedia, permitirían defenderse mejor de los ataques de los grupos hostiles, véase de los grupos foráneos, con lo que estarían actuando como valladar de la comunicación y la cultura nacional o regional. De aquí a su autopresentación como "campeones nacionales" de nuestras identidades culturales no hay apenas pasos intermedios.

El problema es que, según nuestra experiencia vital colectiva, a mayor talla los grupos de comunicación y cultura multiplican también sus intereses, sus condicionamientos sobre los valores simbólicos, sus relaciones con el poder político y con el resto del poder económico, con la proliferación subsiguiente de las censuras y autocensuras. Además, el tamaño gigantesco no parece proteger a nuestra creatividad y diversidad cultural porque se orienta a los segmentos del mercado más protegidos y menos arriesgados, diversificando las alianzas con los grupos multinacionales de los que dicen defendernos, actuando no pocas veces como importadores privilegiados de sus productos y servicios culturales y comunicativos. En cuanto al plano informativo, los tamaños empresariales excesivos en un campo tan sensible suponen reiteradamente tareas de lobby que los gobiernos difícilmente pueden resistir.

En el ámbito científico, estas ideas han calado abundantemente con la impunidad que permite estar en el bando hegemónico y triunfador. Argumentan así algunos investigadores que no está demostrado que la concentración en grandes grupos disminuya la diversidad, puesto que ya hay muchas voces plurales que la competencia por el mercado estimula; arguyen asimismo que los grandes mastodontes en esta área dotan a sus múltiples filiales y divisiones de autonomía completa, haciéndoles sensibles a las canteras de innovación cultural para maximizar sus beneficios; y finalizan añadiendo que, en todo caso, como en cualquier otro sector del mercado capitalista, bastaría con vigilar si las concentraciones tienen consecuencias negativas, de abuso de posición dominante, adoptando sólo entonces medidas correctoras.

Olvidan estas corrientes que la cultura y la comunicación tienen una cara insoslayable que condiciona y subordina a la perspectiva económica: su enorme valor en términos de pluralidad ideológica y creativa, su trascendencia en la redistribución social, su centralidad en la participación democrática. De forma que las decisiones ex post no son posibles en terrenos tan sensibles para la vida social, haciéndose necesarias medidas a priori, para defender a la sociedad de posiciones potencialmente dominantes que dañarían irreversiblemente su funcionamiento y calidad. En términos sintéticos, sería como si consideráramos neutrales a las formas de gobierno, incluyendo las dictaduras, para remitir su juicio a un análisis caso por caso para verificar si perjudican a la sociedad. Sin caricaturas, la conclusión de estas corrientes es que el mercado ya provee de lo mejor de la cultura y la comunicación, por lo que no son necesarias medidas anticoncentración negativas (cuotas máximas de audiencia y mercado, prohibición de cruces accionariales monomedia o multimedia) ni positivas (apoyo a las Pymes, a los editores o productores independientes, a los propios creadores).

Tal refinamiento de la batalla ideológica en este terreno ha tenido la virtud de obligar a avanzar mucho más en la investigación crítica. Ciertamente, la concentración en grandes unidades productivas no es el único problema. La cuestión radica generalmente en su ambición rápida del máximo beneficio, que los impulsa a una financiarización rápida (bolsa, obligaciones, empréstitos) y a endeudamientos muy peligrosos que exigen a su vez enormes tasas de beneficios permanentes; y en las consecuencias de esta dinámica de management "moderno" sobre los lanzamientos culturales y comunicativos: lógica del *fast seller*, del producto testado de éxito, del marketing y la publicidad intensivos; olvido de las demandas de los públicos minoritarios; rechazo de la innovación y la creatividad arriesgadas…Es decir, el peligro no radica sólo en los productos globales sino también y especialmente en los mimetizados de nacional y regional, como cultura clónica mundial con ligeras pátinas de marketing local.

Becerra y Mastrini orillan estos riesgos ideológicos al adoptar una postura crítica y al realizar un estudio empírico detallado de la estructura de las industrias infocomunicacionales en los doce países considerados. En cuanto a la oferta, comprueban una estructura recientemente concentrada en muy pocas manos que apenas dejan un porción congrua (un 18 por ciento de media en la región) para la competencia de otros agentes como pequeñas y medianas empresas, creadores, cooperativas, sectores asociativos…Grupos pues demasiado grandes para nuestros países y regiones, aunque resulten a veces demasiado débiles frente a los grupos globales para defender y promocionar las culturas más débiles.

En su objeto de estudio, sin embargo, los autores destacan con luz propia dos campos asimétricos. De un lado están las redes –digitales en su mayoría– de acceso, en donde se comprueban desigualdades profundas que afectan a grandes mayorías de la sociedad. Elementos hoy vitales para la competencia social como la telefonía básica o móvil o el acceso a Internet (en banda ancha sobre todo), comparables en materia de opción de contenidos simbólicos con lo que en el pasado significaba el acceso a la música grabada, la radio o la televisión (todos ellos necesitados de aparatos lectores pero, sobre todo, de redes de difusión), muestran así su cara profundamente desigualitaria que implica hoy una profunda brecha en la posibilidad de acceso a la cultura digital. Las cifras de acceso a Internet constituyen el parámetro más significativo de esta reproducción de la pobreza, especialmente en cuanto a la imprescindible dotación de banda ancha, que la progresión de la telefonía móvil no parece que vaya a solucionar. A ello se suma el minoritario, discriminatorio e incluso descendente a veces acceso real a todos los contenidos de pago por el usuario, como la prensa escrita, el cine, el libro o la televisión de pago.

La visión conjunta de esta investigación permite comprobar así que los sectores sociales mayoritarios más pobres no sólo siguen teniendo un acceso discriminatorio a las redes que permitían el acceso a la cultura y la comunicación analógicas, sino que redoblan ahora su desigualdad cuando se los mantiene fuera de las nuevas redes digitales. Es decir, que enormes porciones de la sociedad quedan marginadas de un conjunto de soportes que vehicula la cultura en el mundo analógico y en el digital, con el agravante de que en estas últimas radica en buena medida las posibilidades de supervivencia y competencia, de lucha y ascenso social, de existencia y participación democráticas de todos los ciudadanos. Una brecha digital mantenida que redobla las fracturas sociales anteriores. Y una lección suprema de que el mercado por sí solo no puede satisfacer las necesidades y demandas de los usuarios, redundando en su conjunto en una radical desigualdad cultural entre países, entre regiones, entre sectores sociales.

De otra parte, al plantearse en una visión de medio plazo, la investigación demuestra la progresión de una arquitectura que nuclea a las empresas de producción y distribución de contenidos culturales y comunicativos en grupos cada vez más reducidos y potentes, surgidos y reforzados en los mayores mercados de la región, expandidos en alianza con algunos grupos foráneos, que no solamente reducen drásticamente el número de voces posibles en la ideología (visión de la vida social) sino también en la creatividad cultural. Como consecuencia colateral, está la concentración de la riqueza "cultural" en las grandes ciudades, en algunos países, con proyección unilateral hacia el resto de la región, con estrategias de oferta cultural cada día más similares a los de los grandes grupos globales (estadounidenses, europeos).

La conclusión finalmente esbozada del estudio está aun más clara. Si esta es la realidad y así son las grandes tendencias que atraviesan nuestra circulación de cultura en la región, resulta meridiano que el mercado y la tecnología no van a solucionar, espontáneamente, nuestras graves carencias. En otras palabras, es imprescindible y urgente una política cultural y comunicativa –nacional, regional, quizá global– capaz de poner coto a la concentración de poder, de fomentar a la creación, a las PYMES culturales, al tercer sector, a la posibilidad y capacidad de opción del ciudadano-consumidor; y ello tanto en aras de la defensa de la diversidad como de la propia consolidación industrial de nuestras propias culturas. Quizás empezando por repensar y reconstruir un servicio público de comunicación y cultura que en toda la región ha sido marginado o insuficientemente impulsado.

A los coordinadores, Martín Becerra y Guillermo Mastrini, al equipo de investigación que tan buenos resultados ha conseguido, a los patrocinadores que han hecho posible este trabajo y su edición, habría que animarlos a seguir por esta vía, complementando estos estudios cuantitativos por otros análisis también cualitativos que pongan de relieve los mecanismos de relación de los grandes grupos de la región con la demanda: es decir, los procesos de producción de bienes simbólicos, culturales y comunicativos a un tiempo, y sus mecanismos de distribución y marketing en viejas y nuevas redes. Sólo así se podrá cerrar el círculo de una teoría crítica capaz no sólo de desmantelar las argucias funcionalistas al servicio del poder, sino también los caminos que conducen al mismo tiempo al máximo beneficio y la mínima diversidad. Y alternativamente, las vías a seguir para dibujar una política cultural de base científica y empírica que, sin desdeñar al mercado pero subordinándolo a la política y la ciudadanía, pueda ir construyendo unas culturas más sustentables y diversas en todos los ámbitos y planos de la vida social, en cada uno de los países iberoamericanos, en el conjunto de la región y el espacio de Iberoamérica.

Introducción

> (…) la tarea de la ciencia social continúa siendo la de *explicar* en el sentido de que se trata de poner de manifiesto cómo los hechos –y sus propiedades– están en relación con otros hechos –y con sus propiedades– y cómo esa relación entre hechos y propiedades puede ser reconocida como constituyendo un sistema, por muy inestable que sea.
>
> *Manuel Delgado*, 2007, p. 88

En pocos países del mundo se ha extendido, como lo ha hecho en América latina, la percepción de los medios de comunicación como "sistemas organizacionales enlazados que disfrutan de un importante grado de autonomía frente al Estado, los partidos políticos o los grupos de presión institucionalizados" (Curran y Gurevitch, 1977). Esta percepción se replica en cada debate público que existe en los países latinoamericanos sobre la posibilidad de regular el sistema de medios, en un contexto en el que dicho sistema se ha inmerso en la lógica de convergencia con otras actividades de información y comunicación, que en el presente trabajo se denominarán "infocomunicacionales"[1].

La convergencia tecnológica, de servicios y mercados, y la dinámica de actuación supraestatal o global de buena parte de los actores infocomunicacionales en la región latinoamericana, agrega tensión a la percepción acerca de la autonomía de los medios y conduce a la crucial pregunta sobre la concentración de la propiedad.

¿Puede afirmarse que los medios y que el conjunto de las actividades de información y comunicación mantienen márgenes significativos de autonomía respecto de los poderes fácticos, formales e informales, cuando su estructura de propiedad revela altos niveles de concentración? ¿Es inocua esa

---

[1] El concepto de infocomunicación presenta utilidad analítica toda vez que permite describir y comprender los procesos de convergencia entre los sectores mencionados y otros que no conforman el presente estudio (revistas, contenidos de ficción para videojuegos, por ejemplo).

concentración en el contexto de una región que se caracteriza por los limitados accesos de los ciudadanos a los bienes y servicios de la información, que son los que vertebran en buena medida las noticias y las concepciones que las poblaciones latinoamericanas construyen sobre su cotidiano?

Entendiendo la trascendencia de estos interrogantes, el estudio sintetizado en este libro tiene por propósitos principales identificar la estructura del sector de la cultura y la información industrializadas; relevar el acceso social a ese sector, y cuantificar los procesos de concentración de los principales actores que protagonizan estas industrias, entendiendo el rol medular que desempeñan en la construcción y reproducción del entramado simbólico masivo en las sociedades contemporáneas.

El presente trabajo refiere a los medios de comunicación (diarios, radio, televisión abierta y televisión por cable), a otras industrias culturales (editorial gráfica, fonografía y cinematografía), las industrias de telecomunicaciones (telefonía básica fija y telefonía móvil) e Internet. Todos estos sectores, aludidos como infocomunicacionales, constituyen entonces el objeto de estudio.

Los primeros capítulos del libro corresponden al nivel teórico y metodológico del trabajo de investigación: categorías, conceptos, estrategias de medición y análisis, dispositivos y herramientas son desarrollados a partir de su potencial y de sus límites para proveer documentación fehaciente sobre la estructura y la concentración de las industrias que producen, almacenan, gestionan y comercializan los flujos de información industrializada que consumen los latinoamericanos cotidianamente.

El trabajo de investigación se localiza en los siguientes países: Argentina, Bolivia, Brasil, Chile, Colombia, Ecuador, México, Paraguay, Perú, Uruguay, Venezuela y España.

En el libro *Periodistas y magnates* (véase Mastrini y Becerra, 2006), la investigación impulsada por el Instituto Prensa y Sociedad corroboró los niveles de concentración existentes en las industrias infocomunicacionales de la región comparando país por país y presentando un marco de teorías y metodologías que avalaban la realización del estudio. El método empleado, conocido como "razón de concentración" (CR4, por sus siglas en inglés: Four Firm Concentration Ratio) permite obtener indicadores de concentración de los cuatro principales actores en cada una de las diferentes industrias infocomunicacionales estudiadas con la consiguiente producción de indicadores que describen situaciones y promedios más allá de los heterogéneos universos que forman parte del estudio (países de escalas muy diferentes, industrias de desarrollos absolutos y relativos muy distintas).

Si los análisis de concentración a partir de la construcción de indicadores contribuyen al estudio de tendencias y al desarrollo de series históricas, corresponde enfatizar que el presente trabajo se inscribe en el mencionado estudio previo, que investigó la situación de las industrias culturales, los medios de comunicación y las telecomunicaciones en los países sudamericanos y México en el año 2000, justificando la elección de esa fecha por el valor histórico que se planteaba como objetivo, y por la dificultad de hallar en América latina estadísticas confiables y datos oficiales sobre el presente. Los mismos argumentos validan la elección del año 2004 como fecha de referencia para el presente trabajo.

La investigación sobre la estructura y la concentración infocomunicacional en América latina no sólo carece de estadísticas oficiales integrales, sino también halla un obstáculo serio en la opacidad y en la falta de colaboración para brindar información de acceso público por parte de los actores concentrados de las industrias de la información y la comunicación. Ostáculo singular, tratándose de actores empresariales cuyas actividades consisten en producir, almacenar, editar y distribuir justamente información sobre diversos sectores de la sociedad, la economía, la política y la cultura. El presente estudio afrontó el desafío de contribuir con la generación de información, y con su validación en diversas fuentes oficiales y extraoficiales, a reducir esos condicionantes. Emprender la investigación supone, y es fundamental aclararlo, dos dimensiones:

En primer lugar, el trabajo se ha preocupado por la obtención de datos de muy distintas fuentes, privilegiando siempre las oficiales que corresponden al sistema estadístico. El área estatal de contralor de telecomunicaciones fue consultada en todos los países, así como los aparatos estadísticos sociodemográficos y de macroeconomía. La construcción de datos para el libro también se apoyó en las cámaras internacionales, regionales, nacionales o provinciales que nuclean a los operadores de cada una de las industrias infocomunicacionales. Dada la opacidad de los actores en Latinoamérica, en muchas ocasiones fue posible obtener información significativa de las cámaras internacionales sobre aspectos de los mercados latinoamericanos que los actores de la región ocultan. También el sector sindical cuenta con valiosa información, al igual que el aporte de estudios realizados en el ámbito universitario o académico en muchos de los países estudiados. Asimismo, la asociación regional o mundial de emisoras comunitarias de radio o televisión genera contribuciones que permitieron desarrollar la presente investigación.

En segundo lugar, cuando fue imposible franquear el acceso de un dato específico sobre, por ejemplo, la facturación de una empresa dominante en un mercado infocomunicacional, el trabajo se abocó a la indagación de las magnitudes generales y de las relaciones proporcionales en dicho mercado, de modo tal de contar, como aproximación, a un panorama sobre la correlación de fuerzas en el mismo. Entendemos que el objetivo se logra en las siguientes páginas.

Como continuidad de ese enfoque, resulta fundamental reconocer que, así como la percepción de los niveles de autonomía del sistema de medios es inusual en América latina, las aproximaciones al concepto de concentración son variadas, ya que el mismo dista de contar con un marco homogéneo de comprensión. Antes de proceder a descripción de los resultados de la investigación realizada en 2004 y de las tendencias de los procesos de concentración, es necesario entonces reseñar las diferentes perspectivas en juego a la hora de estudiar la evolución de estos procesos.

La comprensión de la dimensión que tiene la concentración, así como las tendencias que se desarrollan en lo que va del siglo XXI en América latina, constituye un punto de referencia insoslayable para abordar el análisis de las sociedades latinoamericanas, atravesadas por los rayos catódicos, ondas radiofónicas, mensajes de telefonía móvil, encuentros sincrónicos remotos en Internet, publicidad en todos los formatos habidos. Parafraseando a Roger Silverstone (1996), en *Televisión y vida cotidiana*, afirmamos que la política que sintetiza los modos en los que la televisión se configura (como artefacto pero sobre todo como relación social) es, también, una política de identidad. En este plano se justifica la importancia del estudio que hoy se edita.

En América latina el valor de este punto de referencia para proceder luego al análisis de las actuales condiciones de producción y circulación de la información y la cultura a nivel masivo es mayor que en otras regiones del planeta: las variables de audiencia y facturación que se adoptan en la presente investigación podrían aludir sólo a una porción de la estructura mediática en los países escandinavos o en regiones sajonas con tradición de potentes servicios públicos, dado que allí el sistema comercial mediático incide en una parte de la población mientras que el servicio público audiovisual carente de mandato comercial (a diferencia de los medios de propiedad y gestión estatal-gubernamental en América latina) cuenta con una poderosa centralidad que contribuye a la generación de un contexto de pluralismo y diversidad.

La cita de un ejemplo sobresaliente permite ilustrar el señalamiento: la BBC (British Broadcasting Corporation), con sus emisoras de radio y televisión, no tiene fines de lucro y no emite publicidad. Ello diferencia su estructura económica y dificultaría evaluar el término "facturación" utilizado en esta investigación, en comparación con las emisoras comerciales. No obstante, la estructura del sistema audiovisual británico está fundada en la cardinalidad de la BBC y en su mandato público no comercial. Se entiende que la BBC oxigena la estructura de medios en Gran Bretaña, funcionando en base a parámetros diferentes (y opuestos) a los de la lógica comercial y ejerciendo así una complementariedad en términos de programación y política de funcionamiento.

Sin embargo, en América latina y en España hasta el año 2004, tomado como referencia en el presente estudio, los indicadores sobre dominio de audiencia y facturación también incluyen a los medios estatales gestionados por el Estado con fuerte dependencia del Poder Ejecutivo (hasta 2004 esta afirmación es válida para todos los países de la región, con la excepción probablemente de Chile). Es decir que la singular estructura de las industrias infocomunicacionales en América latina, con su orientación marcadamente comercial, valida y amplía la utilidad del estudio a partir de las variables de audiencia y facturación. Por ello es que ambas son sostenidas en el trabajo de campo desarrollado para la investigación.

En el campo de los medios y del resto de industrias infocomunicacionales, la producción de tendencias sobre los primeros años del siglo XXI permite intensificar las observaciones acerca de la evolución globalizada de una América latina cuyos procesos de modernización tardía, de constitución nacional al amparo de instituciones estatales y de sincretismo cultural-popular con la colaboración de medios de comunicación audiovisuales (la radio y el cine primero, luego la televisión y actualmente con el agregado de redes digitales), reclaman una mirada específica y documentada.

El presente trabajo ha sido posible gracias a la constante preocupación del Instituto Prensa y Sociedad por los condicionantes que existen a la libre producción y circulación de ideas, opiniones e información en las sociedades contemporáneas. A raíz de esa preocupación fue germinando el primer estudio publicado en 2006 (*Periodistas y magnates*) que tomaba como referencia de investigación el año 2000, en un relevamiento entonces inédito sobre la estructura y la concentración de las industrias infocomunicacionales en América latina.

La constancia es una virtud que el Instituto Prensa y Sociedad cultiva junto con el compromiso con las causas que defiende y con la paciente disposición de sus integrantes para albergar en su seno corrientes de pensamiento diversas cuya puesta en común permiten producir trabajos colectivos y emprender investigaciones que no son nada usuales en el contexto latinoamericano.

Es ese compromiso y esa paciente y plural dedicación la que agradecen los autores del presente libro: en el nombre de Ricardo Uceda y de Jenny Cabrera queremos agradecer a todas y todos los integrantes, colaboradores, corresponsales y amigos del IPyS por persistir en sus convicciones y por posibilitar la generación de conocimiento que resulta invalorable para explicar y comprender el fundionamiento de los medios de comunicación, de las industrias culturales y del conjunto de las actividades de información y comunicación en la América latina del siglo XXI.

Los corresponsales e investigadores que conformaron el equipo de investigación a cargo de la recopilación de datos, la búsqueda y entrevistas con fuentes documentales y testimoniales, la corrección de las orientaciones generales del estudio, son, igualmente, destinatarios privilegiados de nuestro agradecimiento y reconocimiento.

Agradecemos también a nuestros colegas, compañeros docentes, investigadores, becarios y alumnos universitarios, que nos permitieron discutir resultados parciales e ideas preliminares que contiene el presente trabajo. A las universidades públicas de Quilmes y Buenos Aires, junto al Conicet, que sostienen asignaturas de grado, carreras de posgrado y apoyan la investigación en un campo que Enrique Bustamante, en el prólogo del presente libro, califica de "políticamente incorrecto", porque orienta la producción de conocimiento sobre una de las dimensiones menos elucidadas del funcionamiento de las sociedades contemporáneas.

Este libro, fruto de una investigación desarrollada en varios años de trabajo, sería imposible sin la comprensión y el apoyo familiar de Julieta, Antonio y Felipe (Martín) y Carolina (Guillermo).

Los autores

CAPÍTULO 1

El problema de la concentración

La estructura de las actividades de información y comunicación en las sociedades contemporáneas constituye un nivel ineludible de referencia para hallar respuestas a los interrogantes sobre sus modos de socialización y convivencia, sobre sus conflictos y tensiones, y sobre sus mutantes rasgos identitarios. Estas actividades están, desde hace más de un siglo, intervenidas por procesos industriales de producción, almacenamiento, circulación, consumo y reproducción. En las últimas décadas la dirección general y las lógicas de funcionamiento de estas industrias han asumido una orientación de tipo comercial y financiera. Complementada por otros procesos, como la convergencia tecnológica (y en algunos casos, reglamentaria) de las industrias infocomunicacionales, la lógica comercial-financiera de funcionamiento de actividades que en esencia producen y distribuyen cultura masiva y globalmente ha venido respaldando la progresiva concentración de los mercados. Éste es uno de los ejes del presente trabajo de investigación, tomando como coordenadas espaciotemporales los inicios del siglo XXI y los países de América latina.

Cuando se habla de concentración de medios de comunicación se suele en realidad aludir a un proceso que incluye pero supera los contornos de las actividades de los medios, ya que incluye también a las telecomunicaciones, al conjunto de las industrias culturales (como la cinematografía, las ediciones de libros o la fonografía) y a las redes digitales (como Internet). La concentración no conoce fronteras de actividad entre las que se dedican a la producción, tratamiento, almacenamiento y circulación (comercial) de contenidos, y en los últimos años, además, tiende a superar las fronteras geográficas. Grandes grupos de comunicación y de industrias convergentes operan en simultáneo en diferentes países latinoamericanos.

La concentración de medios y de actividades infocomunicacionales convergentes es fruto de un proceso complejo que importa factores económicos, políticos y tecnológicos. A los fines de este trabajo se diferencia la concentración de la propiedad, que implica la centralización del capitales de una actividad económica en pocas manos, por un lado, de la concentración de las audiencias o mercados, que implica que la mayor parte de los usuarios finales de un medio de comunicación confluyen en una misma opción de consumo, por el otro.

Puede definirse la concentración de la producción de acuerdo con la incidencia que tienen las mayores empresas de una actividad económica en el valor de producción de la misma. Por su parte, la centralización económica explica cómo unos pocos actores acrecientan el control sobre la propiedad de los medios de producción en una sociedad determinada. El principal peligro de la concentración es la tendencia de los mercados a configurar regímenes de oligopolio o de monopolio, situación que se produce cuando no operan las reglas propias de la fase concurrencial y, en su lugar, unas pocas empresas de gran dimensión ocupan la totalidad del mercado reduciendo las opciones disponibles.

El párrafo precedente revela algunas de las dimensiones que se ponen en juego cuando se habla de concentración y de centralización. La subordinación de un conjunto de actores en aras de la predominancia de unos pocos comporta un círculo que se retroalimenta incrementando la fortaleza de esos pocos y reduciendo la significación del resto. La concentración tiende incluso a la desaparición de actores pequeños o marginales, o a su absorción por parte de los actores de mayor envergadura.

La historia del pensamiento económico está constantemente atravesada por la problemática de la concentración. Al considerar las condiciones en las que operan los actores en las relaciones que devienen en hechos económicos (producción, intercambio, consumo), resulta fundamental aludir a los comportamientos diferentes (porque diferentes son las condiciones de partida de toda relación) y a uno de sus efectos más característicos, que es el robustecimiento del tamaño o influencia de unos en detrimento de otros.

No obstante, teorías menos críticas presentan matices al impacto de la concentración. Para los schumpeterianos, los mercados imperfectos con dosis de concentración estimulan la innovación y el desarrollo económico, siempre que no haya abuso de posición dominante en largos períodos de tiempo, lo cual demanda la intervención del poder público. Finalmente, las teorías clásicas sostienen la capacidad autorregulatoria del mercado y desestiman la actuación estatal para evitar la concentración.

La concentración de los sistemas de medios implica un proceso que, en un determinado conjunto, tiende a aumentar las dimensiones relativas o absolutas de las unidades presentes en él (de Miguel, 2003). Este fenómeno se presenta a partir del crecimiento de las empresas, basado en dos estrategias: el crecimiento interno que tiene lugar cuando se crean productos que permiten ganar mercado por inversión y acumulación; y el crecimiento externo que supone la compra de empresas en funcionamiento. Si bien la demanda de capital suele ser mayor en este último caso, presenta la ventaja de que los ingresos son inmediatos y el riego estimable. En el sector cultural, tanto el crecimiento interno como el externo pueden alumbrar tres formas de concentración que también pueden hallarse en otras industrias.

En primer lugar, se reconoce la concentración horizontal o expansión monomedia. Esta ocurre cuando una firma se expande con el objetivo de producir una variedad de productos finales dentro de la misma rama. La expansión es monomedia cuando se produce dentro de la misma actividad, con el objeto de acrecentar la cuota de mercado, eliminar capacidades ociosas de la empresa o grupo y permitir economías de escala. Este tipo de concentración fue tempranamente reconocido en la prensa, cuando se consolidaron los grupos de prensa. También hay fuerte concentración monomedia en los mercados fonográfico y cinematográfico.

En segundo lugar, la integración o expansión vertical tiene lugar cuando la fusión o adquisición de una empresa se produce hacia adelante o atrás en la cadena de valor y suministro. En este caso las empresas se expanden con el objetivo de abarcar las distintas fases de la producción, desde las materias primas al producto acabado para obtener reducción de costos y mejor aprovisionamiento. En general se destaca que esta forma de concentración permite bajar costos de intermediación. Los costos transaccionales se reducen, y se limita el poder de proveedores y compradores dominantes. En el sector audiovisual especialmente, las firmas dependen de acceso seguro a los contenidos y/o a las actividades de distribución de contenido. Este modo de concentración ha aparecido en forma constante en las últimas dos décadas en el mundo entero.

En tercer lugar, aparecen los conglomerados o crecimiento diagonal o lateral. Se trata de buscar la diversificación fuera de la rama de origen con el objetivo de reducir y compensar riesgos a través de crear sinergia. Según Gillian Doyle (2002), la evidencia marca que el crecimiento diagonal más efectivo es el que facilita compartir un contenido especializado común o una estructura de distribución común. La diversificación permite a las firmas desparramar los costos de los riesgos de innovación a lo largo de una variedad de formatos y métodos de distribución. La aparición fulminante de Internet pareció potenciar esta posibilidad. Uno de los casos donde más se han verificado estrategias de crecimiento conglomeral es en el caso de la prensa diaria, que ha buscado incursionar en áreas más rentables como la televisión. Se trata de una estrategia a largo plazo con el objeto de buscar inversiones más seguras, dada la tendencia levemente decreciente de su tasa de ganancia.

Alberto Pérez Gómez (2000) distingue cinco formas de concentración: horizontal o momomedia, integración vertical, integración multimedia cuando un grupo controla distintos tipos de medios, conglomeral cuando trasciende el sector de la comunicación e internacional cuando trasciende las fronteras nacionales. A partir de la creciente convergencia entre los sectores de las telecomunicaciones, la informática y el audiovisual, hay autores que plantean la necesidad de incorporar la categoría convergente a los procesos de concentración (de Miguel, 2003). De esta forma aquellos movimientos que van desde *off line* hacia Internet pueden ser considerados de convergencia. Por supuesto todas estas formas pueden complementarse o superponerse.

Como resultado de los procesos de concentración, la nueva empresa queda en una posición más fuerte que se erige como barrera de entrada contra otros capitales. En un mercado dinámico e internacionalizado, las empresas muchas veces se ven en la encrucijada de crecer a partir de la compra de empresas más pequeñas, o ser absorbidas por grupos internacionales.

La multiplicación de fusiones y adquisiciones de empresas del sector infocomunicacional ha implicado que la tradicional estructura de firmas ha dejado su lugar a una estructura de grupos. Cabe destacar que, pese a la creciente concentración, sigue existiendo una funcionalidad estructural de miles de pequeñas empresas que participan del sector, que aunque en la mayoría de los casos tienen una vida efímera y poca importancia económica, renuevan el mercado mediante la exploración de nuevos formatos.

Desde luego, uno de los problemas que plantea la concentración es cómo proceder a medirla. Se reconocen diversos métodos de medición y estudio de los procesos de concentración, como el "Índice de entropía relativa", el "Índice de GINI" que puede graficarse con la Curva de Lorenz, el Herfindahl-Hirschman Index (HHI) o el CR4 que en algunos casos se extiende hasta las primeras ocho empresas más importantes de un mercado (transformándose en CR8, o Eight Firm Concentration Ratio). Son los objetos de estudio los que determinan la definición de métodos pertinentes para su abordaje analítico.

De modo que los mencionados métodos presentan ventajas, relacionadas con la posibilidad de establecer regularidades cuantificables y comparables entre diferentes sectores y en distintos períodos, que se recogen en el trabajo de investigación del presente libro. Empero, como metodologías son por supuesto construcciones que no pueden adaptarse sin más a cualquier objeto de análisis. Un reciente texto de Natascha Just (2009) sobre estrategias de medición de la concentración y la diversidad en medios de comunicación, plantea que tanto el índice de Herfindahl-Hirschman, como los índices de la "razón de concentración" (tanto CR4 como CR8), tienen limitaciones para trabajar sobre la concentración conglomeral, que es la que se produce no tanto en el interior de un mismo sector o industria (por ejemplo: televisión abierta), sino en la concentración cruzada entre varias de ellas simultáneamente (por ejemplo: televisión abierta, radio, televisión por suscripción y prensa escrita). Albarran y Dimmick (1996) sostienen, al respecto, que los índices como el CR4 y el CR8 permiten construir tendencias estables a lo largo del tiempo y ello constituye un gran aporte de esta perspectiva metodológica. Al mismo tiempo, y si bien reconocen que se trata de un método tradicionalmente aplicado en análisis de concentración de una sola industria cultural (por ejemplo Picard [1988] y su estudio del mercado de prensa escrita), afirman que en el plano teórico no hay motivo alguno para que no se ensaye la utilización de esta metodología en estudios de concentración que comprendan varias industrias o actividades. La investigación que sintetiza el presente libro atiende en su desarrollo metodológico a las observaciones reseñadas, complementando la estrategia de medición de los cuatro primeros actores de cada mercado (razón de concentración CR4) con la construcción de indicadores relativos al primer operador de cada sector, y estableciendo promedios generales por país y por industria.

Una vez medida la concentración, resulta más complejo cuantificar los efectos que ella produce sobre el pluralismo y la diversidad, si bien es cierto que en términos cualitativos es discernible la relación que existe entre las fuentes informativas, la concentración de los canales de producción y distribución de noticias, y las modalidades de conformación de la opinión pública o ciudadana acerca de determinadas cuestiones centrales de la actualidad. En este sentido, la elección en nuestra investigación del método CR4, permitió trabajar con la disposición de datos y fuentes en los países latinoamericanos. Como añadido, en el desarrollo de la investigación se precisará también el rol del principal operador, cuya centralidad en la mayoría de los sectores infocomunicacionales resulta verdaderamente relevante para su posterior análisis.

No obstante, es preciso destacar, ante la vigencia de opiniones encontradas al respecto en el ámbito latinoamericano (mientras que en otras latitudes, como en América del Norte o Europa la cuestión de la presunta neutralidad de los medios en escenarios de alta concentración ya ha sido saldada a tal punto que se dispone de reglamentación clara al respecto) que existen numerosos ejemplos históricos que correlacionan la emergencia de temáticas o cuestiones en la opinión pública y el formato concentrado de los mercados infocomunicacionales con grandes actores interesados en la promoción y difusión de determinados puntos de vista sobre esas mismas temáticas o cuestiones. Esto ha conducido y conduce a una reducción de las fuentes informativas (en sectores más concentrados hay menos pluralidad y diversidad de fuentes), a una relativa homogeneización de los géneros y formatos de entretenimiento (cuando los mercados se concentran tienden a estandarizar géneros y formatos, resignando la pluralidad y diversidad de contenidos), a una predominancia de estilos y temáticas y a la concomitante oclusión de fuentes, temas y formatos en los medios de comunicación y en el resto de las actividades culturales industrializadas.

En América latina, históricamente las empresas de medios de comunicación fueron de propiedad familiar. Sin embargo en las últimas décadas se observa un cambio –paulatino pero incesante– hacia empresas de capitales que integran valorización financiera y grandes negocios mediáticos. Para comprender los procesos de concentración en su real magnitud es preciso, entonces, analizar las diversas formas de control y participación que presentan los grandes grupos de comunicación en la actualidad. En América latina el desplazamiento de los viejos caudillos que artesanalmente gestionaban los gérmenes de los principales grupos regionales por modalidades gerenciales sofisticadas a partir de fines de los años ochenta también contribuye a explicar y comprender el devenir histórico de estos grupos que protagonizan el ecosistema comunicacional de la región. Hemos dedicado un artículo a analizar la genealogía de *Televisa*, *Globo*, *Cisneros* y *Clarín*, para identificar las principales características de estos grupos (Mastrini y Becerra, 2001).

En dicho trabajo se advierte que la concentración de medios e industrias infocomunicacionales tiende a la unificación de la línea editorial. Más allá de excepciones, es difícil que en un mismo grupo de comunicación se hallen divergencias profundas sobre temas que son sensibles en la línea editorial. Cuando se trata de tomar partido por medidas importantes en política económica es difícil que un mismo grupo albergue posiciones realmente diversas.

Lo anterior se combina con el sesgo informativo: está estudiado y probado que los medios no suelen informar con ecuanimidad cuando empresas del mismo grupo lanzan un producto al mercado, del mismo modo que tampoco son desinteresadas las coberturas noticiosas cuando son los competidores (en algún mercado) los que generan el lanzamiento.

La concentración, además, vincula negocios del espectáculo (estrellas exclusivas), del deporte (adquisición de derechos de televisación), de la economía en general (inclusión de entidades financieras y bancarias) y de la política (políticos devenidos en magnates de medios, o socios de grupos mediáticos) con áreas informativas, lo que produce repercusiones que alteran la pretendida "autonomía" de los medios.

Otro impacto de la concentración es el de la centralización geográfica de la producción de contenidos e informaciones en los lugares sede de los principales grupos. En América latina esto es fácilmente verificable: Buenos Aires en la Argentina, Sao Pablo y Río en Brasil, Santiago en Chile, Montevideo en Uruguay, Lima en Perú, Caracas en Venezuela son ejemplos sobresalientes en este sentido. Este impacto también debilita el espacio público y empobrece la disposición de distintas versiones sobre lo real por parte de las audiencias/lectores, condenando a una subrepresentación a vastos sectores que habitan el "interior" de los países.

En los países centrales existen reglas de protección y promoción del pluralismo que incentivan la existencia de otras voces. Voces empresarias (de diferentes escalas y tamaños), comunitarias, civiles, cooperativas, sindicales, públicas no gubernamentales... este conjunto diverso y heterogéneo respalda la generación de alteridad frente a la existencia de grandes y poderosos grupos. También hay reglas que obligan a los grandes grupos a incorporar cuotas de contenidos independientes, federales, de protección a las minorías. La Convención de la UNESCO sobre diversidad cultural refuerza estas direcciones, que no han sido exploradas, salvo contadas excepciones (como la legislación uruguaya de estímulo de radiodifusores no lucrativos) en la región latinoamericana.

La concentración además supone un ambiente de precarización del empleo: porque desaparecen medios y porque los existentes tienden a fusionarse generándose economías de escala y ahorro de costos laborales mediante la disposición de un mismo empleado en la cobertura de un hecho para más de un medio. Y además, porque en un sistema de medios muy concentrado, los periodistas tienen pocas alternativas de conseguir un buen empleo si se enfrentan con alguno de los grandes grupos, dada la tendencia a la cartelización del sector. El delicado tema de la autocensura en la profesión no debería eludir la consideración de este aspecto, que nuevamente reposiciona la percepción de la autonomía del sistema de medios como una prenoción que merece contrastarse con los resultados de estudios empíricos.

Diversas reflexiones en torno del tema

En las reflexiones en torno de la concentración, se distinguen tres posiciones: en primer lugar, una perspectiva liberal, que no cuestiona los procesos de concentración salvo en casos de monopolio. En segundo lugar, la escuela crítica que encuentra en la concentración de la propiedad uno de los principales mecanismos del capitalismo para legitimarse y en tercer lugar, una posición intermedia –o ecléctica–, que no comparte esta crítica pero advierte sobre los riesgos de la concentración y reclama la participación estatal para limitarla.

Desde una perspectiva liberal Eli Noam (2006) destaca que el pluralismo es importante, pero no hay modo de definir y medir un mercado de ideas en relación con la diversidad. Simplemente, afirma el autor, se puede asumir que en un sistema competitivo, la diversidad de información se incrementa cuando aumenta el número de fuentes informativas. Otros trabajos en Estados Unidos (Della Vigna y Kaplan, 2006) y Groseclose y Milo, (2005) procuran mostrar que la presencia de grandes medios no afecta definitivamente el balance informativo, las fuentes utilizadas o incluso el comportamiento electoral. De esta forma, la concentración de la propiedad no representaría una amenaza para las sociedades democráticas.

En Europa las tesis liberales encuentran correspondencia en los trabajos de los españoles Alfonso Nieto, Francisco Iglesias y Alfonso Sánchez Tabernero. Nieto e Iglesias (2000) señalan que "no calificamos como legítimo el poder de informar que se fundamenta en situaciones de monopolio ... manifestación directa del poder político o del poder económico que impide la competencia en el mercado de la información". Alfonso Sánchez Tabernero y Miguel Carvajal (2002), relativizan la concentración de los mercados de medios al señalar los límites del fenómeno: el crecimiento desmesurado puede producir parálisis. Si bien los autores reconocen que la concentración de poder puede obstaculizar la libre competencia y dificultar el contraste de ideas, destacan que no es conveniente detener los procesos de crecimiento, porque de esta forma se penaliza el éxito y se frena la innovación.

Por su parte, un estudio de investigadores vinculados con el Banco Mundial destaca que en la sociedad y la economía modernas, la disponibilidad de información es central para la mejor decisión de los ciudadanos y los consumidores, porque determina la eficiencia. Los medios son intermediarios que recogen información y la ponen a disposición de consumidores y ciudadanos, y de acuerdo a su criterio la organización privada de los mismos es netamente superior a la pública (Djankov *et al.*, 2001).

Desde una perspectiva opuesta, la escuela crítica ha estudiado y denunciado los procesos de concentración de la propiedad. En un trabajo pionero, Ben Bagdikian (1986) demuestra cómo los propietarios de los medios promocionan sus valores e intereses y, cuando se incrementa la concentración de la propiedad, son menos los propietarios y por consiguiente, menos fuentes de intereses las que circulan. Su interferencia en la línea editorial puede ser indirecta, mediante la influencia de los editores y la autocensura, o directa cuando se indica la reescritura de un texto. La concentración de la propiedad en manos de los sectores dominantes económicamente tiende a dificultar que se expresen las voces críticas al sistema. En la misma línea, pero mucho más cercanos en el tiempo, Edward Herman y Robert McChesney (1997) alertan sobre los riesgos de la concentración comunicacional a nivel global, trascendiendo las históricas barreras nacionales: "según la lógica del mercado y de la convergencia, deberíamos esperar que el oligopolio global de los medios evolucione gradualemente hacia un oligopolio global de la comunicación todavía más grande".

En Europa el investigador inglés Graham Murdock, ya a comienzos de la década del 90, observaba con preocupación los conflictos que plantea la concentración (Murdock, 1990). En el área iberoamericana se destacan los trabajos de los españoles Enrique Bustamante (1999), Ramón Zallo (1988) y Juan Carlos Miguel (2003). El trabajo de este último presenta un detallado análisis de las estructuras y estrategias de los grupos de comunicación.

En un punto intermedio respecto de las escuelas anteriores se encuentran diversos trabajos. Se destaca, en primer lugar, el análisis específico que realiza Gillian Doyle, quien observa dos lógicas para abordar el fenómeno. Por un lado, los argumentos económicos o industriales que tienden a favorecer una aproximación más liberal al problema, con inclinaciones a permitir algún nivel de concentración. Por el otro, las posiciones de que focalizan sus preocupaciones en la sociedad y los ciudadanos, el poder político, el pluralismo político y la diversidad cultural.

Estudios empíricos

Existen numerosos trabajos que han abordado la difícil tarea de estudiar empíricamente los procesos de concentración de la propiedad de los medios. En la mayoría de los casos, dichos trabajos remiten al análisis de la estructura nacional de determinados países. Muchos menos son los estudios que han generado una dimensión comparativa del proceso de concentración a escala regional.

La mayor preocupación en relación a este tema puede ser encontrada en Europa. Ya en los inicios de la década del '90 la Comisión de la Comunidad Europea encargó al estudio Booz-Allen & Hamilton un "Study on pluralism and concentration in media. Economic evaluation" (1992). En este estudio aparece una fuerte preocupación por analizar los riesgos que enfrentaría el pluralismo a partir de los procesos de concentración, especialmente en la distribución y el consumo de los medios. El informe analizaba la situación de los doce países miembros de la Comunidad Europea en aquellos momentos. Si bien el foco principal del estudio estaba puesto en el estudio del consumo, ya se destacaba tanto la presencia todavía dominante de los medios públicos como el creciente rol de los grandes grupos de medios en los principales mercados de Europa. También advertía sobre una incipiente transnacionalización de las emisiones, todavía limitadas a las fronteras nacionales. Ante ello, proponía armonizar las diversas legislaciones existentes a efectos de asegurar el pluralismo.

Un estudio más reciente, encargado por la Netherlands Media Authority, analizó los niveles de concentración de la propiedad en los mercados de prensa nacional y regional, radio y televisión. Para ello observa el porcentaje de audiencia y de facturación que detentan los tres primeros operadores de cada país y la presencia de grupos de medios que detenten propiedades en diversos mercados de medios (propiedad cruzada). El informe asegura que existen diversos instrumentos regulatorios para asegurar que los mercados de medios mantengan el pluralismo. Sin embargo advierte que los procesos de concentración están alcanzando los límites establecidos por la legislación. Si bien los medios públicos todavía retienen considerable poder de mercado en radio y televisión, el informe destaca que a partir de los 90 la concentración de la propiedad de los medios ha incrementado su nivel año a año.

Otro trabajo europeo, pero focalizado en dieciocho países del Este, da cuenta del creciente nivel de concentración de los medios en la región. Si bien el paso de los sistemas de medios estatales a sistemas mixtos tras la caída de los regímenes del llamado "socialismo real" implicó en un primer momento la aparición de un importante número de nuevos medios tanto impresos como electrónicos, rápidamente se asistió a un fuerte proceso de concentración de la propiedad a partir de una lógica de mercado. Así, luego de un proceso de privatización, en la que los vínculos con la clase política estuvieron a la orden del día, tuvo lugar la aparición de los grupos de medios. El informe destaca los siguientes denominadores comunes: mercados pequeños y fragmentados, la relación de los propietarios de medios con los partidos políticos, la influencia estatal a través de los subsidios, el monopolio en la distribución de la prensa, y una creciente presencia del capital extranjero. Las recomendaciones del informe dan cuenta de la necesidad de establecer medidas regulatorias destinadas a poner límites a la concentración de la propiedad de los medios (Petkovic, 2004).

En América latina la investigación publicada en 2006 por el IPyS da cuenta de la estructura de los mercados de las industrias culturales y su nivel de concentración. En primer lugar se analizó la importancia económica del sector infocomunicacional, para en un segundo lugar registrar los niveles de concentración en seis mercados (prensa, radio, televisión abierta y paga, telefonía básica y móvil) en diez países de la región. Finalmente se complementó la investigación con el análisis de los principales grupos de comunicación de cada país. El resultado obtenido da cuenta de un importante grado de concentración en todos los casos analizados. En promedios los cuatro primeros operadores de cada mercado dominan el 80% del mismo (Mastrini y Becerra, 2006).

CAPÍTULO 2

La unidad de lo diverso

El presente estudio realizado en Sudamérica, México y España, requiere tomar nota de las diferentes coyunturas y dimensiones de los países en cuestión. En uno de ellos, Brasil, viven casi 80 millones de personas más que en el segundo, México, que a su vez duplica a Colombia, España y a la Argentina. Estos países cuentan con poblaciones más numerosas que Venezuela, Perú y Chile, siendo Ecuador, Bolivia, Paraguay y Uruguay los más pequeños en el sentido demográfico.

Aunque no es el único indicador[2] válido, la estructura poblacional de los países influye en la configuración de mercados que permitan asentar el desarrollo de industrias infocomunicacionales por las características de estas industrias, que presentan altos costos de producción y bajos costos de reproducción. De modo que la existencia de mercados masivos potencia el desarrollo de industrias infocomunicacionales.

Estos mercados se realizan como tales (es decir que se valorizan) a través de la lógica del lucro y en consecuencia la envergadura económica de los países también cuenta a la hora de influir en su potencialidad infocomunicacional. Por "envergadura económica" se entiende tanto el tamaño de la economía en su conjunto como sus características (estructura de clases y sectores sociales, distribución de beneficios y niveles de vida).

Una muestra de la disparidad de los países y mercados, por su conformación histórica, su tamaño y sus características, se representa en el siguiente gráfico sobre la participación relativa de los diferentes países en la facturación del mercado de telefonía básica, que es uno de los pilares económicos de

---

[2] La existéncia de políticas públicas de subsidio y aliento a estas industrias fundamenta, en otras latitudes, la consolidación del sector infocomunicacional. Y por supuesto que el ingreso *per capita* constituye otro indicador fundamental para evaluar la potencialidad de desarrollo del sector.

las industrias infocomunicacionales y, consiguientemente, posiciona a sus actores dominantes en una situación ventajosa en el marco de la integración de negocios y de concentración de la propiedad. En este caso, la industria de telefonía básica brasileña contribuye con el 60% de los ingresos totales del sector en los países analizados en el presente estudio. Esto significa que el poderío de Brasil en términos económicos, en una de las industrias de mayor incidencia económica, es superior incluso a la suma del resto de los países de la región.

Telefonía Básica

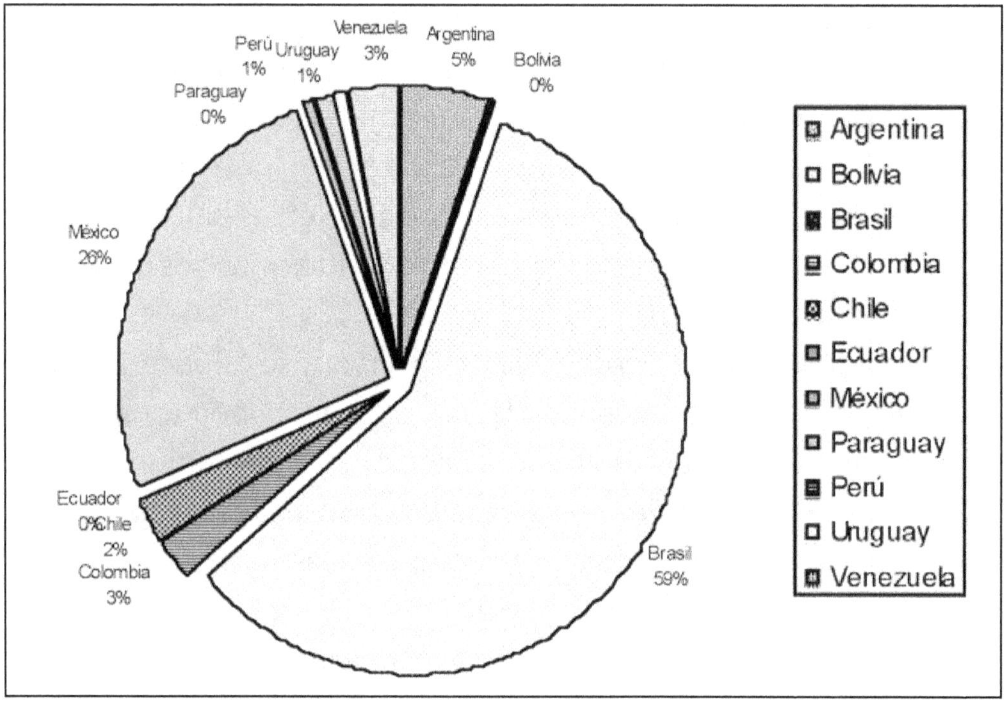

En otros sectores el predominio brasileño no es tan significativo: de hecho si se analiza el Producto Bruto Interno de 2004 Brasil se situaba en un nivel de correspondencia con México. Precisamente, a continuación se presenta una tabla con los datos de población y de PBI (en millones de dólares) para los países que conforman la investigación en 2004.

País	Población 2004	PBI 2004	PNUD 2004 (*)
Argentina	38.592.150	287.402.000	34°
Bolivia	9.226.511	9.312.700	113°
Brasil	181.600.000	655.348.000	63°
Chile	16.100.000	87.633.000	37°
Colombia	45.325.261	94.283.000	69°
Ecuador	13.215.089	19.518.000	82°
México	105.700.000	617.902.000	53°
Paraguay	6.191.000	7.827.000	88°
Perú	27.546.574	61.445.000	79°
Uruguay	3.400.000	19.725.000	46°
Venezuela	26.300.000	120.068.000	75°
España	43.197.684	992.043.600	21°

(*) Corresponde al Informe de Desarrollo Humano 2005 (con datos de 2003 y de 2004) de Naciones Unidas (UNDP, 2005).

Un aspecto medular que debe aclararse en estas primeras páginas tiene que ver con el tipo de coyuntura singular que atravesaban muchos de los países latinoamericanos estudiados en el año 2004, fecha de referencia del presente trabajo: la transición política de la región se encaminaba hacia la elección de gobiernos de nuevo signo que protagonizarían a partir de los siguientes años procesos de ruptura con las tradiciones de administración estatal signadas por crisis y discontinuidades políticas tanto en Bolivia como en Ecuador. En, Brasil, México, Argentina, Colombia y Chile se produciría una continuidad entre gobiernos del mismo signo y en Perú habría una alternancia sin grandes sobresaltos. En España, por otro lado, se produjo en el mismo año 2004 un inesperado cambio de gobierno con la asunción de José Luis Rodríguez Zapatero.

El distinto rumbo que tomaría la administración gubernamental en los diferentes países marcaría la irrupción en la región de estrategias de regulación estatal del sistema de medios que colocarían la evidencia sobre la concentración de la propiedad en las industrias infocomunicacionales como uno de los ejes de controversias. Éste será, desde luego, uno de los aspectos medulares que serán analizados en el próximo estudio de IPyS.

Asimismo, y aunque el momento de redacción de estas páginas coincide con un punto de inflexión que resulta complementario de una crisis de alcance planetario, al año 2004 las economías regionales gozaban de un sostenido crecimiento y que se avizoraba continuo en términos generales.

Este panorama de amplia heterogeneidad en la composición demográfica y económica regional, combinado con la tendencia al crecimiento económico de las grandes cuentas nacionales y con distintos procesos políticos al interior de cada nación son determinantes en la estructuración del sector infocomunicacional al que el presente trabajo se aboca. Las determinaciones contextuales e históricas se articulan, a su vez, con una de las sobresalientes características de América latina como la región más desigual del planeta, con las diferencias más amplias entre sus sectores de altos ingresos y los de bajos ingresos y las brechas socioeconómicas más pronunciadas.

Según el Programa de Naciones Unidas para el Desarrollo (PNUD), en el Informe de Desarrollo Humano 2005 (con datos 2003 y 2004) la Argentina ocupaba el puesto más alto en la región (34°) del grupo de países con mayor desarrollo humano. En este mismo grupo se hallaban Chile (37°), Uruguay (46°) y México (53°). Entre los países clasificados con nivel medio de desarrollo humano, se ubicaban Brasil (63°), Colombia (69°), Venezuela (75°), Perú (79°), Ecuador (82°), Paraguay (88°) y Bolivia (113°). España, por su parte, fue ubicada en el vigésimo primer lugar por el PNUD (UNDP, 2005).

Es decir que sólo cuatro de los países latinoamericanos abordados en este trabajo ameritaban la calificación de "alto desarrollo humano" para el PNUD. El resto, según el organismo, pertenecía al grupo de "desarrollo humano medio". Por supuesto, España pertenece al primer grupo.

El índice de desarrollo humano permite, más allá de sus falencias, realizar un anclaje sobre la mencionada heterogeneidad de los países que integran el presente estudio, para introducir la necesidad de hallar una metodología que permita comparar situaciones tan disímiles. En este sentido, corresponde señalar el esfuerzo por sistematizar la información en países con sistemas estadísticos más informales (Ecuador, Paraguay, Bolivia, por ejemplo), y donde la fiabilidad de los datos es menor que en el resto, pero a la par, aclarar que los resultados que se presentan son fruto de la verificación con varias fuentes.

El desafío para la investigación es importante, ya que la internacionalización de los mercados ha conducido, en un escenario de diversidad y desigualdades, a la constitución de potentes grupos de comunicación en la región y las herramientas para trabajar sobre su descripción y análisis están siendo elaboradas.

En el marco de la heterogeneidad regional actúan corporaciones que logran insertarse en escenarios reglamentarios confusos y en muchos casos obsoletos, y que disputan los mercados infocomunicacionales. La diseminación regional de estos actores corporativos debe ser apuntada como otro de los elementos que permiten realizar una aproximación analítica al panorama infocomunicacional de la región. Los grandes grupos de comunicación que actúan en América latina han explotado las singulares características de la región, la ausencia de políticas estatales de servicio público en el sector de las comunicaciones y la ausencia de controles antimonopólicos, entre otros aspectos que distinguen la tradición reglamentaria latinoamericana de la europea o de la norteamericana, por ejemplo. Capitalizando estas condiciones, los grupos de comunicación aceleraron los procesos de concentración infocomunicacional en la región latinoamericana desde hace casi dos décadas a punto tal que los principales grupos son *de facto* los dueños de las unidades de producción, almacenamiento, comercialización y distribución de más del 80% de los contenidos que reciben los ciudadanos. Son, pues, los dueños de la palabra.

Una organización de los grupos en función del sector en que originaron sus actividades permite discernir dos grandes conjuntos: por un lado, el de los grupos que provienen del campo de las telecomunicaciones, como Telefónica (España) o Telmex (México); por otro lado, el de los grupos cuyos comienzos se registran en los medios de comunicación tradicionales como la televisión (Televisa de México; Globo de Brasil; Cisneros de Venezuela) o la prensa escrita (Clarín de la Argentina; Prisa de España; Edwards/Mercurio de Chile). La separación en esos dos conjuntos es útil para comprender algunas de las tensiones que se producen entre ellos y con las autoridades de regulación, y para analizar su comportamiento corporativo. Por ejemplo, los grupos predominantes en el sector de telecomunicaciones cuentan en su haber con el control de las redes de distribución y con las infraestructuras que resultan estratégicas para la diseminación de los datos y contenidos del resto de las actividades convergentes. Pero es precisamente esa cultura de las telecomunicaciones la que en ocasiones obstaculiza (por razones reglamentarias, por características de los mercados) su inserción en el sector de las industrias culturales abocadas a la producción de contenidos.

Hay, con todo, un interrogante que no ha sido aún resuelto en la dinámica de intersecciones entre los dos conjuntos mencionados, y que está en pleno proceso de desarrollo, toda vez que en el siglo XXI los principales grupos exhiben marcadas tendencias de integración y concentración tanto horizontal y vertical como conglomeral. Y si bien es pertinente establecer en sus inicios parte de la lógica de expansión que los caracteriza, también corresponde destacar su progresiva extensión conglomeral hacia actividades convergentes muy alejadas de las de su origen.

Asimismo, si bien es necesario reparar en que todos los grupos mencionados nacieron, se consolidaron y cuentan con su principal espacio de intervención en mercados nacionales de España, México, Brasil, Venezuela, la Argentina o Chile, en la actualidad su campo de actuación se ha ido extendiendo a otros países, lo que los ha robustecido pero al mismo tiempo endeudado y abierto a la financierización de parte de sus activos.

La citada financierización que se inserta en las estrategias de valorización de las industrias infocomunicacionales es síntoma de una de las paradojas de la economía globalizada. Para poder insertarse en el mercado mundial los grupos infocomunicacionales deben asumir importantes deudas, que no siempre pueden saldar. Sin embargo, los empresarios señalan que no advierten otra alternativa que encarar el proceso de crecimiento para no verse absorbidos por grupos internacionales más grandes.

Pero América latina no constituyó un caso aislado en el contexto mundial. A partir de los 80, se relajaron las legislaciones nacionales y dio comienzo a un feroz proceso de concentración internacional de las industrias infocomunicacionales. Juan Carlos de Miguel señala con acierto que hasta los 80, predominaron los grupos monomedia, de carácter nacional. En dicha década la operación de medios más importante fue la compra de la cadena de televisión americana ABC por Capital Cities por un monto de 340 millones de dólares. En los 90, se comprueba un proceso de diversificación multimedia, con la consolidación de los grupos más importantes. La operación más importante es la fusión de otra cadena, la CBS, con VIACOM por 37.000 millones de dólares. Ya en el siglo XXI, aparecen operaciones que buscan combinar los grupos multimedia con otros que favorezcan la interactividad de las audiencias. Es una etapa reticular o interactiva. La operación más importante es la fusión AOL- Time Warner que implicó 350.000 millones de dólares. (de Miguel, 2003). De esta forma en poco menos de 20 años las sumas invertidas se multiplican exponencialmente, dando cuenta de la centralidad de los procesos de concentración en el sector.

Detrás de los grupos latinoamericanos mencionados, que desarrollan sus actividades con vocación regional, operan otros conglomerados infocomunicacionales con una escala inferior pero complementaria. Muchos de los siguientes grupos de comunicación se articulan en negocios y emprendimientos conjuntos con los líderes latinoamericanos: en la Argentina, La Nación, Hadad, Vila-Manzano-De Narváez; en Brasil: Abril, Folha, Estado; en Chile, Mercurio y Copesa; en Colombia, Bavaria y Ardila Lulle; en México, TV Azteca y Reforma. Cada país cuenta con capitalistas que en el sector de las industrias culturales complementan su actividad de escala nacional, regional o provincial con los principales líderes latinoamericanos.

En este marco, la puesta en relieve de la estructura de acceso y de los procesos de concentración de la propiedad de los medios de comunicación y de las industrias infocomunicacionales contribuye a explicar y comprender algunos de los rasgos propios del modelo de desarrollo y de modernidad tardíos vigentes en América latina.

CAPÍTULO 3
Acceso

Como necesaria introducción conceptual, es preciso aclarar que la noción de acceso que se utiliza en el presente trabajo corresponde a la posibilidad de acceder a los bienes y servicios producidos por las industrias infocomunicacionales. Es decir que no se considera otra variable del acceso, necesariamente complementaria de la anterior, que supone la posibilidad de los ciudadanos de acceder a convertirse en productores y distribuidores de noticias y opiniones.

En el primer estudio realizado sobre el año 2000, señalamos que la estructura de los mercados infocomunicacionales en América latina muestra importantes contradicciones. Por un lado, desde la década del 90 sufrieron una importante transformación que en la mayoría de los casos implicó que los estados nacionales se desprendieran de empresas y activos, especialmente en el sector de las telecomunicaciones, y se consolidara el predominio del mercado en la producción y distribución de bienes y servicios culturales y comunicacionales. De acuerdo con quienes fundamentaron e impulsaron esta política, la apertura de los mercados facilitaría su expansión y estimularía el acceso de importantes franjas de la población al consumo de tecnologías y bienes culturales que hasta entonces se hallaban fuera de su alcance.

Sin embargo, paralelamente a esta transformación de los mercados infoccomunicacionales, las estadísticas reflejan que en la mayoría de los países estudiados, los índices de inequidad en la distribución del ingreso se han agravado. Esta estructura social extremadamente desigual mantiene la exclusión del acceso de amplios sectores de la población al consumo de los bienes y servicios básicos. En relación con el objeto de la investigación, cabe destacar que si bien algunos índices de acceso tecnológico muestran un crecimiento importante (como la telefonía móvil), también se aprecia que la posibilidad de un consumo cultural diversificado queda limitada a una porción minoritaria de la población, agravándose la fractura sociocultural en función del tipo de acceso de diferentes sectores sociales a los bienes simbólicos.

El acceso a medios de comunicación audiovisuales (radio y televisión, tanto abierta como por cable) y a la telefonía básica implica un tipo de apropiación que es de tipo doméstico y, por consiguiente, su valoración debe hacerse multiplicando por cuatro los indicadores. En este sentido, como enseña el siguiente gráfico, el acceso a la radio y a la televisión abierta presenta una cobertura total en la región, en tanto que se manifiestan diferencias importantes entre España y el resto en telefonía básica, aunque Uruguay, la Argentina, Brasil, Chile y México cuentan con altos niveles de penetración de la telefonía básica. En cambio, la televisión de pago es en términos regionales un servicio de acceso restringido, con la excepción de la Argentina.

Acceso cada 1000 habitantes medios y telefonía básica

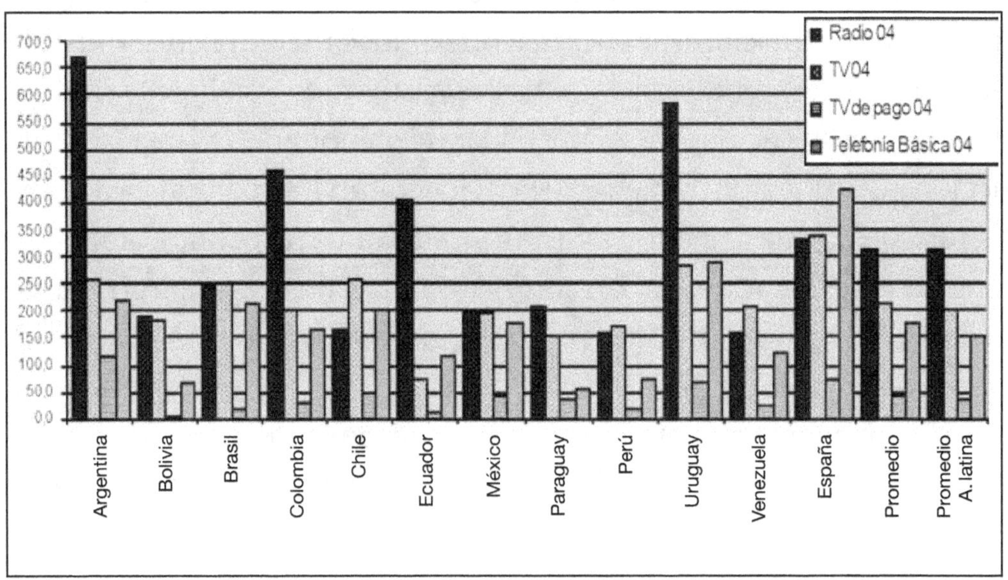

Otras actividades estudiadas permiten su abordaje en términos de accesos individuales, no necesariamente agregados en el acceso, uso o consumo doméstico. Es el caso de las industrias del libro, cine, discografía y telefonía móvil, por ejemplo. En este sentido, corresponde indicar que en promedio anual, cada 10 latinoamericanos, sólo compran 6 libros en un año (menos de un libro por persona al año); cada diez compran siete entradas de cine (menos de una asistencia al cine por persona al año). Cada latinoamericano, en tanto, compró el diario sólo nueve de los 365 días del año 2004 en promedio, lo cual revela un leve descenso de los valores registrados en el año 2000.

El acceso a la prensa escrita de los países de Sudamérica y México presenta un promedio de ventas anuales de 9.376 ejemplares cada mil habitantes: notablemente inferior al de España para el mismo período (26.878). La prensa escrita es, de este modo, un sector de las industrias culturales minoritario en términos de acceso social en la región. El siguiente cuadro revela que, prescindiendo de España, los países del Cono Sur –Uruguay, Chile y la Argentina (en ese orden)– presentan los mejores indicadores.

Acceso 2004 prensa c/1000 habitantes

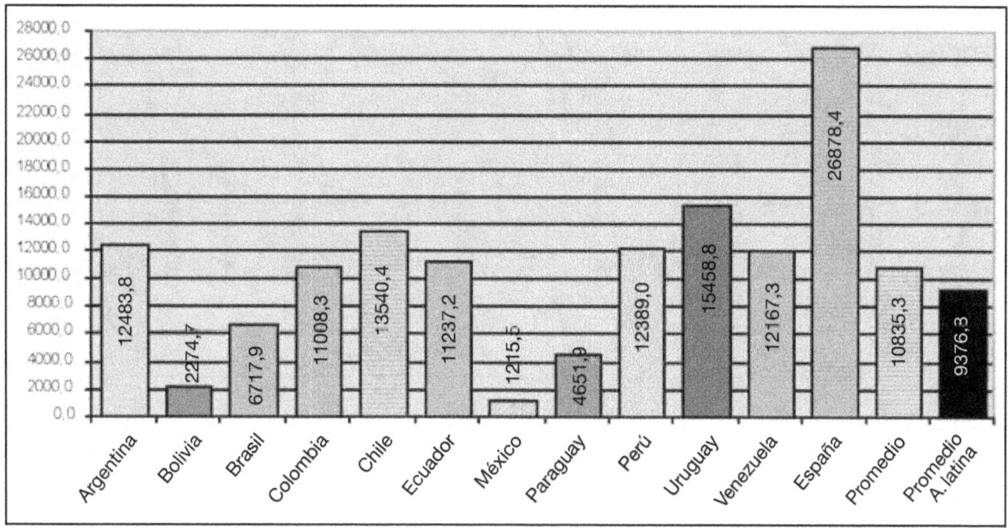

Los países con registros más bajos de consumo de diarios por habitante son México, Bolivia, Paraguay y Brasil. Estos cuatro países se sitúan por debajo del promedio regional.

El acceso a la prensa escrita resulta de importancia por la centralidad que esta industria tiene en la configuración de la agenda pública de noticias y de temas que son a su vez recogidos, amplificados y desarrollados por el resto de los medios de comunicación. La prensa escrita "crea" agenda y en tal sentido, su acceso debilitado implica que en América latina esa agenda circula por vías indirectas: es la repercusión de la agenda periodística de la prensa escrita, fundamentalmente a través de las pantallas televisivas o de los receptores de radio, lo que suele circular en el espacio público.

Las llamadas industrias de flujo discontinuo (edición de libros, discografía y cinematografía) cuentan con un muy bajo nivel de acceso en América latina: la constatación surge de la comparación entre cualquiera de los países de la región y España y comprende a la condición de pago para acceder a los bienes y servicios de estas industrias como una de las causas del acceso limitado en la región.

Acceso industrias discontinuas

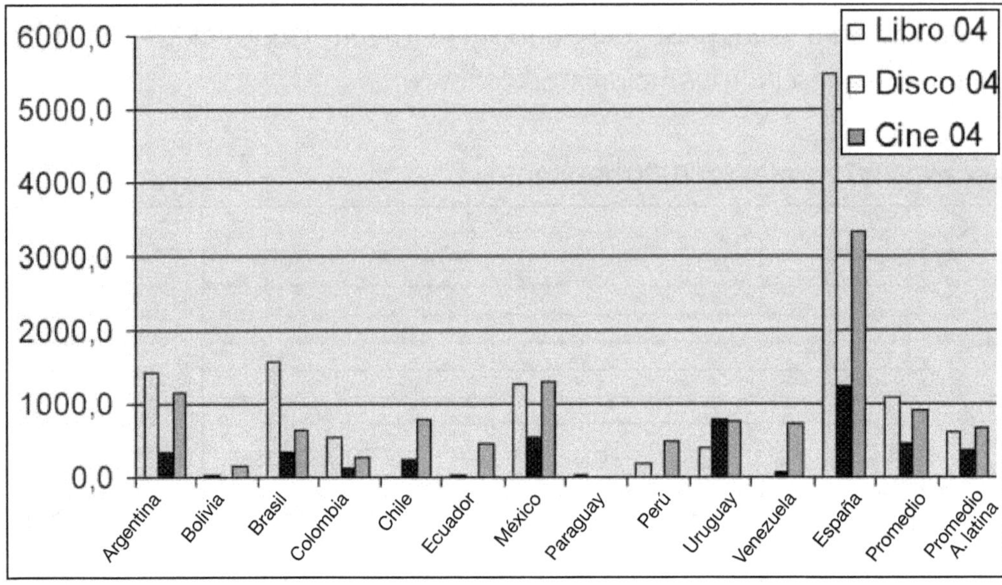

El estudio también se interesó por el acceso a las industrias más convergentes en términos tecnológicos, a saber: las telecomunicaciones (telefonía básica o fija y telefonía móvil) y la televisión por cable. La importancia del acceso social a estas actividades refiere, por un lado, a la presencia de la telefonía como factor de desarrollo de comunidades alejadas de los centros urbanos; y, por otra, a la ampliación de la oferta audiovisual en el caso de la televisión de pago, tomando en cuenta la predominancia de la televisión como espacio de canalización de la mayor parte del tiempo de ocio entre los latinoamericanos. Finalmente, porque entre ambos sectores (telefonía y TV de pago) se constituye el soporte de conexión a otras tecnologías convergentes (Internet, por ejemplo) y también el soporte de distribución de contenidos digitales propios de la evolución de los medios de comunicación.

Estas industrias convergentes han tenido en países europeos y de América del Norte una tradición de regulaciones sostenidas por el principio de servicio universal, que consiste en garantizar el acceso de todos los habitantes a los servicios de telecomunicaciones, ya que se entendía a los mismos como básicos para alcanzar niveles de vida dignos.

En América latina esa tradición nunca existió, más allá de las diferencias en los niveles de acceso que se registran en los distintos países de la región. Como se advierte en el siguiente gráfico, el acceso promedio en América latina a telecomunicaciones y televisión de pago es muy bajo, lo cual impacta entonces en las dimensiones aludidas en los párrafos precedentes:

Acceso telecomunicaciones y TV paga cada 1000 habitantes

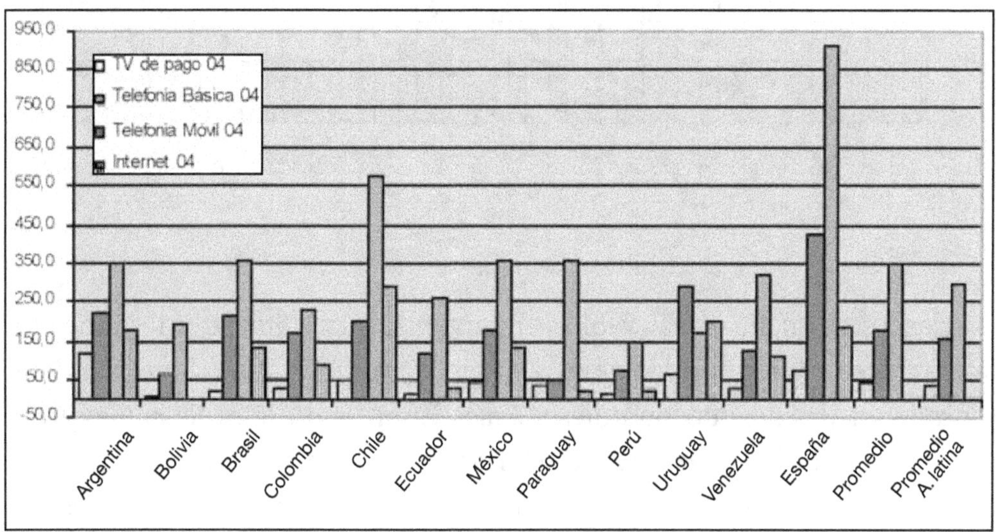

Por supuesto, la incidencia de España en el gráfico anterior sesga la observación de tendencias en América latina, en donde se observa que en el mercado de televisión de pago la Argentina cuenta con los indicadores *per capita* más altos; en telefonía básica es Uruguay el país que presenta mejor acceso en términos relativos (Uruguay es el único país de la región que decidió no privatizar su telefonía básica); y tanto en telefonía móvil como en Internet es Chile el país mejor posicionado en acceso.

La contracara está representada por Bolivia, Ecuador y, en alguno de los sectores considerados en el estudio, también Peru, por ser los países con niveles de acceso más restringidos.

Acceso telecom y TV paga cada 1000 habitantes sin España

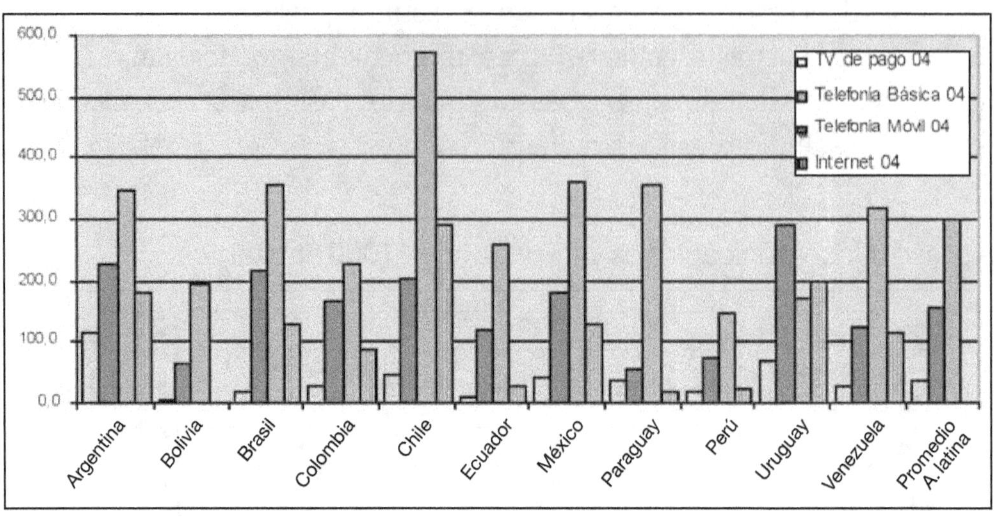

Hasta el momento se han venido presentando los resultados en términos relativos (acceso por cantidad de habitantes) identificando tendencias en casi todas las actividades infocomunicacionales. En el caso de Internet, que expresa como síntesis de la convergencia digital la síntesis de muchas de las tendencias ilustradas hasta ahora, las estadísticas no son fiables dado que las fuentes y el tipo de medición al interior de cada país es diferente. En algunos casos, por acceso a Internet se consideran conexiones domésticas (sin discriminar el tipo de conexión), en otros casos se incluyen las conexiones en cybercafés o locutorios, o centros comunitarios. La evolución de Internet precisa de metodologías de medición homogéneas para proceder a un estudio de tipo comparativo. Para dar cuenta de ello se ha elegido considerar únicamente las conexiones domiciliarias de banda ancha[3] que son las que representan un acceso a distintas aplicaciones y servicios en red, y que en 2004 no predominaban como modalidad de conexión a Internet en América latina. El siguiente gráfico, que toma el mercado de conexiones de banda ancha en la región en términos absolutos, ilustra la posición de Brasil y de México en el contexto de América latina:

---

[3] Aunque es preciso señalar que en diferentes países (y a veces, al interior de un mismo país) se concibe como accesos de banda ancha a muy distintas velocidades y capacidades de conexión a Internet. Es decir que el concepto de "banda ancha" tampoco es uniforme en la región.

Acceso banda ancha 2004

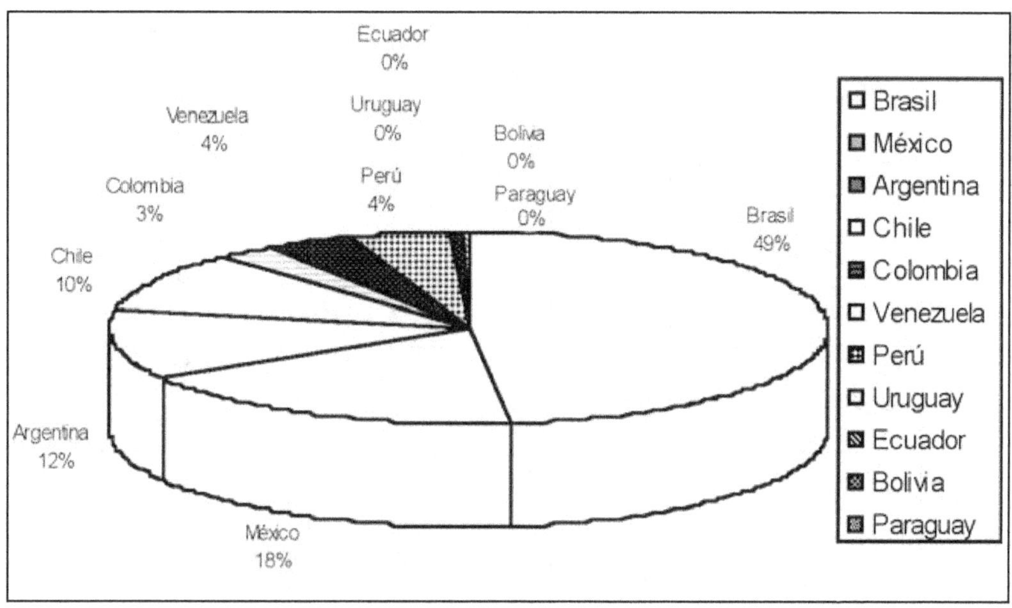

A su vez, en América latina a partir de 2004 existían 197 millones de líneas de telefonía móvil activas contra 102 millones de líneas de telefonía vocal básica, lo que implicó un cambio de tendencia y la aceptación social, mediante la apropiación de la nueva tecnología ubicua del teléfono celular, de nuevas modalidades de comunicación.

Como conclusión, puede adelantarse que el 29% de los latinoamericanos en promedio contaban con algún servicio de telefonía móvil (la mayoría, conexiones mediante tarjetas de prepago) y el 11% navegaba por Internet en 2004. Estas dos cifras, si bien refieren a mercados en pleno auge, también revelan el rezago que América latina experimenta en términos de acceso frente a los países más desarrollados centrales. En Suecia, un país situado en las antípodas de los latinoamericanos en cuanto a la aplicación de políticas para garantizar servicios públicos de comunicación, más del 70% de los habitantes contaba con telefonía fija y se constataba más de un teléfono móvil por persona.

El siguiente cuadro muestra el acceso relativo (cada 100 habitantes) a las diferentes industrias infocomunicacionales en los países considerados:

Acceso cada 100 habitantes a industrias infocomunicacionales (año 2004)

Acceso cada 100 habitantes/País y posición en índice PNUD 04	Argentina (34 PNUD)	Bolivia (113 PNUD)	Brasil (63 PNUD)	Colombia (69 PNUD)	Chile (37 PNUD)	Ecuador (82 PNUD)	México (53 PNUD)	Paraguay (88 PNUD)	Perú (79 PNUD)	Uruguay (46 PNUD)	Venezuela (75 PNUD)	España (21 PNUD)	Promedio	Promedio A. latina
Libro 04	1418,5	24,1	1589,6	544,8	s/d	22,7	1277,2	26,5	174,6	382,4	s/d	5488,0	1094,8	606,7
Disco 04	338,3	s/d	324,9	123,6	252,6	s/d	532,6	s/d	s/d	797,1	72,2	1247,8	461,1	348,8
Cine 04	1153,3	144,4	631,8	259,1	785,5	454,0	1315,0	s/d	479,0	764,1	718,6	3336,8	912,9	670,5
Prensa 04	12483,8	2274,7	6717,9	11008,3	13540,4	11237,2	1215,5	4651,9	12389,0	15458,8	12167,3	26878,4	10835,3	9376,8
Radio 04	673,7	189,7	250,2	463,3	170,7	411,2	208,1	208,2	163,6	585,3	162,0	333,0	318,3	316,9
TV 04	259,1	185,4	257,3	204,8	262,2	75,6	200,1	158,2	171,9	285,3	212,9	339,7	217,7	206,6
TV de pago 04	119,2	7,4	21,2	29,9	49,4	12,0	45,1	40,4	18,6	70,1	28,9	74,5	43,1	40,2
Telefonía Básica 04	226,5	67,8	218,1	170,1	206,1	120,4	181,6	56,7	76,2	291,0	127,2	429,0	180,9	158,3
Telefonía Móvil 04	350,1	195,2	360,0	229,3	575,2	261,0	361,3	360,0	148,6	174,0	319,9	915,0	354,1	303,1

Fuente: elaboración propia.

El cuadro demuestra la correspondencia entre los índices de acceso a bienes y servicios de la información y la comunicación *per capita* y el índice de desarrollo humano del Programa de Naciones Unidas para el Desarrollo.

En términos generales, mientras que el acceso a las industrias infocomunicacionales es sumamente débil en América latina, casi no existen dificultades para recibir señales de radio y televisión por aire, siendo su acceso generalizado en una región en la que el arancelamiento de bienes y servicios infocomunicacionales erosiona severamente sus usos y consumos. Así, por ejemplo, prácticamente el 82 por ciento de los hogares accede a la televisión abierta, pero sólo el 16% cuenta con abono a la televisión de pago.

CAPÍTULO 4

Los países

▪ Argentina

La Argentina inició el siglo XXI sacudida por el estallido de una crisis estructural que expulsó de la matriz productiva a millones de trabajadores y elevó los índices de pobreza a más del 50% en el año 2002. Los efectos de esta crisis comenzaron a conjurarse, a nivel macroeconómico, a partir de 2003, por lo que la referencia del año 2004 para el presente trabajo demostrará la instalación de una tendencia de recuperación de los indicadores sobre las industrias de la cultura y la información. Esta tendencia se irá materializando en los años siguientes.

La tradicional referencia a la Argentina como un país con una distribución de sus recursos relativamente más homogénea que en el resto de América latina, con una clase media extendida y con niveles de acceso y producción cultural elevados para la región, también detonaron en los luctuosos episodios de diciembre de 2001, cuando en medio de más de 35 personas asesinadas en el espacio público se suscitó una alternancia de cinco presidentes en menos de un mes.

Los años siguientes marcarían una recuperación macroeconómica sostenida del país, corroborada por los principales índices sobre pobreza y empleo, aunque el modelo que se configura persevera en la desigual distribución de los beneficios que son producto de la bonanza macroeconómica.

La orientación de una política cambiaria que complementa el rumbo económico del país, manteniendo la moneda nacional a un tercio de la divisa estadounidense, favorece la producción local y ha repercutido de modo sobresaliente en la renovación de las industrias infocomunicacionales, algunas de las cuales incluso orientan su dinámica a la exportación de formatos y contenidos. En efecto, una parte del complejo productivo en industrias culturales está destinado a la exportación: ello explica la recuperación ya en 2004 de los niveles de producción de la industria del libro (que siguió creciendo), dado que en parte esa producción del mercado editorial es orientada a la exportación (en este caso los principales destinos son México y Chile).

Pero la buena salud de los medios a partir del año 2004 en la Argentina también tributa a la activa intervención de un Estado cuyo gobierno desarrolló acciones de salvataje (durante 2002 y 2003) y de promoción (a partir de 2004) de los principales grupos y empresas nacionales de medios de comunicación, industrias culturales e infocomunicacionales, a través de la sanción de normas que eximieron a los medios de la aplicación del *cram down* de la Ley de Quiebras, favoreciéndolos con renovaciones de licencias sin exigir contraprestación a cambio y que desgravan los impuestos en el caso de los medios audiovisuales. Los principales grupos son Clarín (que posee una amplia gama de intereses liderando los mercados de prensa escrita, televisión por cable, televisión abierta, radio y agencias noticiosas, entre muchos otros), Telefónica en telecomunicaciones y también en televisión abierta (aunque también era un importante operador radial, negocio que en noviembre de 2004 vendería al grupo Prisa), Vila-Manzano-De Narváez (en televisión por cable, televisión abierta y prensa escrita, entre otros intereses) y Hadad (radio, televisión abierta y prensa escrita).

Los indicadores registrados en el presente trabajo, del año 2004, demuestran la tendencia a la recuperación de los niveles de actividad que las industrias infocomunicacionales argentinas exhibían en el estudio realizado en el año 2000 (Mastrini, Becerra: 2006). Pero, si bien es de destacar que esa tendencia continúa hasta hoy, la recuperación no logra eludir el impacto de procesos que atraviesan al conjunto del subcontinente sudamericano en el presente siglo, como la caída de los índices de consumo de diarios.

Estructura del mercado

Una de las constantes que producen las crisis económicas profundas como la que eclosionó en la Argentina, es el impacto en el consumo de productos culturales. A la hora de reducir gastos, las familias e individuos suelen recortar la compra del periódico, la adquisición de libros o de música como una de las alternativas que, presumen, tiene menos repercusión en su nivel de vida.

La caída de la producción, del acceso y del consumo en el sector infocomunicacional fue notable en los tres primeros años del siglo XXI y los indicadores de 2004 que se presentan a continuación son los primeros en los que se advierte una leve inflexión en una tendencia negativa, en algunas industrias (no en todas): la caída del abono del 20% en la televisión de pago y la disminución del 17% en la compra de periódicos permiten ilustrar una tendencia negativa que halla su contrapartida en la tendencia general al notable crecimiento en los mercados de tecnologías digitales (móviles e Internet, fundamentalmente) y a un incremento en la salida al cine.

No obstante el declive de la prensa y de la televisión de pago, hay características que demuestran rasgos estructurales diferenciales en el comportamiento de las industrias infocomunicacionales en este país. Estos rasgos estructurales se sostienen en prácticas culturales y sociales amplias y en tradiciones de acceso y consumo de bienes y servicios de la cultura y la comunicación y por consiguiente, merecen destacarse en el análisis. Por ejemplo, a pesar de la pérdida del 20% de los hogares abonados a la televisión por cable entre 2000 y 2004 (situación que se iría revirtiendo en los siguientes años, acompañando la bonanza macroeconómica), la Argentina cuenta con uno de los mercados de TV de pago más importantes de América, en términos absolutos y relativos. La cantidad de hogares suscriptos a la televisión arancelada es la mayor de América latina y ello explica el liderazgo que, en términos de facturación, expresa el cuadro comparativo de las industrias infocomunicacionales del país.

También merece particular atención el peso comparativo que tiene la facturación de la prensa escrita aún a pesar de la señalada merma en el universo de compradores de periódicos entre 2004 y 2000. En efecto, la Argentina muestra un nivel de facturación en la prensa semejante al de la televisión abierta. Este hecho, singular en la región y ya registrado en el estudio realizado en el año 2000, se explica por la importancia de un mercado periodístico tradicionalmente robusto y orientador de debates en el espacio público, si bien los índices de consumo de diarios manifiestan un lento pero constante declive desde principios de los años noventa del siglo pasado.

El crecimiento de los mercados infocomunicacionales, escenario de la convergencia, como telefonía móvil e Internet, acompañan en la Argentina un ritmo veloz que se expande en todo el subcontinente. En el caso argentino, este crecimiento se corresponde con el proceso de concentración de ingresos que determina el acceso diferencial a tecnologías (por ejemplo de conexión a Internet) en función de la capacidad adquisitiva de la población. El mapa de accesos a Internet demuestra una alta concentración de las conexiones de alta velocidad y banda ancha en las grandes urbes, por parte de los sectores sociales medios y altos de la población.

Cuadro comparativo: industrias infocomunicacionales en la Argentina

Argentina	Facturación (dólares U$S)	Ejemplares vendidos/ conexionesc	Cada 1000 hab.	Acceso comparativo per cápita 2004/2000 en %)
Libro	166666666	54742331	1418,5	s/d 2000
Disco	109357459	13056714	338,3	-18,6
Cine	271516457	44507697	1153,3	24,4
Prensa (pub.)	380760000	481777533	12483,8	-17,8
Radio (pub.)	31000000	26000000	673,7	-0,5
TV (publicidad)	390780000	10000000	259,1	0,4
TV de pago	800000000	4600000	119,2	-20,0
Telefonía Básica	2102000000	8740000	226,5	-2,9
Telefonía Móvil	1658666666	13512000	350,1	94,8
Internet		7000000	181,4	571,8
Subtotal IC	2150080582			
Total	5910747248	663936275		
PBI	287402000			
PBI *per capita*	7447,2			
% Industrias Culturales en PBI	0,75			
% Infocomunicación en PBI	2,06			
Población	38592150			

Con un aporte inferior al 1%, las industrias infocomunicacionales disminuyeron su importancia relativa dentro del Producto Bruto Interno argentino, si se toma como referencia el lapso 2000 - 2004. La caída de la facturación de las industrias culturales, en la moneda norteamericana, fue de casi el 50% en 2004 respecto del año 2000. La diferencia negativa se repite para las telecomunicaciones. Nuevamente, esto se relaciona con la crisis socioeconómica: la salida de la crisis ha tenido otros motores (fundamentalmente esa salida fue traccionada por la restauración del modelo agroexportador, en la paulatina recuperación de la producción industrial y en la recuperación de la actividad de la construcción) y por lo tanto, en el año 2004 las industrias de la cultura y la comunicación todavía no habían logrado reconquistar los niveles de consumo previos al estallido de la crisis.

Ubicándose entre los primeros productos que los individuos y las familias recortan de sus gastos en un horizonte de retracción económica, los bienes y servicios infocomunicacionales son al mismo tiempo relegados por otros recursos, percibidos como prioridades, a la hora de volver a disponer de un ritmo de consumo.

En el plano económico es preciso discriminar entre las industrias que basan su facturación exclusivamente en el abono o pago por consumo (telefonía, libros y discos), aquellas que se sostienen casi solamente a partir de la publicidad (televisión abierta, radio) dado que su acceso es libre, y las que combinan ambas posibilidades (televisión de pago, prensa, cinematografía).

Dentro del megasector considerado, las telecomunicaciones se ubican como el segmento más importante económicamente. El siguiente gráfico muestra la distribución de la facturación de las diferentes industrias infocomunicacionales argentinas en 2004, con la necesaria aclaración de que algunos de los sectores considerados están subestimados dado que sólo se tomó la referencia del circuito legal (como la discografía o la cinematográfica) y que en otros sectores fue posible acceder a la facturación publicitaria pero no a la relativa a ventas (como en prensa escrita), que robustecerían la importancia económica del sector:

Facturación Argentina 2004 por industria

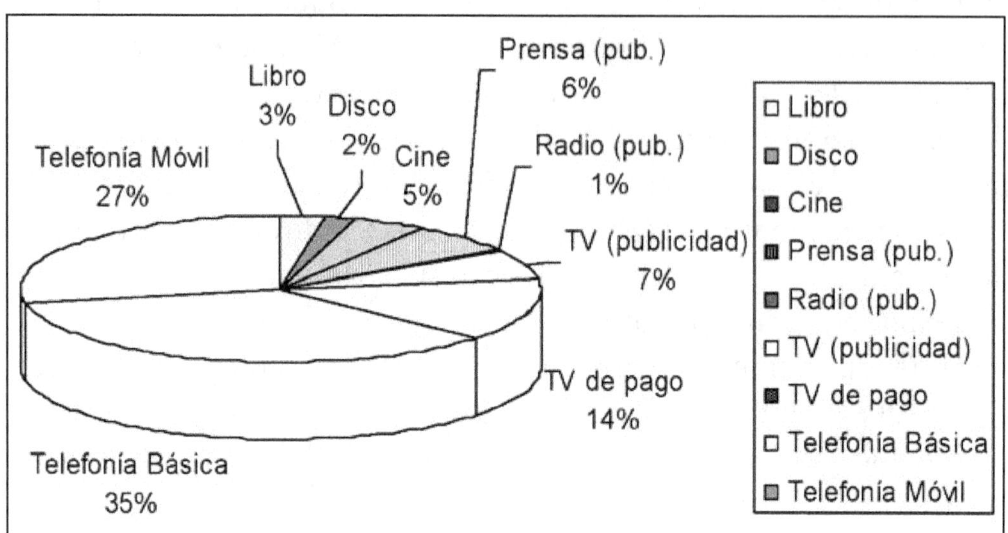

Al dimensionar en términos comparativos la envergadura de los diferentes subsectores de las industrias infocomunicacionales, el gráfico permite encuadrar las decisiones y apuestas de los principales actores corporativos del sector, y explicar así los movimientos desplegados alrededor de las fusiones en los mercados que son, al mismo tiempo, los más dinámicos y relevantes en lo económico.

La principal contribución económica en las industrias infocomunicacionales seguía siendo la de la telefonía básica, con el 35% del total. La expansión de la telefonía móvil se representaba en un aporte del 27% del volumen económico. Ambos sectores generaban, entonces, el 62% de los recursos infocomunicacionales en la Argentina.

Corresponde asimismo destacar la importancia de la televisión de pago en el país, uno de los pocos de la región en donde este sector supera en facturación a la televisión abierta, acompañando un mercado masivo de la TV por cable.

Otro dato singular es la paridad económica de la televisión abierta y de la prensa escrita (en este caso además sólo se contabilizó la facturación por publicidad, a lo que habría que añadir datos —inexistentes en la Argentina— de venta de periódicos).

En cuanto a las industrias que se financian fundamental o parcialmente por publicidad (televisión abierta y de pago; radio), los principales anunciantes en la Argentina son firmas de electrodomésticos y artículos de consumo masivo (Cencosud, Frávega, Garbarino, por ejemplo), grandes supermercados (Coto, Carrefour, Disco), los propios medios (AGEA, Artear) y algunos bancos.

Prensa

En la Argentina se editaban cerca de 180 diarios en 2004, todos de propiedad privada. El mercado de la prensa diaria continúa signado por el protagonismo del diario *Clarín*, que concentra en 2004 el 31% de la circulación de periódicos, es decir que cada tres diarios que se venden en la Argentina, uno es *Clarín*. La diferencia entre la circulación del diario *Clarín* (410 mil ejemplares diarios) y su inmediato competidor, el matutino *La Nación* (185 mil ejemplares diarios) robustece la centralidad del primero a la hora de erigirse como referencia para la construcción de la agenda pública mediática.

Lejos de ser una inferencia, esta situación se apoya al menos en dos hechos objetivos: el primero es que *Clarín* forma parte del principal grupo multimedios de la Argentina, con las sinergias que en materia de línea editorial, promoción de temas, productos y oclusión de otros, ello supone; el segundo es que *Clarín* y *La Nación* son socios en un emprendimiento editorial de gran envergadura: Cimeco, que es propietario de periódicos de amplia circulación y larga tradición en el interior del país, como *La Voz del Interior* (Córdoba) o *Los Andes* (Mendoza). Por consiguiente, la competencia entre *Clarín* y *La Nación* se realiza entre socios comerciales.

Además, *Clarín* y *La Nación* son socios en la titularidad de la agencia noticiosa Diarios y Noticias (DyN) y, en lo que constituye un caso peculiar en el mercado mundial de la prensa escrita (y ha sido denunciado por periódicos y revistas de la competencia), ambos diarios están asociados al Estado nacional en el accionariado de la principal productora de papel prensa del país: Papel Prensa S.A.

Conviene asimismo recordar que el protagonismo de *Clarín* se potencia con el dominio casi total de los avisos clasificados (a pesar de la apertura de otras alternativas, como Internet, el formato papel sigue siendo el más desarrollado para los avisos clasificados). El conjunto de factores enunciados que refuerzan la centralidad de *Clarín*, le permite elevar al 40% el margen de dominio de la facturación del sector (con el 31% del dominio de la circulación), dado que los anunciantes, además de los clasificados, se suelen concentrar en el líder del mercado generando así un circuito de refuerzo de esta posición, al gozar el líder del mercado de mayores recursos por la diferencia relativa a su favor en la absorción de la torta publicitaria.

El grupo *Clarín* además posee el porcentaje mayoritario de las acciones del principal diario de circulación gratuita del país, el vespertino *La Razón*.

Operador	Facturación (en U$S)	Porcentaje de facturación	Ejemplares vendidos	Porcentaje de circulación	Año	Fuente	Grupo al que pertenece el operador
CLARIN	154133333	40,5%	149962477	31,1%	2004	Instituto Verificador de Circulaciones (IVC)	Grupo Clarín
LA NACION			67525000	14,0%	2004	Instituto Verificador de Circulaciones (IVC)	Grupo La Nación
DIARIO POPULAR			27375000	5,7%	2004	Instituto Verificador de Circulaciones (IVC)	Grupo Kraiselburd-Fascetto
CRONICA			40880000	8,5%	2004	WAN	
Subtotal 4 diarios principales			285742477	59,3%			
Total del mercado	380760000	100,0%	481777533	100,0%			

Radio

La industria radiofónica se divide por las frecuencias (AM y FM). La radio más escuchada es la AM Radio 10, perteneciente al grupo del empresario Daniel Hadad. Existen estaciones de frecuencia modulada con público masivo, pero a los fines de poder comparar el mercado en uno de los segmentos, se eligió considerar la AM en virtud de que allí opera la radio con mayor audiencia del mercado. Las cuatro principales emisoras pertenecen a grupos mediáticos. Una de ellas (AM Continental) fue vendida por el grupo Telefónica a su rival Prisa (ambos de capitales españoles). Hay otras estaciones cuyas licencias operan capitales extranjeros, en operaciones de compras que no siempre son autorizadas (o tramitadas) ante la autoridad de regulación, el Comité Federal de Radiodifusión (COMFER).

En la Argentina los inicios del siglo XXI marcaron un desplazamiento de la producción radial local en el interior del país hacia el funcionamiento en cadena de las emisiones, con excepciones en los grandes centros urbanos. De este modo, las principales emisoras de radio de la ciudad de Buenos Aires irradian su contenido hacia el resto del país.

El sector exhibe una facturación total muy inferior al de otras industrias infocomunicacionales, lo que se percibe en una programación que prescinde de grandes producciones y suele tributar su agenda noticiosa a lo que aparece en los diarios (fundamentalmente, en el diario *Clarín*) y al comentario ampliado sobre los acontecimientos que logran acaparar la pantalla televisiva.

Operador	Facturación (en U$S)	Porcentaje de facturación	Rating [10]	Porcentaje de audiencia	Año	Fuente	Grupo empresarial al que pertenece
Radio 10 (AM)			2,4	34,31	2004	IBOPE	Daniel Hadad
Mitre (AM)			1,92	23,53	2004	IBOPE	Grupo Clarín
Continental (AM)			1,86	12,29	2004	IBOPE	Telefónica (hasta noviembre 2004) y Prisa (desde diciembre 2004)
La Red (AM)			1,65	10,36		IBOPE	Vila-Manzano-Ávila
Subtotal 4 radios principales			7,83	80,49			
Total del mercado	31000000	100,0%	21,87	100			

TV abierta

Con la tendencia a la recuperación macroeconómica de la Argentina, la facturación publicitaria de la televisión abierta pudo, en 2004, alcanzar los niveles del año 2000. Esa recuperación permitió que el conjunto de la industria televisiva revitalizara la programación y se repusiera en la pantalla la ficción generada en estudios propios y en productoras asociadas con los principales canales.

Al igual que la industria radiofónica el mercado televisivo argentino funciona mediante la repetición, cuando no la emisión en cadena, de la programación que emiten las principales emisoras de la ciudad de Buenos Aires. Sólo algunas ciudades del interior del país pueden producir su propios contenidos, pero esto conforma una excepción del mapa televisivo argentino.

Los dos canales con mayores niveles de audiencia y facturación eran en 2004 Telefé (11) y Canal 13, respectivamente. Con ligeras variaciones, esta situación demostró gran estabilidad, ya que se extiende desde principios de la década del noventa. Al igual que en el caso de la radio, las cuatro principales emisoras pertenecen a grupos mediáticos. Uno de ellos, Telefónica, de capitales españoles y el resto vinculados a grupos con ramificaciones en la industria de la prensa escrita, la radio, Internet y otros mercados infocomunicacionales.

Operador	Facturación (en U$S) *solo se obtuvo la facturación publicitaria estimada	Porcentaje de facturación	Rating [11]	Porcentaje de audiencia	Año	Fuente	Grupo empresarial al que pertenece
Telefé	110000000	28,1%	15	39,0%	2004	IBOPE	Telefónica de Argentina
Canal 13	99600000	25,5%	10,9	28,0%	2004	IBOPE	Grupo Clarín
Canal 9	60000000	15,4%	7,2	17,0%	2004	IBOPE	Grupo Hadad y socios
América TV	51400000	13,2%	5,5	12,0%	2004	IBOPE	Grupo Ávila y socios
Subtotal 4 emisoras principales	321000000	82,1%	38,6	96,0%			
Total del mercado	390780000	100,0%	40,1	100,0%	2004		

TV de pago

En la Argentina televisión de pago equivale a hablar de televisión por cable, dada la casi nula inserción de la televisión satelital y, en cambio, el carácter masivo de la tecnología del cable como medio de distribución de las señales.

La fortaleza tradicional del mercado de televisión por cable en la Argentina, con tasas de abono cercanas al 50 por ciento de los hogares (y en las grandes urbes, superiores al 60%) precisan de un abordaje diferenciado para esta industria en la que coexisten señales noticiosas, deportivas y de formato "magazine periodístico" mayoritariamente nacionales; y de películas y series fundamentalmente norteamericanas.

A contramano del inicio de la masificación de la televisión por cable, en los años ochenta, cuando surgieron cientos de proveedores del servicio en todo el territorio nacional (donde acceder a la televisión abierta en condiciones razonables de calidad de recepción significaba abonarse al cable), veinte años más tarde la industria aparece concentrada en pocas manos. Los protagonistas principales son tres grupos: Cablevisión (fondo Hicks Muse, Tate & Furst), Multicanal (Grupo Clarín) y Supercanal (Grupo Vila-Manzano, aunque el Grupo Clarín es socio minoritario con el 20% de las acciones). Agudizando esa tendencia, en 2007 las dos primeras plataformas se fusionarían en una sociedad. El Grupo Clarín asociado con el fondo Finetech adquirió Cablevisión.

Operador	Facturación (en U$S)	Porcentaje de facturación	Cantidad de abonados	Porcentaje de mercado	Grupo empresarial al que pertenece
Cablevisión	247.433.333	30,9%	1200000	24,0%	Fondo estadounidense Hicks Muse, Tate & Furst, Incorporated con una participación del 40%. VLG Argentina posee otro 40%
Multicanal	185533333	23,2%	1000000	20,0%	Grupo Clarín
Supercanal		0,0%	400000	8,0%	Grupo Vila - Manzano (51%). Grupo Latlink (28,5%). Grupo Clarín (20% restante)
DirectTV		0,0%	300000	6,0%	DirecTV Argentina pertenece a DirecTV Latin America, (Organización Cisneros y Grupo Clarín, entre otros)
Subtotal 4 operadores principales		54,1%	2900000	58,0%	
Total del mercado	800000000	100,0%	4600000	100,0%	

Telefonía básica

El mercado de telefonía básica en la Argentina es un duopolio gestionado por los consorcios Telefónica y Telecom. Privatizado en 1989, el mercado funcionó durante ocho años con un régimen de exclusividad para los dos consorcios y luego, hace una década, se liberalizó. Sin embargo, la ausencia de intervención estatal para garantizar la concurrencia de otros operadores, y los obstáculos para que cooperativas y otras entidades pudieran participar del mercado, derivó en la consolidación de un mercado estático de telefonía básica, con dos protagonistas que se dividen casi en igualdad de condiciones las casi ocho millones de líneas existentes.

El parque de hogares con telefonía básica se detuvo en el último lustro debido a la creciente importancia de la telefonía móvil en el país.

Operador	Facturación (en U$S)	Porcentaje de facturación	Cantidad de abonados
Telefónica	1.015.000.000	48,3%	4180000
Telecom	1087000000	51,7%	3.650.000
Subtotal operadores principales	22102000000	100,0%	7830000
Total del mercado	2102000000	100,0%	8740000

Telefonía móvil

En el año 2004 el parque de telefonía móvil representaba más del 150 por ciento del de telefonía básica, reflejando una tendencia de toda la región. En el caso de la telefonía móvil, además, se destaca la presencia de diferentes grupos, si bien los tres primeros operadores, en cantidad de abonados, concentran más del 80% del mercado.

Debe destacarse que el 1 de noviembre de 2005 Telefónica Móviles, empresa de Telefónica de Argentina, adquirió la totalidad del paquete accionario de la empresa Movicom, para fusionar esa firma con Unifón, y conformar así Movistar Argentina. Movistar fue lanzada al mercado en abril de ese mismo año en sintonía con el lanzamiento en toda Iberoamérica, pasando a dominar el mercado local.

Operador	Facturación (en U$S)	Porcentaje de facturación	Cantidad de abonados	Porcentaje de mercado	Grupo empresarial al que pertenece
Telecom Personal	524666666	31,6%	3835000	28,4%	Telecom Argentina
Movistar	460000000	27,7%	3632000	26,9%	Grupo Telefónica de Argentina
CTI	479000000	28,9%	3350000	24,8%	América Móviles (grupo Slim)
Nextel	195000000	11,8%	2150000	15,9%	Bellsouth Corporation
Subtotal 4 operadores principales	1658666666	100,0%	12967000	96,0%	
Total del mercado	1658666666	100%	13512000	100%	

Tendencia de concentración

El promedio de la concentración de las industrias infocomunicacionales estudiadas en la Argentina de 2004 es elevado: representa el 84% por parte de los primeros 4 operadores, en el caso de la facturación, y el 83% en el caso del dominio de mercado. Los porcentajes demuestran la consolidación de una situación estructural: las industrias culturales y de telecomunicaciones argentinas se hallan fuertemente controladas por las primeras cuatro firmas. Esta situación se agrava al contemplar los grupos a los que esas firmas pertenecen: generalmente se trata de los mismos dueños que están ramificados en todas las hileras productivas en casi la totalidad de las industrias consideradas. Particularmente los casos de Clarín y Telefónica se destacan como grupos dominantes, si bien en algún caso existen grupos emergentes (como el de

Daniel Hadad en la industria de la radio) que aspiran en el futuro a incrementar su participación en el mercado.

En tanto, el promedio de concentración del primer operador era del 35% en la Argentina de 2004. Ello significa que un tercio del mercado es controlado por el primer operador, lo cual tiene un correlato en el escenario de diversidad de contenidos y pluralismo, en este caso restringido por la existencia de una voz dominante, con alta centralidad (manifiesta en las industrias de prensa escrita, radio y televisión) y también en el escenario de pluralidad de actores, con una competencia acotada por la posición del grupo o empresa más fuerte (manifiesta en las industrias de telecomunicaciones).

Argentina: índices de concentración 2004

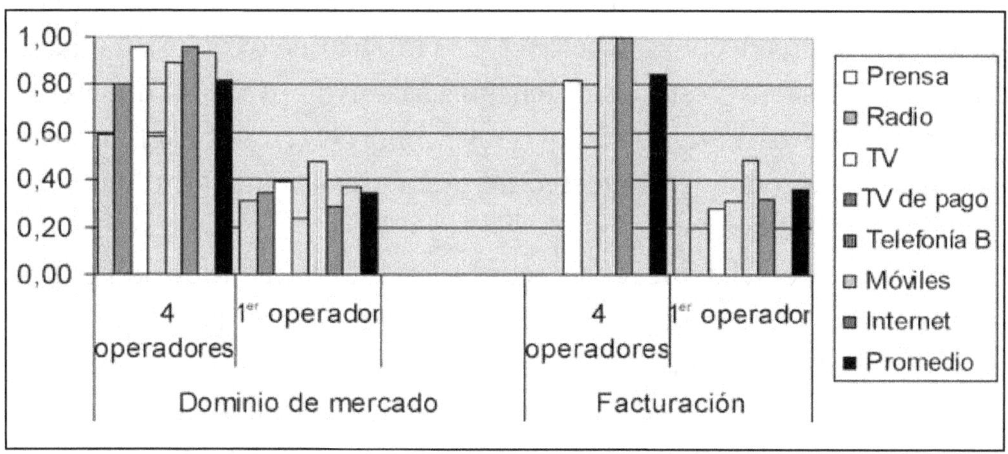

La tendencia entre los indicadores de concentración del año 2000 y los de 2004 confirma un aumento que profundiza la participación de menos actores en condiciones cada vez más dominantes: de un promedio del 78% para los primeros 4 operadores por dominio de mercado en el año 2000 se pasa a un promedio de 83% en 2004.

En el caso de la facturación, la tendencia exhibe un incremento todavía mayor: de una participación del 73% en promedio por parte de las 4 primeras empresas en el año 2000 se pasó a un 84% en 2004.

Ambas tendencias merecen analizarse como parte de un proceso en el que las condiciones contextuales (medidas gubernamentales, mayor poderío de los actores principales y debilitamiento, gracias a su estrategia de funcionamiento en escala, de las empresas más pequeñas) favorecen la concentración de la propiedad en los mercados estudiados. En el caso del dominio del primer operador, en el año 2000 facturaba el 32% del total, en promedio; en 2004 elevó esa participación al 37%. En cambio, en el caso del dominio de mercado el porcentaje se incrementó desde un 33% en 2000 a un 35% en 2004.

Los dos principales grupos de comunicación en la Argentina de 2004 continuaban siendo Clarín y Telefónica (para una descripción de la integración y de la evolución de estos grupos, véase Mastrini y Becerra (2006). El Grupo Clarín se halla más diversificado en las industrias culturales, prácticamente en todos los mercados culturales el Grupo Clarín logró una posición dominante que facilita su interlocución privilegiada con los grandes anunciantes publicitarios y su acceso directo a las fuentes de los distintos estamentos de poder (económico, político, sindical, etcétera). El Grupo cuenta con pocos activos en telecomunicaciones y su intención es lograr a mediano plazo extenderse a la prestación de telefonía básica (fija), toda vez que la convergencia entre los servicios audiovisuales, Internet (en ambos el Grupo es poderoso) y telecomunicaciones requiere del aprovechamiento de las redes tendidas de telefonía.

Inversamente, Telefónica cuenta con el dominio del mercado de la telefonía básica y móvil, además de una significativa presencia audiovisual a través del Canal Telefé (Canal 11 de Buenos Aires) y varias emisoras del interior del país, pero se ha desprendido de otros activos en las industrias culturales, como ocurrió con la venta de Radio Continental al Grupo Prisa.

En 2004, conforme se iba consolidando la recuperación macroeconómica y la tendencia de los mercados infocomunicacionales era la ampliación de los negocios y la expansión de las actividades, comenzó una disputa entre los dos principales grupos por extender sus intereses aún más. En este sentido, la intención de Telefónica de ofrecer el servicio de *triple play* (telefonía, audiovisual e Internet) o la posibilidad (luego concretada) de fusionar las dos principales plataformas de televisión por cable por parte de Clarín comenzaron a diseñarse como escenarios de evolución del mercado a partir de la puja entre ambos grupos a partir de 2004.

▪ Bolivia

En 2004 Bolivia atravesaba una crisis de gobernabilidad bajo la presidencia de Carlos Mesa, sucesor de Gonzalo Sánchez de Losada, quien dimitió en 2003 como consecuencia de la movilización social producto de las medidas económicas y políticas adoptadas en su gobierno. Durante el ejercicio de la presidencia de Carlos Mesa, la fuerza política liderada por el actual presidente, Evo Morales, se transformó en el partido político más votado (Movimiento al Socialismo). En el país se estima que más del 60 por ciento de la población es indígena, pero sólo en 2005, con la asunción de Morales, un descendiente de los pueblos originarios llega a la presidencia de la república.

Caracterizado como uno de los países de la región con mayor pobreza estructural, donde los niveles de desarrollo humano son relativamente bajos (en comparación con el resto de Sudamérica) y por una economía con altos índices de informalidad, Bolivia vive la división entre el oriente rico en recursos petroleros y mineros (con pretensiones autonomistas) y el occidente del país, la zona del altiplano, muy postergado económica y socialmente.

Bolivia cuenta con un sistema de medios comerciales concentrados en pocos grupos de comunicación y, por otro lado, con una fértil tradición de radiodifusión comunitaria que opera en redes, con una lógica de servicio público, y de la radiodifusión católica progresista, que cuenta con la red Erbol.

Los principales intereses como grupos de medios son la familia Rivero, propietaria del tradicional diario *El Deber*, de Santa Cruz, a su vez asociada al Grupo Líder, que gestiona diarios y emisoras de televisión abierta y radios. En Bolivia actúa el grupo Prisa, a través de *La Razón*, diario de La Paz, y otros medios televisivos y radiales adquiridos a la familia Garafúlic. Otros grupos, como el liderado por Ivo Kuljis y la presencia del mexicano-estadounidense Ángel González, también deben destacarse en el panorama infocomunicacional boliviano.

Los datos consignados sobre Bolivia en el presente trabajo están condicionados por la inexistencia de un sistema estadístico consolidado sobre el sector de las industrias culturales. La entrevista con fuentes directas, la reconstrucción de información a través de organismos internacionales y el contraste con los datos provistos por el Estado permitieron, no obstante, reunir un panorama general de la estructura y la concentración de las principales industrias.

Estructura del mercado

El mercado boliviano de industrias infocomunicacionales es débil, tanto si se examina por los niveles de acceso (en valores absolutos y relativos) como si se lo hace a partir de su nivel de facturación. El siguiente cuadro permite observar los indicadores básicos de las industrias estudiadas y el retroceso en los niveles de acceso comparando los años 2004 y 2000.

Los sectores que manifiestan un crecimiento del acceso son radio y televisión (tanto en abierto como de pago) y, acompañando la tendencia de la región, la telefonía móvil.

Bolivia	Facturación (dólares U$S)	Ejemplares vendidos/ conexiones	Cada 1000 hab.	Acceso comparativo *per capita* 2004/2000 en %)
Libro	225000	222750	24,1	-66,6
Disco	s/d	s/d	s/d	s/d
Cine	2517952	1332250	144,4	-15,0
Prensa (publicidad)	28814500	20987500	2274,7	-60,1
Radio	11570000	1750205	189,7	40,6
TV	36490000	1710825	185,4	75,1
TV de pago	21847039	68193	7,4	37,1
Telefonía Básica	125000000	625428	67,8	-0,5
Telefonía Móvil	293000063	1800789	195,2	95,1
Internet	5328910	s/d	s/d	s/d
Subtotal IC	101464491			
Total	524793464	28708940		
PBI	9312700			
PBI *per capita*	1009,3			
% IC en PBI	1,09			
% Soc Info en PBI	5,64			
Población	9226511			

Las industrias culturales aportan el 1% del Producto Bruto Interno boliviano. Sumadas las telecomunicaciones, el sector infocomunicacional supera el 5,5% de contribución al PBI del país, destacándose en dicha contribución la importancia económica de las telecomunicaciones. Entre 2000 y 2004 la facturación de las industrias culturales se multiplicó por dos en Bolivia, mientras que el conjunto de actividades infocomunicacionales incluidas en el estudio experimentó, de la mano de las telecomunicaciones, un crecimiento mayor, ya que de casi 200 millones de dólares en el año 2000 el registro fue de 524 millones cuatro años después.

En efecto, las telecomunicaciones generan más del 80 por ciento de la facturación infocomunicacional en Bolivia, lo cual revela el notable crecimiento de la conexión móvil por un lado, y la fragilidad de las industrias culturales, toda vez que el país no se caracteriza por su entramado industrial de producción y distribución de contenidos. La telefonía móvil, en particular, aporta el 57% del volumen económico del megasector considerado en el presente estudio.

De las industrias culturales cabe destacar la paridad que tiene la facturación publicitaria de la televisión abierta con la de la prensa escrita, si bien ambas a una marcada distancia respecto de las telecomunicaciones.

Facturación Bolivia 2004 por industria

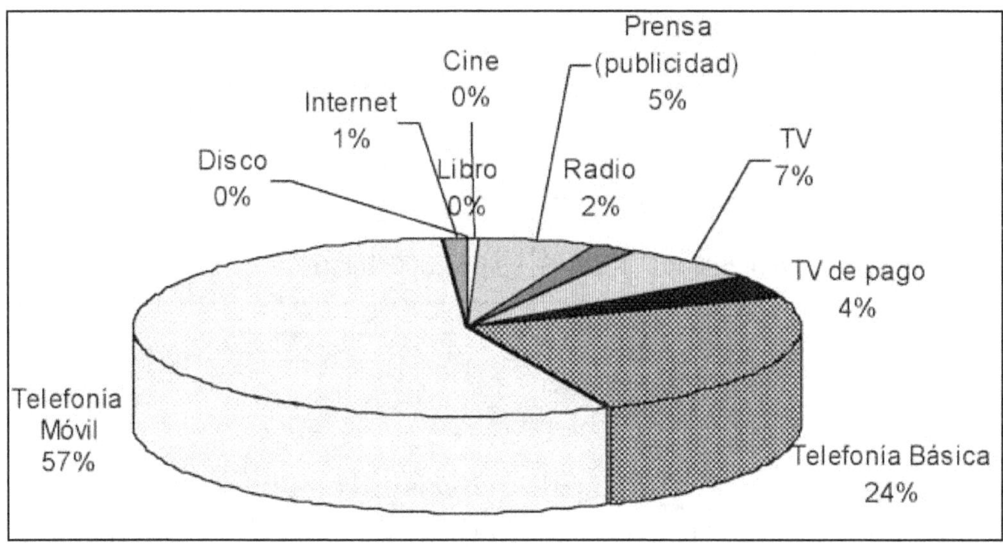

Prensa

El mercado de la prensa escrita en Bolivia está liderado por *El Deber*. El 24% de la circulación de diarios está en manos de *El Deber*, seguido por *La Razón* (Grupo español Prisa) en número de ejemplares vendidos. Detrás de estos dos líderes del mercado periodístico, se ubican *Los Tiempos* y *El Diario*, ambos con el 10% del mercado de lectores. Los datos obtenidos de la facturación de los cuatro diarios reproducen casi exactamente los porcentajes de ventas, respetando a la vez la posición relativa de cada uno de ellos.

Los índices de concentración registrados en torno al 64%, entonces, son elevados y se ubican a sólo un punto de diferencia del promedio regional, que es de 65%.

Operador	Facturación (en U$S)	Porcentaje de facturación	Ejemplares vendidos	Porcentaje de circulación	Año	Grupo empresarial al que pertenece el operador
El Deber	6.915.480,00	24,0%	5.037.000	24,0%	2004	Rivero
La Razón	5.762.900,00	20,0%	4.197.500	20,0%	2004	Prisa
Los Tiempos	2.881.450,00	10,0%	2.127.500	10,1%	2004	Canelas
El Diario	2.881.450,00	10,0%	2.127.500	10,1%	2004	Flia. Carrasco
Subtotal 4 diarios principales	18.441.280,00	64,0%	13489500	64,3%		
Total del mercado	28.814.500,00	100,0%	20.987.500	100,0%		

Radio

La radio es uno de los principales medios de comunicación en Bolivia, conforme las señales de televisión abierta no llegan al conjunto del territorio. Históricamente, Bolivia constituye además uno de los casos más emblemáticos de desarrollo de radios comunitarias o populares, asociadas con la actividad minera y campesina.

Entre las radios comerciales se destacan FIDES, que acapara el 41 por ciento de la publicidad del medio, Panamericana (35% de los ingresos publicitarios) y Árbol (24%). En conjunto, estas tres emisoras concentran el 62% de la facturación del sector.

No ha sido posible obtener datos de rating ni de audiencia.

Operador	Facturación (en U$S)	Porcentaje de facturación	Grupo empresarial al que pertenece
Panamericana	2.510.690	35,0%	Miguel Dueri
Fides	2.941.094	41,0%	Grupo Fides
Erbol	1.721.616	24,0%	Red Erbol
Illimani			
Subtotal 4 radios principales	7.173.400	62,0%	
Total del mercado	11570000	100,0%	

TV abierta

Los cuatro principales canales de televisión abierta pertenecen a algún grupo de comunicación. El primero de ellos, Unitel, concentra el 21,6% de los ingresos publicitarios, integra el Grupo de la familia Monasterios y emite desde La Paz; el segundo, ATB, con el 19,2% de la facturación del sector, es del grupo español Prisa y emite desde Santa Cruz; el tercero, Bolivisión, cuenta con el 15,2% de la publicidad televisiva, es del Grupo Asbun y tiene sede en Cochabamba; el último, Red Uno, con el 13,6% de la torta publicitaria en TV abierta, es parte del Grupo Kuljis y está radicado en Santa Cruz.

Los cuatro canales manejan, en conjunto, casi el 70% de la facturación publicitaria de la televisión abierta en Bolivia.

Operador	Facturación (en U$S)	Porcentaje de facturación	Grupo empresarial al que pertenece
Unitel	7.881.840	21,6%	Flia.Monasterios
ATB	7.006.080	19,2%	Grupo Prisa
Bolivisión	5.546.480	15,2%	Grupo Asbun
Red Uno	4.962.640	13,6%	Grupo Kuljis
Subtotal 4 emisoras principales	29.192.000	69,6%	
Total del mercado	**36.490.000**	100,0%	

TV de pago

El mercado de la televisión de pago experimentó un tenue crecimiento entre 2000 y 2004. Tres empresas concentran el 80% del mismo: Supercanal, que cuenta con más del 36% de los abonados al sistema, factura el 34%; Comteco atiende al 24% de los abonados y exhibe una facturación del 24% del mercado; y Cotas domina el 21% del parque de abonados con un porcentaje similar en cuanto a facturación.

	Facturación (en U$S)	Porcentaje de facturación	Cantidad de Abonados	Porcentaje de mercado	Grupo empresarial al que pertenece
Cotas	4.587.878,19	21,0%	14321	21,0%	Cotas Cable Tv
Comteco	5.243.289,36	24,0%	16366	24,0%	Interactv
Supercanal	7.427.993,26	34,0%	25000	36,7%	Supercanal
Subtotal 4 operadores principales	17.259.160,81	79,0%	55687	81,7%	
Total del mercado	21.847.039,00	100,0%	68.193	100,0%	

Telefonía básica

La empresa Entel facturaba en 2004 el 61% del mercado controlando el 40% de los abonados en un sector de accesos restringidos. Cotel contaba con el 27% de los abonados a la telefonía básica y participaba en un 20% de la facturación del mercado. Cotas y Cotmeco completaban un panorama de alta concentración pero con 4 operadores, a diferencia de otros países en los que la telefonía básica admitía una o dos empresas dominantes. En el caso boliviano el mercado se repartía entre cuatro actores.

Operador	Facturación (en millones U$S)	Porcentaje de facturación	Cantidad de abonados	Porcentaje de mercado
Entel	76.250.000,00	61,0%	250.000	40,0%
Cotel	25.000.000,00	20,0%	169.219	27,1%
Cotas	12.500.000,00	10,0%	120.601	19,3%
Comteco	10.000.000,00	8,0%	70.263	11,2%
Subtotal 4 operadores principales	123.750.000,00	99,0%	610.083	97,5%
Total del mercado	125.000.000,00	100,0%	625.428	100,0%

Telefonía móvil

También en el sector móvil de las telecomunicaciones la empresa Entel era dominante, con una participación elevada (65% de los abonados y otro tanto de la facturación), en tanto que Viva y Telecel se disputaban el segundo lugar oscilando entre el 15% y el 18% de un mercado en crecimiento.

Operador	Facturación (en millones U$S)	Porcentaje de factura-ción	Cantidad de abonados	Porcentaje de mercado
Entel	192.241.193,58	65,6%	1.168.712	64,9%
Viva	53.614.262,00	18,3%	325.943	18,1%
Telecel	41.221.280,00	14,1%	270.118	15,0%
Cotas	5.924.227,85	2,0%	36.016	2,0%
Subtotal 4 operadores principales	293.000.963,43	100,0%	1800788,65	100,0%
Total del mercado	293.000.063,00	100%	1800789	100%

Tendencia de concentración

El promedio de la concentración de las industrias infocomunicacionales estudiadas en Bolivia de 2004 es muy elevado: representa el 86% por parte de los primeros 4 operadores, en el caso del dominio de mercado, y el 82% en el caso de la facturación. En consecuencia, el sector infocomunicacional en Bolivia está muy concentrado por las primeras cuatro firmas.

El promedio de concentración del primer operador, en tanto, era en 2004 del 37% en el caso de dominio de mercado y del 44% en el de facturación. El sector con el mayor índice de concentración por dominio del primer operador es la telefonía móvil, aunque también la telefonía básica y la televisión de pago tienen niveles altos de concentración.

Bolivia: índice de concentración

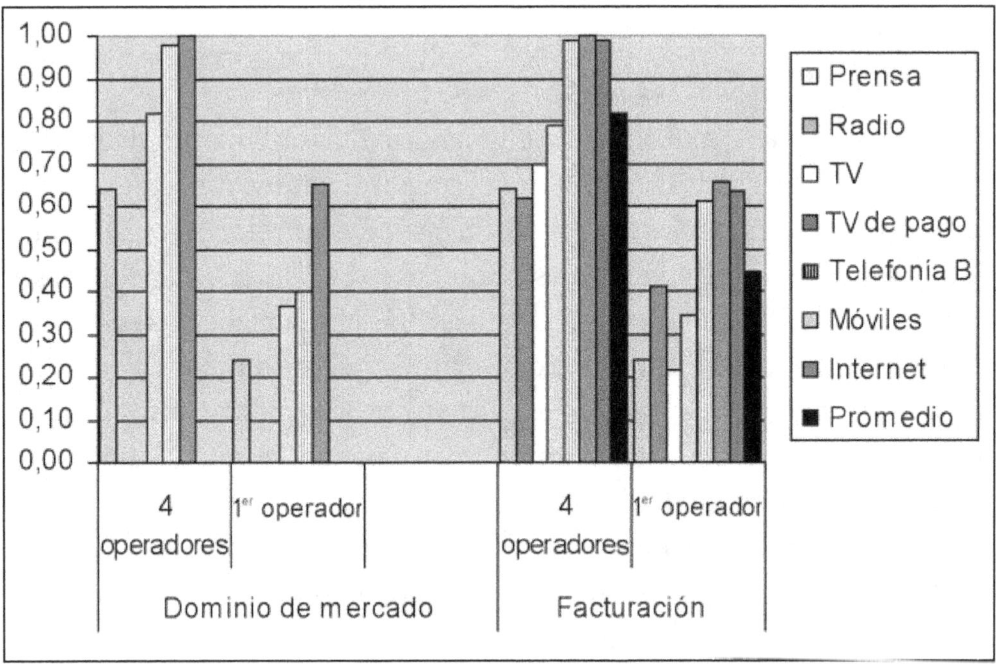

La investigación no puede proporcionar una tendencia promedio de índices de concentración en el caso de Bolivia dado que en el relevamiento hecho para el año 2000 no se pudieron obtener datos básicos sobre varios de los sectores analizados. Sólo es posible comparar año 2000 y 2004 en el caso de la prensa escrita, sin que se manifiesten diferencias sustanciales en el período considerado.

▪ Brasil

En 2004 el presidente brasileño Luis Ignacio Lula da Silva promediaba su primer mandato, gracias a una elección ganada dos años antes con la oposición de los grandes grupos de comunicación, pero con el acompañamiento de numerosas redes no comerciales existentes en el vasto territorio de Brasil.

Con más de 181 millones de habitantes, Brasil presentaba una estructura poblacional cercana al doble de la del segundo país más habitado de los estudiados (México) y cuenta con más de cuatro veces la población de Colombia o la Argentina, los siguientes en volumen demográfico en la región.

Esta situación estructural, que se complementa con la existencia de enormes conglomerados urbanos (San Pablo, Río de Janeiro, Porto Alegre, Brasilia, Recife, Salvador, Manaos, entre muchos otros), con la potencia económica desplegada a partir de la década del 40 en el siglo XX en base a un pujante desarrollo industrial y comercial, con la histórica conformación de un entramado social multicultural, repercute de manera directa en el avance que, en muchos aspectos, presentan las industrias infocomunicacionales de este país y fundamenta la necesidad de abordar la excepcionalidad del "caso brasileño". Por supuesto, la singularidad idiomática del portugués en un contexto subcontinental de habla castellana refuerza dicha "excepcionalidad".

No obstante, la también histórica fractura socioeconómica del país, en el que la pobreza estructural revela el signo regresivo de la distribución y apropiación del conjunto de bienes y servicios, debe ser analizada en el marco de los abundantes atributos latinoamericanos que caracterizan a Brasil, cuyo mercado cultural e infocomunicacional es en términos absolutos el más relevante de la región, pero se halla condicionado por niveles relativos (accesos *per capita*) situados muy por debajo de paises como Chile, la Argentina o Uruguay.

Como indicador de la fractura socioeconómica brasileña, estructurante de otras fracturas y brechas, cabe citar las estadísticas oficiales del Instituto de Pesquisa Económica Aplicada, que subrayan que el 10% más rico de la población concentra más del 75,5% de los ingresos del país.

La radio y la televisión fueron históricamente, y continúan siéndolo, la puerta de ingreso a los productos culturales para millones de brasileños. Estos mercados masivos impulsaron el auge de géneros y de programaciones verdaderamente originales, y permitieron el ascenso y consolidación de grupos de comunicación que operan a escala nacional y exportan contenidos a numerosos países.

En Brasil operan algunos de los principales grupos infocomunicacionales de Iberoamérica: los grupos Globo, Abril o Folha con fuerte tradición en el mercado nacional y con exportaciones de productos a otros países de la región (incluido Portugal) deben apuntarse junto a Telefónica, Cisneros o Telmex, presentes en el gigantesco mercado de telecomunicaciones brasileño.

Estructura del mercado

Casi todos los hogares brasileños cuentan con receptores de radio y televisión abierta, constituyendo así vigorosos mercados de radio y televisión abierta en los que los operadores funcionan en redes que permiten enlazar las producciones de contenidos desarrolladas fundamental –aunque no únicamente– en San Pablo, Río de Janeiro y Porto Alegre y agregar contenidos regionales o locales.

Si se analiza el acceso, los resultados del estudio realizado en 2004 arrojan la disminución de la compra de libros (19%) o discos (47%) respecto de la medición del año 2000. Como sucede en el resto de los países, la transformación del acceso a contenidos musicales impactó significativamente en el mercado legal de copias.

Un descenso marcado en el acceso se registra en el caso de la prensa escrita, en donde la compra de diarios *per capita* cayó un 60% en el lapso 2000 a 2004.

Por el contrario, el siguiente cuadro demuestra la tendencia al crecimiento moderado en la televisión de pago, una mayor alza del acceso a la cinematografía (53%), acompañando la consolidación de la producción brasileña en el séptimo arte.

Pero la verdadera contracara de la tendencia observada en las industrias de diarios, discos y libros la conforman las actividades de telefonía móvil e Internet. En el período sometido a comparación, el acceso a la telefonía móvil experimentó un crecimiento superior al 163 por ciento, con una penetración del 36% de la población del país (cifra que continuó creciendo de modo constante en los años siguientes). En el caso de Internet, el crecimiento registrado fue del 127%. Ambas industrias, como se ha señalado en la descripción de caso en otros países de la región, son el escenario central de la convergencia tecnológica infocomunicacional y su impactante inserción en el subcontinente permite realizar interpretaciones e inferencias válidas acerca de la diseminación de las tecnologías y sobre su apropiación social en países periféricos. Brasil representa, en este caso, un ejemplo sobresaliente a considerar.

Brasil	Facturación (millones de dólares U$A)	Ejemplares vendidos/ conexiones	Cada 1000 hab.	Acceso comparativo *per capita* 2004/2000 en %)
Libro	933.320.214	288675136	1589,6	-19,2
Disco	198191409	59000000	324,9	-47,0
Cine	16398311	114733000	631,8	53,4
Prensa	951231542	1219971255	6717,9	-60,4
Radio	206791262	45430369	250,2	2,4
TV	2836375811	46733120	257,3	-24,9
TV de pago	1499623210	3851141	21,2	15,0
Telefonía Básica	24114544084	39600000	218,1	-3,3
Telefonía Móvil	13187641296	65376000	360,0	163,5
Internet		23971200	132,0	127,6
Subtotal IC	6641931759			
Total	43944117139	1907341221		
PBI	655348000			
PBI *per capita*	3608,7			
% IC en PBI	1,01			
% Soc Info en PBI	6,71			
Población	181600000			

Las industrias infocomunicacionales aumentaron su importancia relativa dentro del Producto Bruto Interno brasileño. El peso de este crecimiento fue soportado por las telecomunicaciones, cuyo mercado se expandió considerablemente en el período 2000 - 2004 (y continúa haciéndolo en los años posteriores al estudio).

Si se analizan separadamente industrias culturales (contenidos) y telecomunicaciones, las primeras han perdido influencia en la composición del PBI de Brasil (de un aporte del 1,77% del PBI en 2000 a un 1% en 2004), proceso relacionado con la retracción de algunos de sus principales mercados. La facturación del conjunto de las industrias culturales en el país pasó de más de 10 mil millones de dólares en el año 2000 a algo más de 6.100 millones cuatro años después. En cambio, las telecomunicaciones incrementaron su impacto en el PBI en el mismo período. El conjunto de los sectores analizados facturó en el año 2000 algo más de 38 mil millones de dólares en Brasil, contra los casi 44 mil millones en 2004.

Facturación Brasil 2004 por industria

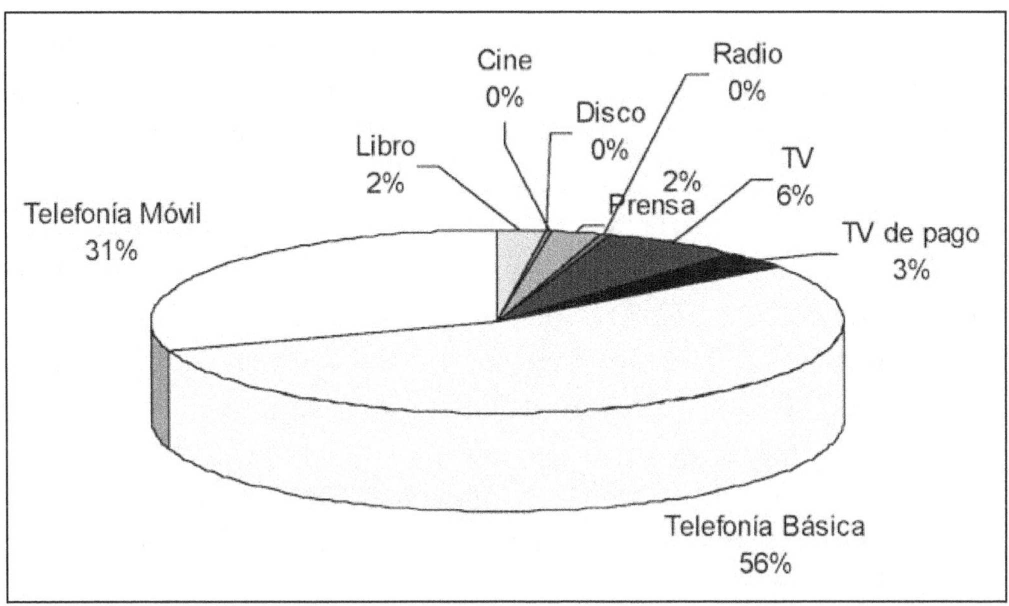

El gráfico precedente colabora con la afirmación realizada acerca de la influencia creciente del complejo de las telecomunicaciones en Brasil: en términos económicos, el 87 por ciento de la facturación infocomunicacional del país en 2004 fue aportado por la suma de la telefonía básica (con el 56%) y la telefonía móvil (31%).

Por su parte, la televisión participa con el 9% de la facturación (la televisión abierta representa el doble de la facturación de la televisión por cable), y la prensa escrita y la industria del libro participan, cada una, con el 2% del volumen total de facturación infocomunicacional.

Prensa

En Brasil se editaban cerca de 520 diarios en 2004, la gran mayoría de ellos, de alcance regional. Esta cifra iguala, prácticamente, al total del resto de los países analizados, lo cual da una noción acerca de la importancia del mercado brasileño, en términos absolutos.

Al igual que en casi toda América latina (con la excepción de la Argentina y Uruguay, fundamentalmente), en Brasil no existe prácticamente el fenómeno de la prensa de cobertura "nacional", por lo que la venta y circulación de los principales diarios tiene alcance regional, destacándose por supuesto los estados de San Pablo y Río.

Los cuatro primeros diarios dominan casi el 40% de la venta total del mercado brasileño, un indicador que en comparación con otros países de América latina, o bien con otras industrias del mismo país (Brasil) resulta moderadamente bajo.

Pero la conclusión sería exactamente opuesta si se atendiera a la facturación, ya que los cuatro periódicos más importantes logran acaparar casi el 68% de los recursos. La diferencia entre el dominio de mercado de las cuatro principales empresas (o grupos) y su dominio de la facturación ilustra la tendencia de los grandes anunciantes publicitarios a concentrar sus avisos en los periódicos más leídos. Esta tendencia, cuando se vuelve extendida y generalizada, debilita económicamente a los diarios de estructura más pequeña y, consecuentemente, amenaza la pluralidad de voces en el mercado de la prensa.

Operador	Facturación (en millones U$S)	Porcentaje de facturación	Ejemplares vendidos	Porcentaje de circulación	Año	Grupo empresarial al que pertenece el operador
Folha de São Paulo	$155.000.000,00	16,3%	307.703	9,2%	2004	Empresa Folha da Manhã S/A
Editora Globo*	$153.795.026,38	16,2%	598.576	17,9%	2004	Globopar
Zero Hora	$138.885.079,13	14,6%	180.367	5,4%	2004	Rede Brasil Sul (RBS)
O Estado de S. Paulo	$196.911.077,62	20,7%	233.471	7,0%	2004	Grupo OESP
Subtotal 4 diarios principales	$644.591.183,12	67,8%	1.320.117	39,5%		
Total del mercado	951.231.542		3.342.387	100,0%	2004	

Radio

La extensión territorial del país impide contar con índices de audiencia fiables para el caso de la radio, pero el análisis de la distribución de la facturación del medio entre las cuatro principales emisoras arroja un porcentaje del 32% del total. La radio que mayor facturación exhibe es Radiobrás (del gobierno) seguida por Radio Gaúcha, perteneciente a la Red Brasil Sul (RBS). El total de la facturación del medio es muy inferior al de otras industrias culturales, como la televisión abierta.

La estructura de la radio en Brasil es protagonizada por redes que cuentan con una programación que irradia de la emisora cabecera pero en la que las radios que integran la red pueden aportar en su localidad programación propia. La mayoría de las redes son privadas y comerciales pero las hay estatal/gubernamentales y de organizaciones como la Iglesia.

Operador	Facturación (en millones U$S)	Porcentaje de facturación	Grupo empresarial al que pertenece
Radiobrás	41.875.660,00	20%	Gobierno Federal
Rádio Gaúcha	10.178.220,00	5%	Red Brasil Sul (RBS)
S/A Rádio Tupi	7.535.040,00	4%	Condomínio Accionario das Emisoras y Diarios Asociados
Rádio Itatiaia	7.345.890,00	4%	Red Itatiaia
Subtotal 4 radios principales	66.934.810,00	32%	
Total del mercado	206.791.262	100,0%	

TV abierta

La estructura de redes es dominante en la industria de la televisión abierta brasileña. En este sentido, el poderoso sistema de TV abierta se asemeja a la estructura del modelo radiofónico en Brasil, pero justamente la centralidad de la televisión, y el mayor costo de los prototipos originales de los contenidos televisivos, refuerzan el carácter centralista del sector.

En efecto, la existencia de redes produce un sistema muy centralizado en cuanto a la programación y a la distribución de contenidos, ya que funciona mediante la producción de los contenidos en grandes centros urbanos y su diseminación a través de las emisoras asociadas con la red. En este sentido, y como caracterización válida del sistema de televisión en Brasil, hay que destacar que la Red Globo alcanza a más del 95% del vasto territorio del país; SBT casi el 80%; Record el 57%; Bandeirantes el 54% y Rede TV el 33% (Zenith OpenMedia).

Estas cuatro redes, que concentran el 100% de la audiencia del país, dominan casi el 91% de los recursos publicitarios de una industria que aporta cerca del 6% del total de la facturación del macrosector infocomunicacional. Estas cifras no toman en cuenta los ingresos por exportación de contenidos, que de agregarse robustecerían la dimensión económica de la televisión en Brasil, puesto que se trata de uno de los tres países más exportadores de contenido audiovisual en la región (junto con México y la Argentina) y en particular, con México, una de las dos primeras potencias audiovisuales latinoamericanas.

Operador	Facturación (en millones U$S)	Porcentaje de factura- ción	Rating [11]	Porcen- taje de audien- cia	Grupo empresarial al que pertenece
TV Globo	1.590.000.000,0	56,0575%	55%	63,8%	Globo
SBT	600.000.000,0	21,1538%	20%	23,2%	Grupo Silvio Santos
Record	240.000.000,0	8,4615%	8%	9,3%	Igreja Universal do Reino de Deus
Rede TV	150.000.000,0	5,2884%	3%	3,4%	Grupo Amilcare Dallevo
Subtotal 4 emisoras principales	2.580.000.000,0	90,9611%	86,00%	99,8%	
Total del mercado	2.836.375.811,0	100,0%	100%	100,0%	

TV de pago

En contraste con el poderoso desarrollo de la televisión abierta, la penetración de la televisión de pago es baja en Brasil con relación al promedio regional. En términos relativos, hay 21 conexiones cada 1000 brasileños, mientras que el promedio sudamericano es de 43 abonos cada 1000 habitantes. Comparado con los índices de acceso en el Cono Sur, Brasil está lejos de la Argentina (119 abonos); Uruguay (70 abonos) o Chile (49 abonos, siempre cada 1000 habitantes).

La facturación del sector aporta el 3% del volumen económico de las industrias infocomunicacionales brasileñas. El sector está conformado por dos prestadoras de televisión por cable (Net y TVA) y dos de televisión satelital (Sky y DirecTV).

La principal empresa es Net, del Grupo Globo, que controla casi el 45% de la facturación de la TV paga y casi el 37% de los abonados del mercado. La segunda compañía, de televisión vía satélite, es Sky, emprendimiento conjunto de Globo y Liberty Media. Sky factura el 18,5% del sector y cuenta con el 22% de los abonados. DirecTV, propiedad de News Corporation, concentra el 12% de los abonos de televisión arancelada y genera el 11% de la facturación. Por último, TVA, del Grupo Abril, cuenta con el 7,6% de los abonados y maneja un porcentaje similar de la facturación.

En conjunto, la presencia de las cuatro operadoras mencionadas es dominante en Brasil, toda vez que controlan más del 78% de los abonados a la televisión por cable y generan más del 81% de los ingresos del sector.

Operador	Facturación (en millones U$S)	Porcentaje de facturación	Cantidad de abonados	Porcentaje de mercado	Grupo empresarial al que pertenece
NET	$670.260.361,72	44,7%	1.419.000	36,8%	Globo
SKY	$276.705.727,20	18,5%	858.000	22,3%	Globo, News Corporation e Liberty Media
DirecTV	$166.300.000,00	11,1%	460.000	11,9%	News Corporation
TVA	$113.790.504,90	7,6%	294.000	7,6%	Grupo Abril
Subtotal 4 operadores principales	$1.227.056.593,82	81,8%	3.031.000	78,7%	
Total del mercado	$1.499.623.210,00	100,0%	3.851.141	100,0%	

Telefonía básica

La telefonía básica aporta el 56% de la facturación del conjunto de actividades infocomunicacionales en Brasil. La enorme dimensión del mercado brasileño puede ilustrarse al contrastar la importancia económica de esta actividad en América latina: la telefonía básica brasileña representa el 60% de la facturación del sector en el conjunto de los países estudiados (la telefonía básica mexicana aporta el 26%, seguida por la Argentina, con el 5%, la de Colombia con el 3%, las de Chile y Venezuela con el 2% y el resto con porcentajes inferiores). En términos absolutos, la cantidad de líneas activas de telefonía básica en Brasil se asemeja a la población de Colombia o la Argentina.

La empresa más importante en 2004, superando el 38% del control de las líneas telefónicas básicas en actividad, era Telemar, del Banco Nacional de Desarrollo Económico y Social (BNDES). Esta compañía facturó el 35% del sector. Telefónica (de Telefónica de España), por su parte, concentraba el 31,5% de los abonados y aportaba el 29% de la facturación telefónica básica. Brasil Telecom (Telecom Italia) contaba con el 24% de los usuarios y generó algo más del 20% de la facturación. Por último, Embratel (de Telmex) controlaba el 15,4% del volumen económico del sector. No se consignan las cifras de abonados a Embratel, ya que se trata del principal operador brasileño de llamadas de larga distancia (nacional e internacional) pero no disputa el mercado de abonos de línea fija.

Los cuatro primeros operadores controlaban el 98,4% de los ingresos del sector, en tanto que los tres primeros operadores concentraban prácticamente el 94% de los abonados a la telefonía básica. Ambas cifras expresan un altísimo nivel de concentración del mercado en muy pocos concurrentes.

Operador	Facturación (en U$S)	Porcentaje de facturación	Cantidad de abonados	Porcentaje de mercado	Grupo empresarial al que pertenece
Telemar	$8.336.473.248	35,1%	15.216.000	38,4%	BNDES, Andrade Gutierrez, Fundos de pensão de empresas estatais
Telefônica	$6.942.727.958	29,2%	12.463.000	31,5%	Telefónica de España
Brasil Telecom	$4.809.118.312	20,3%	9.503.000	24,0%	Telecom Italia, Opportunity, Fundos de pensão de empresas estatais
Embratel	$3.649.962.321	15,4%	Larga distancia	-	Telmex
Subtotal 4 operadores principales	$23.738.281.839	98,4%	37.182.000	93,9%	
Total del mercado	$24.114.544.084	100,0%	39.600.000	100,0%	

Telefonía móvil

La creciente importancia de la telefonía móvil en Brasil, en consonancia con la destacada progresión del sector en toda la región, repercute en el aporte del 31% del volumen económico del conjunto de las industrias infocomunicacionales del país. En comparación con los ingresos de la telefonía básica, en 2004 la telefonía móvil genera algo más de la mitad de la facturación. No por ello éste es un segmento menor, ni en términos de mercado ni de volumen económico.

En términos absolutos el tamaño del mercado de telefonía móvil brasileño es el mayor de todos los considerados en el presente estudio: al superar las 65 millones de líneas activas en 2004, y al experimentar un incremento significativo, este sector constituye en sí mismo una masa crítica sobresaliente en el panorama infocomunicacional latinoamericano.

De las 65 millones de líneas existentes, casi el 93% está controlado por las cuatro principales compañías, todas ellas vinculadas a su vez con grupos que prestan el servicio de telefonía básica: Vivo (Telefónica de España y Portugal Telecom) concentraba el 40,6% del mercado; TIM (Telecom Italia) casi el 21%; Claro (Telmex) un porcentaje similar y OI Telemar (Telemar), el 10,5% de las líneas.

En cuanto a la facturación, Vivo acumula el 42% de los ingresos del sector; TIM el 23%; Claro el 18% y OI Telemar el 8,6%.

Al igual que en el caso de la telefonía básica, también en este mercado los índices de concentración son extremadamente altos, toda vez que el control del 93% de las líneas por parte de los cuatro operadores mencionados se complementa con la concentración de la facturación, que es generada por estos cuatro grupos en un 92% del total.

Si únicamente se repara en la incidencia del operador más importante, Vivo, con índices superiores al 40% del mercado y al 42% de la facturación, se advierte el nivel de concentración de la telefonía móvil en Brasil.

Operador	Facturación (en U$S)	Porcentaje de facturación	Cantidad de abonados	Porcentaje de mercado	Grupo empresarial al que pertenece
Vivo	$5.546.721.929	42,1%	26.542.000	40,6%	Telefónica de España y Portugal Telecom
TIM	$3.065.938.206	23,2%	13.588.000	20,8%	Telecom Italia
Claro	$2.392.991.711	18,1%	13.657.000	20,9%	Telmex
OI/Telemar	$1.128.485.305	8,6%	6.863.000	10,5%	Telemar
Subtotal 4 operadores principales	$12.134.137.151	92,0%	60.650.000	92,8%	
Total del mercado	$13.187.641.296	100%	65.376.000	100%	

Tendencia de concentración

El promedio de la concentración de las industrias infocomunicacionales estudiadas en Brasil en 2004 representa el 81% por parte de los cuatro primeros operadores en el caso del dominio de mercado; y el 77% en el caso de la facturación total relevada. Estos porcentajes superan con creces los niveles considerados "altos" por estudios internacionales en la materia (ver Albarran y Dimmick, 1996, por ejemplo). Esta situación merece además ser examinada a partir de la concentración conglomeral que registra Brasil (como otros países de la región), lo que implica que un mismo grupo (Globo, por ejemplo) está presente en más de uno de los mercados estudiados. Ello repercute, entonces, en que estos importantes índices de concentración incrementan su incidencia por la centralidad de algunos grupos concentrados y su expansión en varias de las industrias analizadas en el presente trabajo.

Por otro lado, el promedio de concentración del primer operador era del 38% en el caso del dominio de mercado (audiencias) en Brasil, con lo que la presencia de la principal empresa superaba el tercio de control del mercado. Este indicador también permite aseverar que el nivel de concentración en Brasil resulta muy alto y que afecta la diversidad de versiones sobre la realidad que producen y distribuyen las industrias infocomunicacionales. Este promedio se obtiene de una presencia dominante (64% de la audiencia) de la red Globo en televisión abierta, el medio de comunicación con mayor audiencia en Brasil y con niveles también muy altos de dominio del primer operador en los mercados de televisión de pago, telefonía básica y móvil.

En tanto, el nivel de concentración por facturación, por parte del primer operador, fue en promedio del 36%, correspondiéndose así con el porcentaje de dominio de mercado señalado.

Brasil: índices de concentración

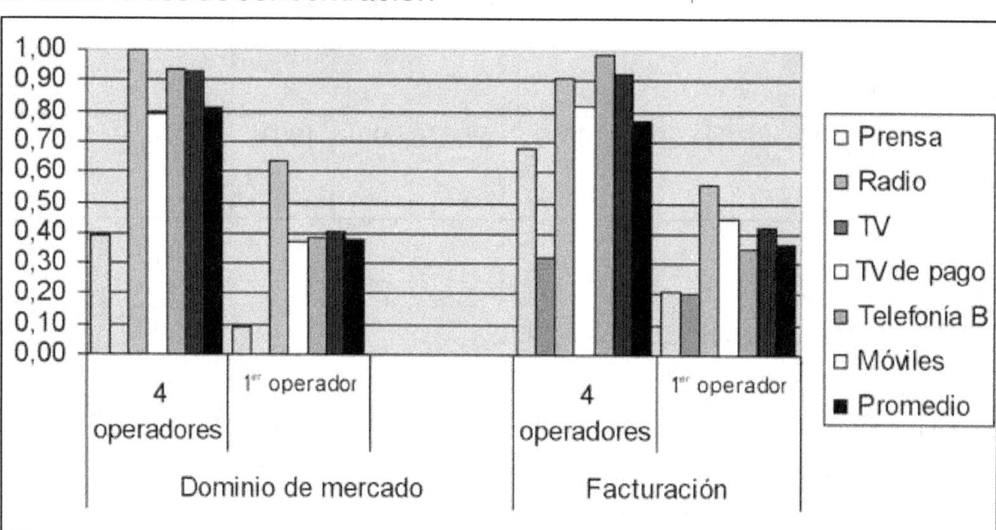

La tendencia entre los índices de concentración del año 2000 y los de 2004 confirma un aumento que profundiza la participación de menos actores en condiciones cada vez más dominantes: de un promedio del 67% para los cuatro primeros operadores por dominio de mercado en el año 2000 se pasa a un promedio de 81% en 2004.

En el caso de la facturación, la tendencia también exhibe un incremento significativo: de un control del 56% por parte de las cuatro primeras empresas (en promedio) en el año 2000, se pasó a un promedio del 79% en 2004.

Se observa, así, que en Brasil el promedio de dominio de los cuatro primeros actores en los mercados infocomunicacionales es del 80%, con lo que el margen de participación de otros actores no dominantes se reduce a sólo el 20% del mercado. Como se ha señalado en las primeras páginas del trabajo, el funcionamiento en escala de los principales grupos no concede perspectivas serias de intervención por parte de competidores más pequeños, reduciéndose así la presencia de voces de actores no dominantes y contraviniéndose una de las premisas del juego democrático basado en la profusión de opiniones diversas que se contrastarían en el ejercicio deliberativo.

Por su parte, si se analiza la participación del primer operador de los sectores relevados, en el año 2000 en promedio alcanzaba en Brasil una facturación del 26% y la incrementó al 40% en 2004. Este aumento es, a todas luces, considerable y guarda estrecha relación con la expansión del control de las audiencias (y abonados), dado que en el año 2000 el primer actor en promedio registraba un dominio del 31% de los mercados, en el año 2004 el porcentaje se elevó al 40%.

La concentración infocomunicacional en Brasil es capitalizada por los principales grupos que operan en el país: los mencionados Globo, Abril, Folha, Telefónica, Cisneros y más recientemente Telmex son grupos altamente diversificados en diferentes medios e industrias. Constituyen redes de producción y distribución de contenidos a lo largo del territorio brasileño junto a Portugal Telecom y a empresas de tamaño mediano, que complementan un mapa en el que no faltan intereses de distintas iglesias (los credos evangelistas y católico son los dominantes en materia de medios audiovisuales), de parlamentarios y gobernadores cruzados con los de las firmas comerciales.

▪ Chile

Desde la recuperación del régimen constitucional en 1989, Chile ha logrado progresivamente mejorar las condiciones de acceso a los bienes y servicios infocomunicacionales, incrementando la producción en contenidos audiovisuales (en el que se destaca la presencia estatal a través del canal de televisión nacional) y consolidando un sistema duopólico en prensa escrita.

Los indicadores del presente estudio verifican –en comparación con el resto de la región– el liderazgo chileno en materia de acceso *per capita* a las industrias convergentes, particularmente telefonía móvil e Internet, aunque también Chile se sitúa entre los países latinoamericanos con mejores indicadores en acceso a prensa escrita, radio y televisión abierta.

Correlato de un modelo económico que ha hecho gala de su apertura comercial a más de cien socios mundiales, también el sector infocomunicacional chileno exhibe la firme presencia de grupos y capitales extranjeros (Grupo Cisneros, PRISA, LIberty Media, Grupo Slim/Telmex, entre ellos), que intervienen en muchas de las industrias que conforman el presente trabajo. Estos se agregan a grupos locales centenarios (como el editor del diario *El Mercurio*, de la conservadora familia Edwards).

En el año 2004 el entonces presidente Ricardo Lagos comenzaba el tercer tercio de su mandato con niveles de adhesión popular significativos y en el marco de un crecimiento sostenido de la economía que generaba expectativas de desarrollo de Chile y de despegue económico diferencial en el contexto de la región.

Estructura del mercado

La repercusión de políticas orientadas a atenuar la fractura socioeconómica que estructura la sociedad chilena en el ámbito de las industrias infocomunicacionales ha sido paulatina pero no por ello menos contundente: en un lapso de quince años Chile fue ampliando su consumo de productos de comunicación y cultura.

No obstante, dicho avance no se traduce necesariamente en períodos más cortos. Por ejemplo, en la comparación de acceso a industrias mediáticas tradicionales como radio y televisión abierta, se verifica una estabilización del parque de receptores que incide en una ligera disminución del dato de acceso *per capita*. Con ligeras diferencias, un fenómeno similar se detecta en el mercado de la televisión por cable.

Siempre tomando como foco de atención el acceso, los resultados del estudio realizado en 2004 arrojan en algunos casos conclusiones previsibles, como la caída superior al 42% respecto a la medición del año 2000 en la compra de música en las bateas de los comercios, ya que la industria discográfica está sufriendo una profunda transformación a partir de la capacidad instalada y creciente de los individuos conectados en red para obtener (por medios legalizados o no) la música que desean. Pero en otros sectores, como en prensa escrita, la disminución del 40% (también tomando los datos de 2000 como referencia) en ejemplares vendidos *per cápita* es un indicador significativo que amerita ser investigado con mayor profundidad. En efecto, si bien se inscribe en una tendencia general a la retracción del consumo de diarios en papel por la diseminación de otros formatos de lectura de periódicos (Internet fundamentalmente), otros países de la región no acusan un descenso tan marcado del acceso relativo a la prensa.

Por el contrario, la telefonía móvil (con un crecimiento *per capita* del 152 por ciento sobre el acceso del año 2000) e Internet (aumento del 662% comparándolo con los datos de 2000) expresan la agilidad del desarrollo de las tecnologías infocomunicacionales de formato convergente en Chile.

Cuadro comparativo: industrias infocomunicacionales en Chile

Chile	Facturación (millones de dólares U$A)	Ejemplares vendidos/ conexiones	Cada 1000 hab.	Acceso comparativo *per capita* 2004/ 2000 en %)
Libro	110.372.958	s/d	s/d	s/d
Disco	23.445.475	4.067.101	252,6	-42,6
Cine	44.099.087	12.646.281	785,5	4,6
Prensa	244.000.000	218000000	13.540,4	-40,8
Radio	71.963.318	2.748.437	170,7	-5,5
TV (publicidad)	325000000	4.222.133	262,2	-5,5
TV de pago	122.008.941	795.500	49,4	-4,6
Telefonía Básica	1013448040	3318260	206,1	-5,1
Telefonía Móvil	1300000000	9261385	575,2	157,2
Internet	242652787,9	4731460	293,9	662,6
Subtotal IC	940889779			
Total	3496990607			
PBI	87.633.000			
PBI per capita	5443,0			
% IC en PBI	1,07			
% Soc Info en PBI	3,99			
Población	16.100.000			

Las industrias culturales disminuyeron muy levemente su importancia relativa dentro del Producto Bruto Interno chileno tomando como referencia el período 2000 - 2004, y aunque descendieron en términos absolutos su facturación (de 991 millones de dólares facturados en 2000, a casi 941 millones en 2004), el conjunto de actividades infocomunicacionales, traccionadas por la importancia económica de las telecomunicaciones, incrementaron su aporte relativo al PBI del país, desde el 3,66% (año 2000) al casi 4% (año 2004). En términos absolutos, el sector infocomunicacional facturó en 2000 2534 millones de dólares y en 2004 registró un aumento de casi mil millones de dólares de facturación.

Las telecomunicaciones en Chile aportan, en conjunto (telefonía fija o básica y telefonía móvil) el 67% de la facturación del conjunto de industrias infocomunicacionales. Entre las industrias de contenido se destaca la participación de la televisión abierta y de la prensa escrita, que se sitúa a dos puntos porcentuales de la facturación por publicidad de la televisión abierta. La TV de pago no es significativa en términos económicos comparándola con las anteriores. Complementariamente, debe subrayarse la participación de Internet, que genera el 7 por ciento de la facturación del megasector considerado.

Facturación Chile 2004 por industria

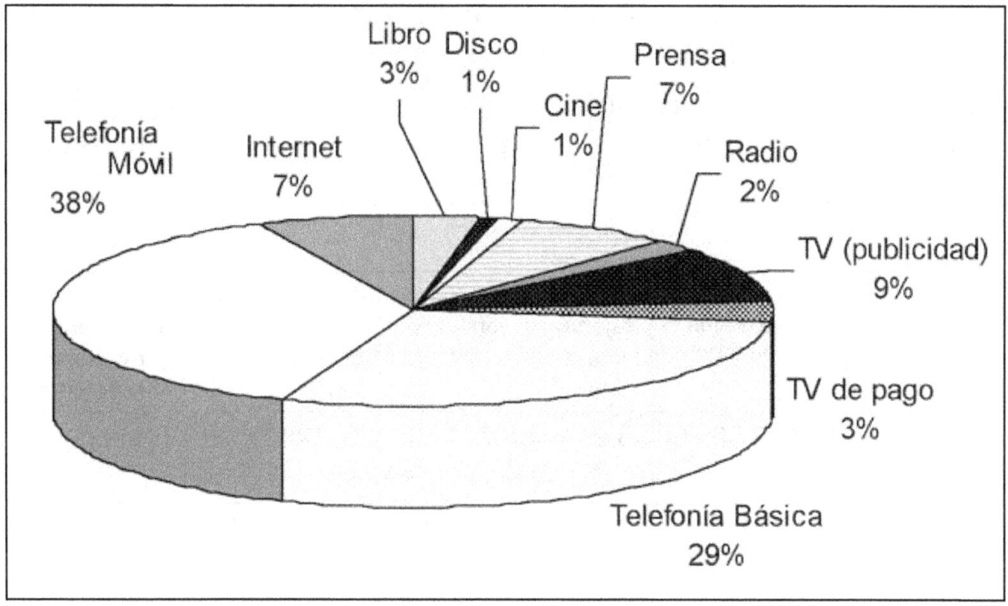

Prensa

En Chile se editaban 50 diarios en 2004, algo menos que al finalizar el siglo xx. Desde la recuperación del sistema constitucional en 1999, la prensa escrita presenta un mercado duopólico, dominado por los grupos El Mercurio (editor del diario del mismo nombre, líder en ventas, y también responsable de *La Segunda*, *Las Últimas Noticias* y de ediciones regionales de *El Mercurio*) y COPESA (Consorcio Periodístico de Chile, editor de *La Tercera* y *La cuarta*, entre otros).

Si bien existen otros diarios, como el estatal *La Nación*, son los grupos El Mercurio y COPESA los que dominan con claridad el mercado de la prensa escrita. Esta configuración duopólica del sector estructura, condicionándola, la agenda mediática del resto de los medios, sobre todo en los noticieros radiales y televisivos, que toman como insumo de producción fundamental a los diarios.

La centralidad del Grupo Mercurio es tal que entre los diarios *El Mercurio* y *Las Últimas Noticias* concentran el 49% de los ejemplares vendidos en el mercado chileno. Por su parte, entre los diarios *La Tercera* y *La Cuarta* (Grupo COPESA) se concentra el 43% de las ventas de diarios. Sumados los dos grupos, superan el 92% del mercado, un porcentaje elevadísimo cualquiera sea la perspectiva analítica que se adopte para analizar la cuestión del pluralismo y la diversidad de voces en la estructura de la prensa chilena. Los dos grupos cuentan, además, con periódicos locales cuyas ediciones, a lo largo de la geografía del país, reproducen la información nacional e internacional procesada en Santiago y añaden noticias locales.

Grupo	Facturación U$S por inversión publicitaria	Porcentaje de facturación	Ejemplares vendidos	Porcentaje de circulación	Fuente	Grupo empresarial al que pertenece el operador
El Mercurio	117.632.400,00	48,21%	50.774.580	23,29%	ANP	El Mercurio S.A.P
La Tercera	46.384.400	19,01%	46.709.820	21,43%	ANP	Copesa
Las Últimas Noticias	19.300.400,00	7,91%	55.635.840	25,52%	ANP	El Mercurio S.A.P
La Cuarta	8.596.409	3,52%	48.549.780	22,27%	ANP	Copesa
Subtotal 4 diarios principales	191.913.609	78,65%	201.670.020	92,51%	ANP	
Total del mercado	244.000.000	100%	218.000.000	100%	ANP	

Radio

La industria radial en Chile tiene escasa importancia económica comparada con otras industrias culturales, como televisión o prensa escrita. Desafortunadamente, no se ha podido acceder a la facturación discriminada de las cuatro principales emisoras aunque sí se obtuvieron las cifras de rating. Es importante destacar que tres de las cuatro radios con mayor rating pertenecían en 2004 al conglomerado Iberoamerican Radio Chile, propiedad de Claxon, a su vez controlado por el venezolano Grupo Cisneros.

El conglomerado Iberoamerican Radio Chile que controla ocho fórmulas y más de 140 estaciones asociadas a lo largo del país (entre las de mayor audiencia se destacan Radio Pudahuel, Radio Futuro, Radio FM Hit, Radio Rock & Pop y FM Dos), fue vendido dos años más tarde (2006) al grupo español PRISA y pasó a integrar el Grupo Latino de Radio junto a Radiópolis (México), Radio Caracol (Colombia), Radio Continental (Argentina), entre otras.

Grupo	Facturación (en U$S)	Rating [10] (1)	Fuente	Grupo empresarial al que pertenece
Radio Corazón		6,3	Search Marketing	Iberoamerican, de Claxson, del grupo Cisneros
Radio Cooperativa		6,1	Search Marketing	Compañía Chilena de Comunicaciones
Radio FM Dos		6	Search Marketing	Iberoamerican, de Claxson, del grupo Cisneros
Radio Pudahuel		5,5	Search Marketing	Iberoamerican, de Claxson, del grupo Cisneros
Subtotal 4 radios principales		23,9	Search Marketing	
Total del mercado	71.963.318	69,65	INE-Consejo de la Cultura	

TV abierta

Chile sobresale en el contexto latinoamericano por poseer un canal de televisión estatal, no gubernamental, que además lidera los índices de audiencia: Televisión Nacional (TVN) contaba en 2004 con el 33% de la audiencia y recaudaba el 44% de la facturación publicitaria del sector. Su presencia en el mercado publicitario, motivada por la misión fundacional de autofinanciarse, impuesta por el Parlamento chileno a TVN, permiten objetar el carácter público del canal televisivo a imagen y semejanza de las emisoras audiovisuales de servicio público europeas. Sin embargo, el fuerte y sostenido respaldo de la audiencia, así como su estructura de gerenciamiento no definida únicamente en función del alineamiento gubernamental, y también su política de programación son cualidades diferenciales de TVN respecto de lo que sucede en otros países de la región, donde los canales de propiedad y gestión estatal son habitualmente controlados por el gobierno de turno. Estos canales no suelen proponer una pantalla atractiva para la población cosechando magros índices de audiencia; carecen de estatutos o controles públicos y son deficitarios económicamente a pesar de regirse con una lógica publicitaria.

El segundo canal de televisión en importancia, Canal 13, está bajo la titularidad de la Pontificia Universidad Católica de Chile, que lograba en 2004 el 27% de la adhesión de los televidentes y participaba con un porcentaje similar de la torta publicitaria del medio. Los otros dos canales, Chilevisión y Mega, compiten por el tercer lugar con índices de audiencia de entre 15 y 17%, aunque la facturación publicitaria de Mega, perteneciente al Grupo Claro (de Ricardo Claro, con participaciones accionariales minoritarias de otros grupos), era muy superior al de Chilevisión, canal vendido por el Grupo Cisneros a fines de 2004 al político y empresario Sebastián Piñera (ex senador, quien disputaría en 2005 la Presidencia de la Nación como candidato del derechista Renovación Nacional y perdería en segunda vuela con la actual primera mandataria, Michelle Bachelet).

Entre los cuatro canales se concentra más del 96% de los ingresos publicitarios de la televisión abierta y más del 92% de la audiencia.

Operador	Facturación (en U$S) (1)	Porcentaje de facturación	Rating [11]	Porcentaje de audiencia	Fuente	Grupo empresarial al que pertenece
TVN	143112000	44,03%	11,5	33,00	Asociación Chilena de Agencias de Publicidad	TVN, Estatal, estaciones regionales
Canal 13	90198306	27,75%	9,7	27,20	FECU SVS/Time Ibope	PUC, tiene radio Play, estaciones regionales
Chile-visión	29569845	9,10%	11	16,80	FECU SVS/Time Ibope	Ex Grupo Cisneros, vendido a Sebastián Piñera, dueño también de LAN Chile
Mega	52103101	16,03%	12	15,60	FECU SVS/Time Ibope	Grupo Claro
Subtotal 4 emisoras principales	314.983.252	96,92%	44,2	92,60		
Total del mercado	325000000	100,00%	100	100%	Valerio Fuenzalida	

Televisión de pago

En el mercado de la televisión de pago Chile registra indicadores de acceso levemente superiores a los del promedio de la región, aunque en términos relativos no alcanza los niveles de desarrollo del resto del Cono Sur (tampoco en valores absolutos en el caso de la Argentina). Como en el caso de la prensa escrita, el sector se caracteriza por un virtual duopolio, en este caso conformado por VTR y Metrópolis. La primera empresa, filial de Liberty Media, cuenta con el 61 por ciento de los abonados y casi el 54% de la facturación; la segunda (Metrópolis), propiedad del Grupo Claro (el mismo del canal en abierto Mega), puja por el 30% del mercado de abonados y alcanza el 46% de la facturación. Entre ambas compañías dominan el 90% del parque de abonados a la televisión arancelada.

Al igual que en muchos otros países del subcontinente, los operadores de televisión satelital DirecTV y SkyTV no lograron en Chile una masa crítica de abonados y en 2006 se fusionaron.

Operador	Facturación (en U$S)	Porcentaje de facturación	Cantidad de abonados	Porcentaje de mercado	Fuente	Grupo empresarial al que pertenece
VTR	65518780	53,70	488.000	61,35%	UDP	UnitedGlobal-Com filial de Liberty Media Internacional
Metrópolis Intercom	56490160	46,30	230000	28,91%	UDP	Grupo Claro
Sky TV			54000	6,79%	UDP	Se fusiona con Direc TV en 2006
DirecTV			6800	0,85%	UDP	Se fusiona con Sky TV en 2006
Subtotal 4 operadores principales	122008940	100%	778800	97,90%		
Total del mercado	122.008.941	100%	795.500	100%		

Telefonía básica

Como en muchos otros países de la región, en Chile el mercado de telefonía básica o fija ha detenido su crecimiento en el último lustro debido al incremento exponencial de la telefonía móvil o celular. En consecuencia, tomando como comparación los años 2000 y 2004, el sector de telefonía básica se muestra estable en cantidad de abonados, donde se destaca particularmente el protagonismo de la empresa CTC - Telefónica, con el 73% de los abonados y una facturación del 55%. En cantidad de abonados le sigue en importancia VTR (10% del mercado), que alcanza el 7% de la facturación. En tercer lugar se ubica ENTEL, con un 5% de abonados y un 3% de la facturación, y por último CNT con el 4% de los abonados y el 1% de la facturación del sector.

Si bien los cuatro primeros operadores manejan el 92% del mercado de abonados, los datos disponibles de sus estados financieros acusan un acumulado del 65% de la facturación, lo que resulta llamativamente bajo en contraste con su dominio de mercado.

Operador	Facturación (en U$S)	Porcentaje de facturación	Cantidad de abonados	Porcentaje de mercado	Fuente	Grupo empresarial al que pertenece
CTC - Telefónica	552.840.000	55%	2427364	73%	Informe Financiero Telefónica	Telefónica
VTR	69000000	7%	342893	10%	Subtel	
Entel (ETL)	29462000	3%	154426	5%	Subtel	Entel
CNT Compañía Nacional de Teléfonos del Sur	9261000	1%	144007	4%	Subtel	
Subtotal 4 operadores principales	660.563.000	65%	3068690	92%		
Total del mercado	1013448040	1	3318260	100	Subtel	

Telefonía móvil

La telefonía móvil es uno de los mercados más dinámicos del sector infocomunicacional chileno. En términos relativos, Chile presenta los mejores indicadores de acceso a la telefonía móvil en América latina.

Progresivamente este mercado se ha ido concentrando en pocos actores, a pesar de que en un comienzo había registrado una concurrencia de numerosas empresas. En 2004 estaba concentrado en cuatro compañías y a partir del siguiente año, con la fusión entre Telefónica y Bellsouth, los principales operadores se redujeron a tres.

Las cuatro compañías sumadas controlaban el 100% de los abonados y tres de ellas (sobre la cuarta, Bellsouth, no fue posible obtener información financiera para 2004) dominaban el 60% de la facturación del sector.

Movistar contaba en 2004 con el 33% de los abonados; ENTEL PCS con el 35%, Bellsouth con casi el 15% y Smartcom con el 16,6%. La presencia de grupos extranjeros en el mercado doméstico de telefonía móvil (Telefónica y Telmex, por ejemplo) también es una constante en la región.

Operador	Facturación (en millones U$S)	Porcentaje de facturación	Cantidad de abonados	Porcentaje de mercado (5)	Fuente	Grupo empresarial al que pertenece
Telefónica (Movistar) (a partir de 2005 se fusionó con Bellsouth)	343.776.400	26%	3.070.149	33,15%	Subtel	Telefónica
Bellsouth (a partir de 2005 se fusionó con Telefónica)	s/d	s/d	1.382.000	14,92%	Movistar	Bellsouth
Entel PCS y Móvil	373.190.000	29%	3.270.725	35,32%	Entel	
Smartcom (Claro)	59947200	5%	1538511	16,61%		Telmex
Subtotal 4 operadores principales	776.913.600	60%	9.261.385	100,00%		
Total del mercado	1300000000	1	9.261.385	100%	Subtel	

Tendencia de concentración

El promedio de la concentración de las industrias infocomunicacionales estudiadas en Chile de 2004 es muy elevado: representa el 95% por parte de los primeros 4 operadores, en el caso del dominio de mercado, y el 80% en el caso de la facturación. Este último porcentaje es en realidad más alto, ya que en algunas industrias examinadas (como telefonía móvil) no se lograron obtener datos financieros de alguna de las cuatro empresas principales. Los porcentajes demuestran la consolidación de una situación que es estructural: las industrias culturales y de telecomunicaciones chilenas se hallan fuertemente controladas por las primeras cuatro firmas. Esta situación tiene agravantes: en algunos de los mercados considerados (prensa escrita, televisión por cable) la existencia de duopolios prácticamente reduce a la mitad la cantidad de concurrentes que prestan servicios, lo cual es particularmente relevante en los casos de industrias culturales de contenidos, ya que este es un indicador elocuente de la ausencia de pluralismo y diversidad de voces.

El promedio de concentración del primer operador, en tanto, era en 2004 del 45% en el caso de dominio de mercado y del 46% en el de facturación. Estos indicadores también son una clave para analizar la existencia de una voz dominante cuya centralidad no puede ser soslayada cuando se evalúa la potencialidad plural y diversa de las industrias culturales en Chile.

Chile: índice de concentración

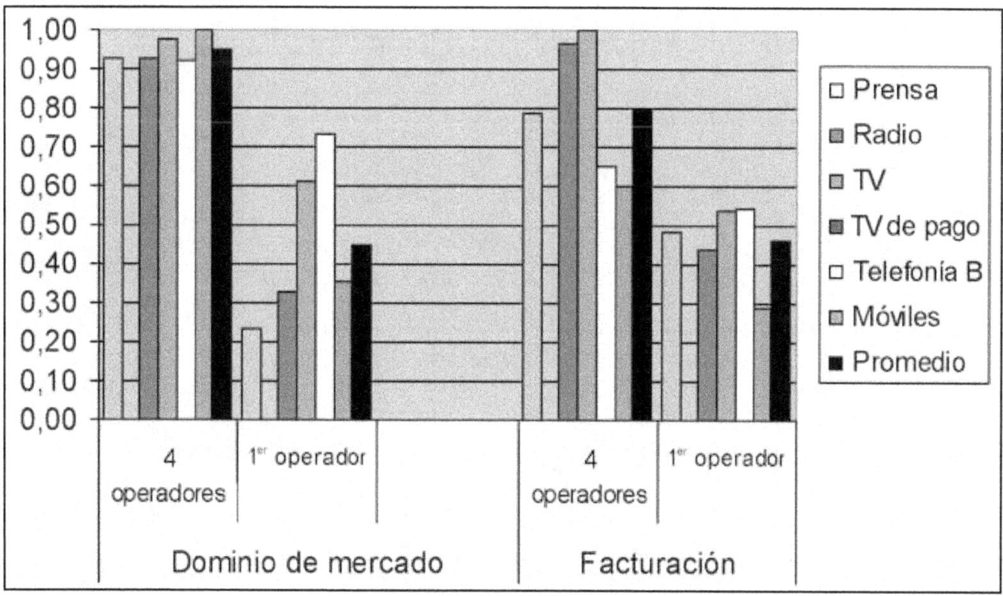

La tendencia entre los indicadores de concentración del año 2000 y los de 2004 confirma un fuerte incremento que se traduce lógicamente en una retracción de la cantidad de actores presentes en las industrias infocomunicacionales: de un promedio del 77% para los 4 primeros operadores por dominio de mercado en el año 2000 se pasa a un promedio de 95% en 2004.

En el caso de la facturación, la tendencia exhibe una disminución: de una participación del 92% en promedio por parte de las 4 primeras empresas en el año 2000 se pasó a un 80% en 2004, si bien es preciso recordar que en algunos mercados resultó imposible acceder a la información financiera de los 4 actores principales, en cuyo caso el porcentaje subiría.

Tomando como referencia el primer operador, en el año 2000 facturaba en promedio el 57% del total y en 2004 esa tendencia disminuyó al 46%. En cambio, en el caso del dominio del mercado el porcentaje se incrementó del 40% (año 2000) al 45% (año 2004).

El tipo de concentración que registra Chile no es conglomeral, formato que se ha expandido en la Argentina o Brasil. Si bien los índices de concentración por mercado son muy altos, existe una suerte de división en tres niveles de operación: en primer lugar, el mercado de la prensa escrita está claramente protagonizado por el duopolio Mercurio - COPESA; en segundo lugar, el mercado audiovisual (radio y televisión abierta y de pago) cuenta con la presencia de grupos que se extienden a varias actividades (Claro) y otras empresas fuertes en su propio segmento (TVN, Cisneros - PRISA); por último en telecomunicaciones el año 2004 permite visualizar una tendencia de creciente influencia de dos grandes grupos: Telefónica y Telmex.

▪ Colombia

Colombia es el tercer país más poblado de América latina, después de Brasil y México, aunque en Colombia vive un cuarto de la población de Brasil y la mitad de la de México. Colombia cuenta con importantes centros urbanos que dinamizan el desarrollo de diferentes regiones brindando una composición territorial menos centralista que la de otros países de la región. No obstante, la existencia de ciudades prósperas y de gran tamaño no son la única causa que diluye el control de Bogotá de la vasta geografía del país: la persistente actividad de grupos armados que disputan el control del territorio a las fuerzas del Estado colombiano, el poderío de grupos ligados con el cultivo y producción de drogas ilegales, sumados a la presencia de tropas estadounidenses en el país, son igualmente factores que debilitan la capacidad de control de la geografía por parte del Estado nacional.

Precisamente en este contexto, en el año 2004 llevaba ya dos años gobernando el presidente Álvaro Uribe Vélez, que alineó a su país con los Estados Unidos convirtiéndose en el mejor aliado del ex presidente George W. Bush en la región y con una política de enfrentamiento abierto con las organizaciones guerrilleras y múltiples denuncias de complicidad con las fuerzas paramilitares.

Colombia posee, con todo, un gran potencial económico en términos regionales. Ello se complementa con una diversa composición demográfica y sociocultural, que hacen de Colombia uno de los países latinoamericanos que cuenta con una estructura genuina de industrias culturales. De hecho, el país es una de las referencias regionales en algunos géneros de ficción, como es el caso de las telenovelas.

Sin embargo, y en consonancia con una estructura socioeconómica con altos índices de pobreza, el acceso de los colombianos a las industrias de la información, la comunicación y la cultura, se ubica por debajo del promedio de América latina. En efecto, los indicadores del presente estudio verifican –en comparación con los países de la región que registran los niveles más altos– un rezago de Colombia en materia de acceso *per capita* al conjunto de los sectores relevados.

En los últimos años, Colombia ha permitido la inserción de capitales extranjeros en algunas de sus industrias tradicionales (radio, diarios), además de la influencia que grupos y empresas extranjeros ya presentaban en el sector de las telecomunicaciones. De este modo, a sólidos grupos de capitales locales como Ardila Lulle, Bavaria (con su origen fuera del campo de la comunicación) o la casa editorial El Tiempo (vinculada con el estamento gobernante), fueron agregándose el grupo español Prisa en medios de comunicación, y Telefónica y Telmex (a través de BellSouth) en telecomunicaciones.

Estructura del mercado

Con la excepción de la prensa escrita y la radio, ambos sectores que cuentan con una tradición muy fértil en Colombia, los registros de acceso son inferiores a los del promedio de acceso latinoamericano en el resto de las diferentes industrias infocomunicacionales. El cuadro comparativo que se presenta a continuación demuestra la debilidad del acceso *per capita* a las diferentes industrias. En algunos sectores, como en la televisión de pago por ejemplo, el acceso está muy lejos de los indicadores de los países del Cono Sur, a pesar de manifestar una tendencia al crecimiento en el período 2000–2004 que es objeto de este trabajo.

El descenso del 60% en la compra de discografía por circuitos legales de venta y el 36% de merma en la venta de entradas de cine, datos negativos que muestra el cuadro comparando los valores del año 2004 con los del año 2000, se inscriben en una tendencia regional de retracción del acceso a estos sectores. Pero a diferencia de lo que ocurre en otros países de la región, en otros mercados de industrias culturales tradicionales Colombia hubo un crecimiento notable de la venta de diarios (39%) y un moderado ascenso de la venta de libros (5%) en el mismo lapso.

El impulso de la telefonía móvil y de Internet se aprecia en los porcentajes de crecimiento del acceso *per capita*, en ambos casos superiores al 330% en el período 2004/2000. Este ritmo es similar al de los países donde más creció el acceso *per capita* a las industrias infocomunicacionales convergentes y, si esta tendencia se mantiene, permitirá que Colombia resuelva su rezago relativo en este importante subsector que tracciona el desarrollo infocomunicacional.

Cuadro comparativo: industrias infocomunicacionales en Colombia

Colombia	Facturación (millones de dólares U$A)	Ejemplares vendidos/ conexiones	Cada 1000 hab.	Acceso comparativo *per capita* 2004/ 2000 (en %)
Libro	236306	24690947	544,8	4,9
Disco	57000000	5.600.000	123,6	-60,0
Cine	54892586	11742260	259,1	-36,3
Prensa	305994666	498955000	11008,3	39,4
Radio	93000000	21000000	463,3	-6,6
TV (publicidad)	582000000	9284000	204,8	6,0
TV de pago	106338666	1.353.437	29,9	102,2
Telefonía Básica	1110076206	7712000	170,1	2,5
Telefonía Móvil	1103725656	10393000	229,3	330,0
Internet		4065000	89,7	332,3
Subtotal IC	1199462224			
Total	3413264086	582537644		
PBI	94283000			
PBI per capita	2080,1			
% IC en PBI	1,27			
% Soc Info en PBI	3,62			
Población	45325261			

Las industrias culturales registraban una participación del 1,27% del Producto Bruto Interno colombiano en 2004, disminuyendo ligeramente su contribución respecto del año 2000. Esta moderada merma está vinculada con la retracción de los mercados de discos y películas por circuitos legales, por lo que cabe inferir que el registro formal del volumen económico de estos sectores en rigor esconde actividades cuya dimensión económica no es posible precisar, pero que compensaría la caída registrada.

El conjunto de las industrias infocomunicacionales acompañan la tendencia decreciente del subsector cultural: en 2004 su aporte fue del 3,62%

del PBI en tanto que en el año 2000 había sido casi del 4,5%. En términos relativos, a pesar de la ampliación de la facturación provocada, la expansión de algunos sectores como la telefonía móvil, las industrias infocomunicacionales crecieron menos que el conjunto de la economía colombiana.

En términos absolutos, la facturación de las industrias culturales colombianas pasó de 1294 millones de dólares en el año 2000 a casi 1200 en 2004. El conjunto infocomunicacional en el año 2000 facturó más de 3850 millones de dólares, contra los 3413 registrados cuatro años después.

Como en otros países de la región, las telecomunicaciones representan más del 60% de la facturación infocomunicacional: en Colombia aportan el 64%. Dentro de las telecomunicaciones, corresponde destacar la importancia económica de la telefonía móvil, cuya facturación iguala los niveles de la telefonía básica, generando el 32% del total del megasector analizado.

Aunque su funcionamiento netamente comercial con actores privados se inició tardíamente en Colombia, en la pasada década del noventa, la televisión abierta aporta el 17% de los recursos infocomunicacionales, duplicando la facturación de la prensa escrita (9%) y a gran distancia de la facturación de la radio y de la televisión de pago, ambas con el 3%.

Facturación Colombia 2004 por industria

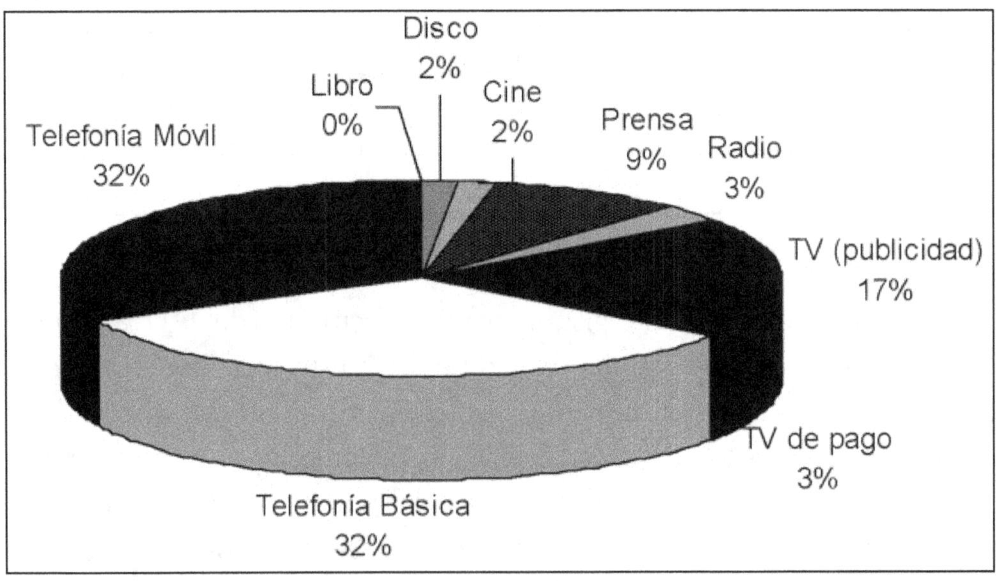

En el caso colombiano fue imposible para los investigadores obtener o reconstruir datos sobre el funcionamiento de los principales operadores de la industria de la radio, si bien las cuatro emisoras principales son la cadena Caracol (adquirida al Grupo Bavaria por parte de Prisa en mayo de 2004) y Todelar. Dada la imposibilidad de presentar datos sobre facturación o audiencias radiales, el informe de Colombia presenta a continuación los resultados del resto de los sectores:

Prensa

La prensa colombiana se caracteriza por su impronta regional al interior del país: sólo el diario *El Tiempo* puede ser clasificado como "nacional" en el sentido que se aplica esa categoría en otros países, por su cobertura temática, su circulación y sus ventas. El resto de los diarios de Colombia cuenta con niveles de circulación y ventas acotados a las diferentes regiones y grandes ciudades del país, pero no cuentan con alcance nacional.

El diario *El Tiempo* controla el 29,3% de las ventas totales y casi el 37% de los ingresos del sector. La diferencia se explica a partir de la concentración de los grandes anunciantes en el único periódico de cobertura nacional que es, a la postre, el líder del mercado.

Los cuatro primeros diarios concentran casi el 55% de las ventas del mercado de prensa escrita colombiana, y tres de ellos (sobre el cuarto, deportivo, no hay datos de facturación) generan el 44,5% del volumen económico del sector.

Operador	Facturación (en millones U$S)	Porcentaje de facturación	Ejemplares vendidos	Porcentaje de circulación
El Tiempo	112940076,3	36,91%	146.000.000	29,3%
El Espacio	5.716.096	1,9%	47.450.000	9,5%
Diario Deportivo	s/d	s/d	43.435.000	8,7%
El País	17.656.489	5,8%	36.500.000	7,3%
Subtotal 4 diarios principales	136.312.661	44,5%	273385000	54,8%
Total del mercado	305.994.666	100,0%	498.955.000	100,0%

TV abierta

La audiencia de la televisión abierta en Colombia se encuentra prácticamente repartida entre los dos principales canales privados: Caracol televisión y RCN (del grupo Ardila Lulle). Entre ambas acaparan el 94% de la audiencia colombiana. Estos dos canales operan gracias a sendas licencias otorgadas por el Estado en 1997, si bien Caracol cuenta con una historia ligada al grupo Caracol Radio (desde mayo de 2004 la cadena radial fue adquirida por el español Grupo Prisa) desde los años cincuenta del siglo XX. Durante décadas, Caracol televisión proveyó a los canales televisivos administrados por el Estado de programación y contenidos.

En tanto, tanto el Canal UNO como el Canal A (gestionados por el Estado) se debatían en el marco de un claro desplazamiento en las preferencias de los colombianos, que sintonizan de manera mayoritaria a Caracol y RCN.

La facturación de los dos canales privados líderes en audiencia supera el 68% del sector, validando un panorama signado por estos dos principales actores. De ellos, Caracol televisión controla más de la mitad de los recursos televisivos (52% de la facturación), protagonizando así un mercado altamente concentrado que conforma virtualmente un duopolio.

La concentración de la televisión abierta colombiana resulta particularmente intensa, toda vez que además de la escasez de actores dominantes (dos), existe una muy baja competencia de señales de televisión por cable dados los bajos niveles de acceso registrados en el país. En conjunto, este panorama incide en la ausencia de diversidad de voces en un sector clave, por su carácter masivo, como es el televisivo.

Una particularidad de la televisión colombiana es que el principal anunciante es la Comisión Nacional de Televisión, a través de campañas de bien público. La contribución económica de la CNT es superior a la de la publicidad de compañías de consumo masivo (Unilever, Procter & Gamble, Nestlé) y de empresas de telefonía móvil y farmacéuticas.

Operador	Facturación (en millones U$S)	Porcentaje de facturación	Porcentaje de audiencia
Caracol	302.640.000	52,0%	58,0%
RCN	95.068.000	16,3%	35,8%
Canal UNO	s/d	s/d	4,8%
Canal A	s/d	s/d	1,3%
Subtotal 4 emisoras principales	397708000	68,3%	100,0%
Total del mercado	582000000	100,0%	100,0%

TV de pago

El desarrollo de la televisión por cable y vía satelital es moderadamente bajo en Colombia, en términos regionales. Como ha ocurrido en otros países, mientras el mercado no alcanza una escala significativa se corrobora la existencia de varios operadores que todavía no convergen en un auténtico mercado nacional. En el caso colombiano, en 2004 se aprecia una relativa concurrencia de diferentes operadores de televisión de pago, a tal punto que los cuatro primeros actores del sector apenas superan en su control, conjuntamente, la mitad de los abonados del total. Éste es uno de los índices de concentración más bajos de América latina y se sitúa en un margen de 25 a 30 puntos porcentuales por debajo de los valores promedio en los países considerados.

La principal empresa (Unión Cableoperadores del Centro) controla el 18,7% del parque de abonados, en tanto que la segunda (Empresas Públicas de Medellín), logra el 16,4% de participación en el mercado.

Operador	Facturación (en millones U$S)	Porcentaje de facturación	Cantidad de abonados	Porcentaje de mercado	Fuente
Unión Cableoperadores del Centro			253.093	18,7%	Comisión Nacional de TV
Empresas Públicas de Medellín			221.964	16,4%	Comisión Nacional de TV
Cable Unión de Occidente			155.645	11,5%	Comisión Nacional de TV
TV Cable del Pacífico			83.913	6,2%	Comisión Nacional de TV
Subtotal 4 operadores principales			714614,736	52,8%	
Total del mercado	106.338.666	100,0%	1.353.437	100,0%	

Telefonía básica

El mercado de telefonía básica se encuentra operado por cuatro principales empresas: Telecom, ETB, Empresas Públicas de Medellín y Empresas Municipales de Cali. Entre las cuatro, controlan más del 87% del mercado que, como se anticipó, se equipara en facturación al de la telefonía móvil. Telecom, líder del mercado, domina el 33 por ciento de los abonados al servicio.

En cuanto a la facturación, los dos primeros operadores aportan más del 79,5% del volumen económico del mercado. La empresa más importante del sector, Telecom, era en 2004 una empresa de capital estatal y en 2006 la mayoría de su paquete accionario fue adquirido por Telefónica de España, en una subasta en la que derrotó a la venezolana CANTV.

Operador	Facturación (en millones U$S)	Porcentaje de facturación	Cantidad de abonados	Porcentaje de mercado
TELECOM	533.464.853	48,1%	2.542.000	33,0%
ETB (Empresa de Teléfonos de Bogotá)	349.179.497	31,5%	2.348.279	30,4%
Empresas Públicas de Medellín		0,0%	1.233.920	16,0%
Empresas Municipales de Cali		0,0%	616960	8,0%
Subtotal 4 operadores principales	882.644.350	79,5%	6741159	87,4%
Total del mercado	1.110.076.206	100,0%	7.712.000	100,0%

Telefonía móvil

El crecimiento de la telefonía móvil en Colombia se expresaba ya en 2004 a través de indicadores de la facturación de este mercado, que igualaba al de la telefonía básica. El mercado estaba controlado por tres operadores: el primero, América Móvil, detentaba un dominio superior al 53% de los abonos; el segundo, Telefónica Móviles (luego Movistar), el 29,3% del mercado y el tercero, Colombia Móviles, el 17,3%.

La distribución de la facturación entre estos tres actores beneficia claramente a América Móvil, con el 67%, secundado por Colombia Móviles (22%) y por último, Telefónica Móviles con casi el 11%.

La descripción cuantitativa de la participación de los operadores de telefonía móvil en Colombia permite afirmar que tanto la influencia del primer actor, como en conjunto el dominio de mercado de los tres primeros, suponen altísimos niveles de concentración del sector.

Operador	Facturación (en millones U$S)	Porcentaje de facturación	Cantidad de abonados	Porcentaje de mercado
América Mòvil:Comcel	739.500.000	67,0%	5.543.000	53,3%
Telefónica Móviles: Movistar	120.500.000	10,9%	3.050.000	29,3%
Colombia Móviles: Ola	243.615.481	22,1%	1.800.000	17,3%
Subtotal 3 operadores principales	1.103.615.481	100,0%	10.393.000	100,0%
Total del mercado	1.103.725.656	100%	10.393.000	100%

Tendencia de concentración

El promedio de la concentración de las industrias infocomunicacionales estudiadas en Colombia correspondiente a 2004 es muy elevado, aunque se sitúa levemente por debajo del promedio regional: representa el 79% por parte de los primeros 4 operadores, en el caso del dominio de mercado, y el 73% en el caso de la facturación.

Estos porcentajes indican que, en el caso de las audiencias, un 20% del mercado suele consumir productos producidos o distribuidos por operadores no dominantes; y que los ingresos generados por las industrias culturales y de telecomunicaciones colombianas están controlados, en un 73%, por las cuatro primeras empresas.

La televisión abierta y las telecomunicaciones son los sectores con mayor dominio por parte de los cuatro primeros grupos de operadores.

En tanto, el promedio de concentración del primer operador era en 2004 del 38% en el caso de dominio de mercado y del 51% en el de facturación. Estos indicadores también son una clave para analizar la existencia de una voz dominante que capitaliza económicamente su posición líder en los diferentes mercados, generando una facturación superior al control de la audiencia (o abonados) respectiva.

Colombia: índice de concentración

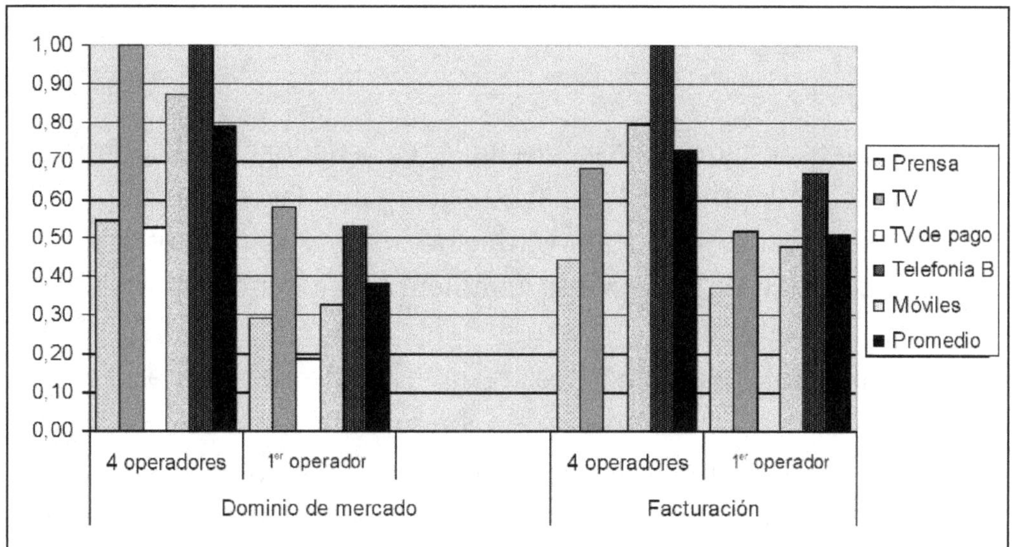

La tendencia entre los indicadores de concentración del año 2000 y los de 2004 confirma un incremento que se traduce lógicamente en una retracción de la cantidad de actores presentes en las industrias infocomunicacionales: de un promedio del 61% para los 4 primeros operadores por dominio de mercado en el año 2000 se pasa a un promedio de 79% en 2004.

En el caso de la facturación, la tendencia exhibe un aumento todavía mayor en el lapso considerado, pues de un registro inferior al 40% en el año 2000 se pasa al 73% de 2004, si bien en el primer caso (2000) hubo algunos sectores de actividad importantes a cuya información económica fue imposible acceder (lo que subiría el 40% mencionado).

Tomando como referencia el primer operador, en el año 2000 facturaba en promedio el 31% del total y en 2004 esa tendencia aumentó al 51%. En el caso del dominio del mercado el porcentaje se incrementó del 28% (año 2000) al 38% (año 2004).

El dato de control del 38% del mercado por parte del primer operador, en promedio, en 2004, indica a su vez que más de un tercio de las industrias infocomunicacionales está concentrado en una sola empresa, lo que refuerza el diagnóstico de Colombia como un país con altos índices de concentración.

Como se anticipó, el caso colombiano es uno de los que exhibe mayor inserción de grupos internacionales, tanto en telecomunicaciones a través de filiales de Telefónica de España y Telmex, como en los medios de comunicación, con la significativa incorporación del grupo Prisa de España.

▪ Ecuador

El persistente estado de crisis suscitadas en Ecuador entre la última década del siglo XX y la primera del siglo XXI –ejemplificadas con interrupciones de la vida institucional, grandes movilizaciones, radicales cambios de rumbo económico– ha tenido su correlato, también, en la evolución de las industrias infocomunicacionales.

Siendo uno de los países más postergados en su desarrollo de América latina, Ecuador presenta indicadores de pobreza, de fractura socioeconómica y de marginación de vastos sectores por razones que son, además, políticas, culturales y étnicas, que objetivamente merman el acceso a los bienes y servicios de la información, la comunicación y la cultura.

Sumado a lo anterior, Ecuador cuenta con una población de 13 millones de habitantes, lo que en sí mismo también representa un cerco para la eventual constitución de mercados de consumo y de economías de escala que motiven el surgimiento y posterior consolidación de industrias culturales que requieren de gran inversión. Sin embargo, más de la mitad de la población ecuatoriana vive en torno de dos grandes metrópolis, Quito y Guayaquil, lo que ha permitido desarrollar industrias de escala menor.

En virtud de lo señalado, Ecuador se puede caracterizar como importador de contenidos de ficción, cuenta con escasa producción editorial discontinua (libros) y carente de una industria cinematográfica. No obstante, el mercado de prensa escrita exhibe indicadores de acceso superiores a los del promedio latinoamericano y la expansión de otros sectores que demandan inversiones menos cuantiosas, como la radio, también se expresa en indicadores más altos en términos relativos.

El tradicional grupo Comercio, editor del diario del mismo nombre y dueño de Radio Quito y de la cadena Ecuadoradio, es el más importante del país, donde en telecomunicaciones operan Telefónica y Telmex en el segmento móvil.

Estructura del mercado

La debilidad de las industrias infocomunicacionales en Ecuador, que encuentra pocas comparaciones válidas en la región, se verifica al considerar tanto los niveles de acceso (absoluto y relativo) a las diferentes industrias, como el volumen económico que éstas movilizan.

En términos relativos Ecuador se ubica por debajo del promedio latinoamericano en el acceso a las industrias del libro, cine, televisión abierta, televisión de pago, telefonía básica y telefonía móvil. Sin embargo, en radio y prensa escrita Ecuador cuenta, como se señaló, con indicadores superiores al promedio regional.

En la evolución del acceso social de los ecuatorianos a los bienes y servicios infocomunicacionales en el período 2000 - 2004, se destaca un crecimiento gigantesco de las ventas de entradas al cine (420%), una notable evolución de la telefonía móvil (348%) y un acentuado incremento del acceso a Internet (259%). La telefonía básica y la radio también son sectores en los que se verifican mejores niveles de acceso en Ecuador en los primeros cuatro años del siglo XXI.

En cambio, el parque de televisores permaneció estable con un ligero incremento poblacional, lo que redujo el acceso *per capita*. Las industrias del libro y de la televisión por cable experimentaron, por su parte, una disminución de ventas y abonos entre el año 2000 y el 2004.

Ecuador	Facturación (millones de dólares U$A)	Ejemplares vendidos/ conexiones	Cada 1000 hab.	Acceso comparativo *per capita* 2004/ 2000 (en %)
Libro	5000000	300000	22,70	-58,5
Disco	s/d		s/d	s/d
Cine	18000000	6000000	454,03	419,8
Prensa	118950000	148500000	11237,15	s/d 2000
Radio (pub)	50000000	5434000	411,20	19,8
TV (publicidad)	333000000	998980	75,59	-68,5
TV de pago	s/d	159056	12,04	-44,3
Telefonía Básica	s/d	1590755	120,37	79,7
Telefonía Móvil	450000000	3437000	260,08	348,4
Internet	s/d	380000	28,76	259,4
Subtotal IC	524950000			
Total	974950000	166799791		
PBI	19.518.000			
PBI *per capita*	1476,9			
% IC en PBI	2,69			
% Soc Info en PBI	5,00			
Población	13.215.089			

Las industrias infocomunicacionales aportaron más del 5 por ciento del PBI de Ecuador en 2004. El impacto en rigor es mayor, dado que en la medición de 2004 no fue posible obtener precisiones acerca de la facturación de la telefonía básica y de la televisión por cable, sectores que incrementarían las cifras consignadas en la tabla anterior que, por otro lado, dan cuenta del registro legal del movimiento económico en mercados que incluyen porcentajes de movimientos económicos en negro. Dentro de este conjunto, las industrias culturales generan casi el 2,7% del PBI. Ambos porcentajes contienen una paradoja: por un lado, en términos comparativos el aporte de estas actividades al PBI nacional es más alto que en otros países de la región, pero por otra parte, la maduración del proceso industrial de producción y circulación de bienes y servicios de información, comunicación y cultura es menor en Ecuador que en otros países sudamericanos como Brasil, la Argentina, Chile o Colombia.

Con la necesaria aclaración de que no fue posible obtener datos de facturación en los medulares sectores de telefonía básica y televisión de pago (además de la industria discográfica e Internet), la telefonía móvil aporta el 46% de la facturación de las industrias infocomunicacionales, en tanto que la televisión abierta, el 34%. Entre ambas, pues, generan el 80% de los ingresos. Del resto de las actividades estudiadas la prensa merece especial atención por concentrar el 12% de la facturación.

Ecuador: facturación por industria 2004

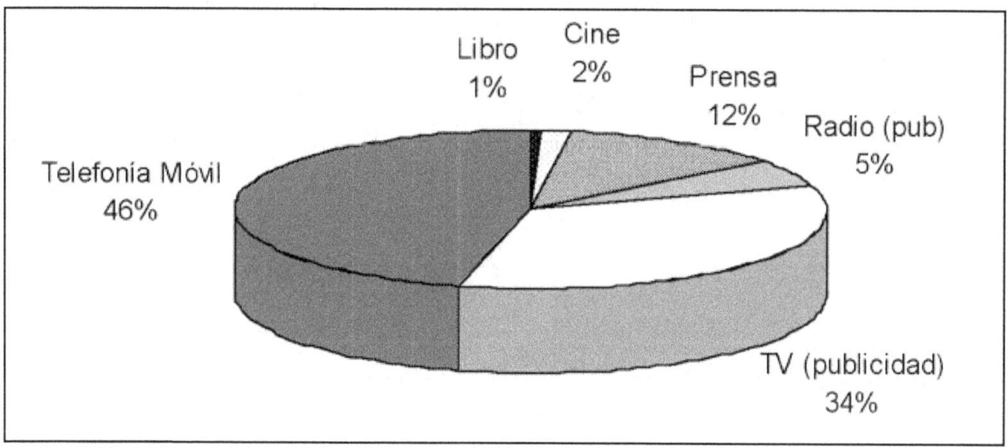

Prensa

Dos diarios, *El Universo* y *El Comercio*, sostienen un claro dominio en el mercado de la prensa escrita de Ecuador. Tanto sea por razones de circulación y peso en la opinión pública, como en la facturación y los beneficios generados por las empresas editoras, entre ambos diarios concentran más del 65% de las ventas. Este porcentaje es superado si se mide la facturación, pues entre *El Universo* y *El Comercio* generan más del 70% de los ingresos del mercado.

El tercer diario en importancia es *Extra*, cuya facturación es del 16% del mercado y el cuarto, *Diario Hoy*, con el 6% de la facturación. No fue posible acceder a información sobre las ventas de estos dos periódicos.

Si se agregan los datos de facturación de los primeros cuatro diarios, éstos controlan el 93% del mercado. Este porcentaje es sumamente alto y se corresponde con el que registra las ventas en las que, como se señaló, los dos primeros periódicos acaparan el 65% de la circulación de periódicos.

Operador	Facturación (en millones U$S)	Porcentaje de facturación	Ejemplares vendidos	Porcentaje de circulación
El Universo	46.699.461	39%	48545000	33%
El Comercio	37.902.841	32%	47450000	32%
Extra	18.832.745	16%	0	—
Diario Hoy	7.303.911	6%	0	—
Subtotal 4 diarios principales	110.738.958	93%	95995000	65%
Total del mercado	118.950.000		148500000	

TV abierta

La audiencia televisiva se halla distribuida de modo parejo entre cuatro principales estaciones: Ecuavisa, TC Televisión, Teleamazonas y RTS (Telecuatro). Entre las cuatro, acaparan casi el 64% de la audiencia y funcionan en los dos grandes centros urbanos (Quito y Guayaquil).

Operador	Porcentaje de audiencia
Ecuavisa	19,70
TC Televisión	16,00
Teleamazonas	14,20
RTS (Telecuatro)	13,80
Subtotal 4 emisoras principales	63,70
Total del mercado	100

TV de pago

La televisión de pago en Ecuador tiene un alcance minoritario en términos de acceso. El mercado está dominado por TV Cable, empresa que concentra el 83% del parque de abonados. DirecTV es la segunda compañía en orden de importancia y cuenta con el 15% de los abonados (en este caso, a televisión satelital).

Operador	Cantidad de abonados	Porcentaje de mercado
TV Cable S.A.	132.375	83%
Direct TV	23.982	15%
Maxicable	1.370	1%
Cine Cable TV	1.166	1%
Subtotal 4 operadores principales	158.893	100%
Total del mercado	159.056	

Telefonía básica

El sector de las telecomunicaciones en Ecuador se sitúa en un nivel de desarrollo inferior al promedio latinoamericano. Su crecimiento en los últimos años no fue suficiente para alcanzar las cifras de penetración de la telefonía, que exhibe la mayor parte de países de la región. En Ecuador la telefonía básica es prácticamente un duopolio: las dos principales operadoras (Andinatel y Pacifitel) controlan el 93% del mercado y un porcentaje similar de la facturación: si bien en Ecuador no fue posible contar con datos fiables de facturación, las proyecciones estiman que hay correspondencia entre la posición de Andinatel y Pacifitel en cuanto a dominio del mercado y el de la facturación.

La principal compañía telefónica, Andinatel, brinda servicios al 53% del mercado y Pacifitel lo hace con el 40%, en tanto el 6% es cubierto por Etapa. Por último, la empresa Linkotel es marginal en la distribución del mercado de abonados a la telefonía básica.

Grupo	Cantidad de abonados	Porcentaje de mercado
Andinatel	849.932	53%
Etapa	99.871	6%
Pacifitel	640.617	40%
Linkotel	335	0%
Subtotal 4 operadores principales	1.590.755	100%
Total del mercado	1590755	100%

Telefonía móvil

También la telefonía móvil es un virtual duopolio en Ecuador, con Conecel y Ocetel (con posterioridad a 2004, Movistar) controlando el 97% de las líneas del mercado y más del 91% de la facturación. Los datos referidos a la facturación, sin embargo, deben considerarse como provisorios, toda vez que no han sido confirmados por la Superintendencia de Telecomunicaciones (Supertel) de Ecuador y es muy significativa la diferencia entre abonados y clientes por un lado, en donde Conecel controla el 67% del mercado, y facturación, en donde Otecel generaría casi el 77,7% de las ventas. Esta incongruencia podría explicarse en términos de cantidad de abonados de prepago y postpago (que en términos relativos favorece a Otecel) pero llama la atención el margen de diferencia hallado. Más allá de este importante hallazgo, resulta clara la predominancia de las dos compañías en la telefonía móvil ecuatoriana.

Grupo	Facturación (en millones U$S)	Porcentaje de facturación	Cantidad de abonados (millones)	Porcentaje de mercado
OTECEL (Movistar)	349.956.422	77,77%	1.024.270	30%
CONECEL	60.902.705	13,53%	2.317.061	67%
TELECSA	38.604.592	8,58%	107.356	3%
Subtotal 4 operadores principales	449463719	99,88%	3.448.687	100%
Total del mercado	450.000.000	100%	3.449.000	100

Tendencia de concentración

El promedio de la concentración de las industrias infocomunicacionales estudiadas en Ecuador correspondiente a 2004 es muy elevado y apenas inferior al promedio regional: representa el 81 % por parte de los primeros 4 operadores, en el caso del dominio del mercado. La medición de la concentración por facturación no es fiable en el caso ecuatoriano debido a la escasez de datos validados en varios de los sectores considerados en la investigación. El promedio arroja un 71 % de concentración por facturación, pero debe hacerse la salvedad de que sólo se incluyen tres sectores (prensa escrita, televisión abierta y telefonía móvil).

El elevado porcentaje de dominio de las primeras 4 empresas en las actividades infocomunicacionales de Ecuador es correspondido también por una influencia determinante por parte del primer operador, que en promedio en 2004 era del 48 % en el caso de dominio de mercado. Es decir que prácticamente la mitad de los mercados infocomunicacionales, en promedio, están controlados por el principal actor empresarial, lo cual indica la centralidad de este actor a la hora de definir las reglas de juego en el sector donde ejerce su predominio.

Ecuador: índice de concentración

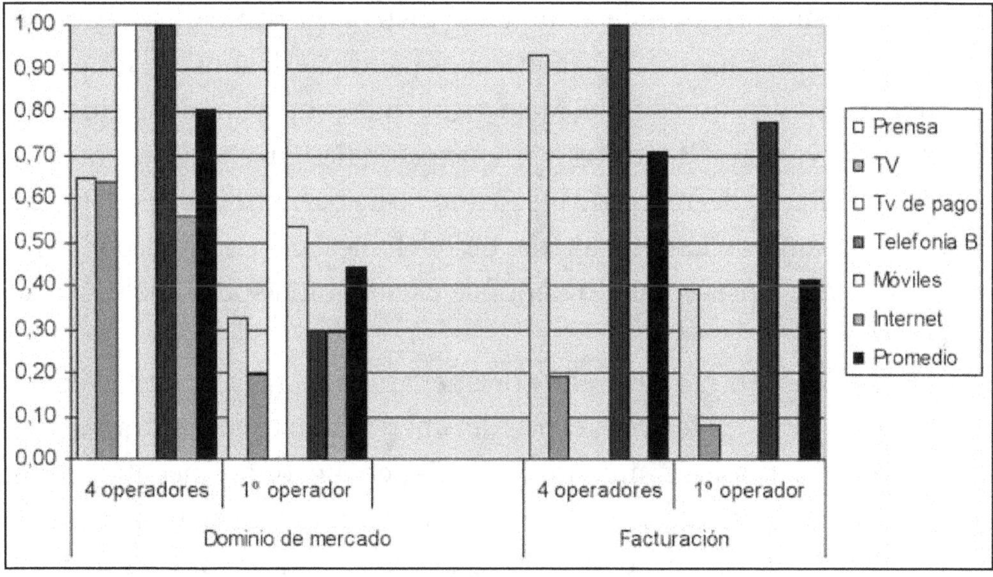

Los indicadores de concentración para el año 2004 no han podido ser contrastados con indicadores previos, dado que en el estudio realizado cuatro años antes no se obtuvieron los datos imprescindibles para construir el informe de concentración en este país.

▪ México

Como segunda economía latinoamericana y como primer país en practicar un tratado de libre comercio con los Estados Unidos y Canadá, México alberga un poderoso sistema de industrias culturales y de telecomunicaciones en el que se asienta la representación simbólica y los flujos comunicacionales de un complejo entramado institucional y político. En el año 2004 el primer presidente no perteneciente a las filas del PRI (Partido Revolucionario Institucional) en más de 70 años era Vicente Fox, del PAN (Partido de Acción Nacional), un firme aliado de Estados Unidos.

En los primeros años del siglo XXI los indicadores macroeconómicos fueron favorables para México, que de ese modo fue superando algunas de las consecuencias de la crisis producida a mediados de la década anterior y conocida como "efecto Tequila".

Un símbolo del poderío comunicacional de México es que el hombre más rico del mundo es el dueño de Telmex, Carlos Slim, y la influencia de las grandes corporaciones infocomunicacionales (Telmex, Televisa, TV Azteca, Grupo Reforma) se extiende al mercado hispanoparlante de los Estados Unidos y a varios países centroamericanos y sudamericanos. De los países incluidos en el presente estudio, México es el que exhibe una consolidación de grupos cuyos capitales de origen son nacionales. Su envergadura es tal que el predominio del mercado mexicano no ha permitido la inserción de capitales extranjeros. Las dificultades de Telefónica, por ejemplo, por hacer pie en México, representan una notable excepción respecto del resto de América latina.

Si bien se encuentra atravesado por amenazas directas a la libertad de expresión, toda vez que México es el país de América latina que registra más crímenes contra periodistas (muchos de ellos –pero no todos– ejecutados por el narcotráfico), el derecho a la comunicación también se encuentra tensionado por los niveles de concentración de la propiedad de los medios y por los vínculos orgánicos que algunos de los grupos empresariales más poderosos del sector infocomunicacional sostienen con el estamento político.

Estructura del mercado

El mercado mexicano de industrias infocomunicacionales es el segundo en importancia de la región, detrás de Brasil. En términos absolutos México representa la segunda economía latinoamericana y el segundo mercado en importancia. No obstante, al igual que en Brasil, el acceso *per capita* a bienes y servicios de la información y comunicación es una debilidad directamente condicionada por la desigualdad socioeconómica.

Algunos sectores (como la prensa diaria) registran un retroceso del acceso promedio de los mexicanos en el lapso 2000 y 2004. Otros sectores que decrecieron en el mismo período son la industria discográfica, y el acceso a radio y televisión abierta, si bien en estos dos casos se estima que las estadísticas del parque de terminales radiales y televisivas en el hogar no fueron debidamente actualizadas. Pero Internet, la telefonía móvil, la televisión de pago, la telefonía básica, el cine y la industria del libro presentan mejoras (en los primeros casos, significativas) del acceso.

México	Facturación (millones de dólares U$A)	Ejemplares vendidos/ conexiones	Cada 1000 hab.	Acceso comparativo *per capita* 2004/ 2000 (en %)
Libro	2751352	135000000	1277,2	18,3
Disco	400063	56300000	532,6	-22,5
Cine	666444698	139000000	1315,0	42,1
Prensa	959161356	128478175	1215,5	-80,7
Radio	413185840,7	22000000	208,1	-37,3
TV	2223919300	21149000	200,1	-24,2
TV de pago	686568588	4772000	45,1	52,3
Telefonía Básica	10727251824	19200000	181,6	43,6
Telefonía Móvil	5897526937	38190000	361,3	150,1
Internet		14036000	132,8	403,9
Subtotal IC	4952431198			
Total	21577209959	578125175		
PBI	617902000			
PBI *per capita*	5845,8			

México	Facturación (millones de dólares U$A)	Ejemplares vendidos/ conexiones	Cada 1000 hab.	Acceso comparativo *per capita* 2004/ 2000 (en %)
% IC en PBI	0,80			
% Soc Info en PBI	3,49			
Población	105700000			

Las industrias culturales aportan el 0,8% del Producto Bruto Interno mexicano. Sumadas las telecomunicaciones, el sector infocomunicacional alcanza el 3,5% de la contribución al PBI del país, destacándose centralmente las telecomunicaciones, que generan casi cuatro veces más que el conjunto de las industrias culturales, aportando casi el 80% del sector infocomunicacional. Esta relación merece destacarse, toda vez que México cuenta con un complejo consolidado de industrias culturales tradicionales (libro, cine, televisión, radio) y por consiguiente, sus ingresos resultan importantes pero aun así las telecomunicaciones multiplican los ingresos de las industrias culturales.

En términos absolutos, la facturación de las industrias culturales se ha mantenido estable en dólares estadounideneses entre 2000 (4971 millones de dólares) y 2004 (4952 millones de dólares). El conjunto de actividades infocomunicacionales experimentó, gracias a la contribución de las telecomunicaciones, un incremento en el período considerado: de 19.186 millones de dólares facturados en el año 2000 se pasó a 21.557 millones de dólares en 2004.

Uno de los rasgos característicos de los mercados de información y comunicación mexicanos es la disparidad existente entre la facturación de la televisión abierta y la de la prensa escrita: mientras que en otros países, como los del Cono Sur del continente, esa relación es proporcional, en México la televisión abierta origina más del doble de los ingresos de la industria de diarios.

Facturación México 2004 por industria

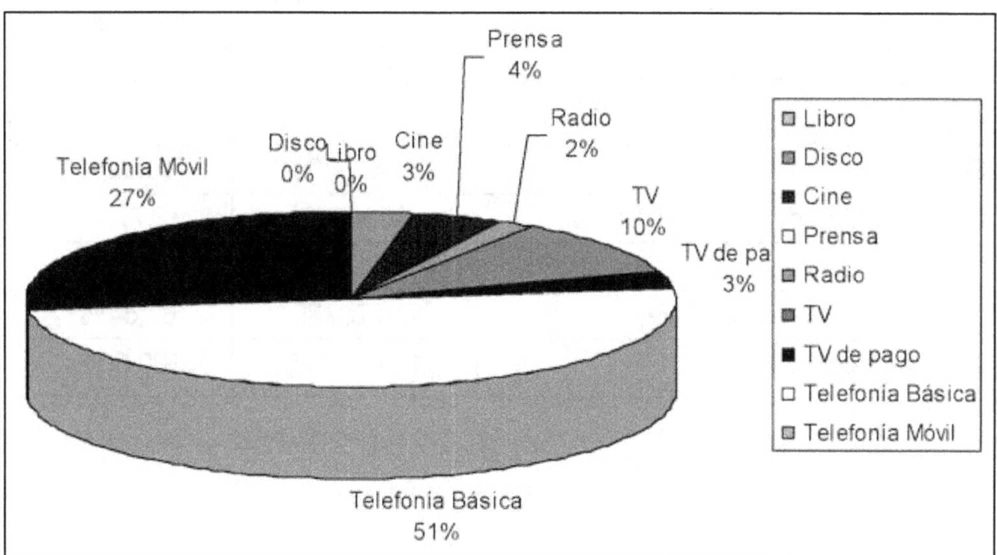

Prensa

El mercado de la prensa escrita en México está liderado por el Grupo Reforma, que edita diarios de referencia en varias de las principales ciudades del país (*El Norte* y *El Sol* en Monterrey, *Mural* en Guadalajara y *Metro* en Distrito Federal y Monterrey, entre otros). Casi el 36% de la circulación total de diarios está en manos del Grupo Reforma, cuyo competidor más importante es el diario *El Universal*, que cuenta con el 19,3% de las ventas. *La Jornada* (9,76%) y *Milenio* (2,8%) les siguen en importancia.

Los índices de concentración registrados en México superan el promedio regional (que es de 65%) pues entre los cuatro principales operadores del mercado de prensa diaria controlan el 67,5% de las ventas del sector.

Los principales anunciantes de la prensa en México son la industria automotríz, los bancos y empresas de viajes.

Grupo	Ejemplares vendidos	Porcentaje de circulación
Grupo Reforma (Reforma y periódicos regionales del grupo)	45990000	35,80%
El Universal	24820000	19,32%
Grupo Multimedios (Milenio Diario)	3558750	2,77%
Desarrollo de Medios (La Jornada)	12410000	9,66%
Subtotal 4 diarios principales	86778750	67,54%
Total del mercado	128478175	100,00%

Radio

Uno de los tradicionales medios de comunicación masiva en México, la radio, es un mercado más importante que en otros países de la región, comparándolo con el tamaño del resto de las actividades infocomunicacionales. El sector radiofónico mexicano es liderado por el Grupo Radio Centro, que llega casi al 35% de la audiencia y controla el 13,5% de la facturación del sector. El Grupo Acir factura el 14,5% pero su audiencia total es del 13,43%. El Grupo Televisa en 2004 registraba un 10% de la audiencia y facturaba el 7,6% de los ingresos.

La concentración de la radio es moderada si se mide la facturación del sector, pero trepa al 70% cuando se observa la audiencia de las cuatro primeras empresas.

Grupo	Facturación (en millones U$s)	Porcentaje de facturación	Porcentaje de audiencia
Grupo Radio Centro	55.619.000	13,46%	34,7
Grupo Acir Comunicaciones	59.730.000	14,46%	13,43
Radiorama	ND	ND	16,27
Grupo Televisa (Televisa Radio)	31.250.000	7,56%	10
Subtotal 4 radios principales	146.599.000	35,48%	74,4
Total del mercado	413.185.841		

TV Abierta

La televisión es una industria con fuerte arraigo en México y con un desarrollo potente. Sus productos, formatos y contenidos no sólo se consumen entre los más de 100 millones de televidentes, sino que se exportan desde hace décadas con excelentes resultados. La industria televisiva está dominada por un duopolio conformado por los grupos Televisa y Azteca, que se reparten la facturación publicitaria del sector y la audiencia, si bien Televisa ejerce una posición ostensiblemente más poderosa, ya que captura el 69% de los ingresos y controla más del 71% de la atención de los televidentes. A pesar de haberse abierto a la competencia de Azteca una década antes (en 1994), la predominancia de Televisa no parece amenazada.

Grupo	Facturación (en millones U$S)	Porcentaje de facturación	Porcentaje de audiencia
Grupo Televisa	1.525.602.000	69%	71,3
Televisión Azteca	697.591.000	31,37%	27,9
Subtotal 4 emisoras principales	2.223.193.000	100%	99,2
Total del mercado	2.223.919.300	100,00%	100

TV de pago

La televisión de pago en México también está fuertemente concentrada en pocos grupos: los dos primeros (Televisa en Innova y Cablevisión, también de Televisa) controlan más del 75% de la facturación del sector aunque no llegan al 30% de los abonados. Curiosamente, MVS Comunicaciones con el 15% de los abonados de la industria genera menos del 3% de los ingresos.

Grupo	Facturación (en millones U$S)	Porcentaje de factura- ción	Cantidad de abonados	Porcen- taje de mercado
Grupo Televisa en Innova (Sky)	425.423.000	61,96%	1.002.500	21,01%
Grupo Televisa (Cablevisión)	100.535.000	14,64%	355.000	7,44%
Cablemás	46.151.320	6,72%	398.600	8,35%
MVS Comunicaciones (MasTV)	19.723.231	2,87%	730300	15,30%
Subtotal 4 operadores principales	591.832.551	86,20%	2932898	61,46%
Total del mercado	686.568.588	100,00%	4772000	100,00%

Telefonía básica

El grupo Telmex, del multimillonario Carlos Slim, controla casi en una situación de monopolio el codiciado mercado de telefonía básica mexicano. Con el 94,9% de la facturación generada y el 95,3% de las líneas del sistema, Telmex ha consolidado una posición muy firme en el campo de las telecomunicaciones, logrando combinar su presencia en telefonía básica con su expansión en el negocio de la telefonía móvil.

Grupo	Facturación (en millones U$S)	Porcentaje de facturación	Cantidad de abonados	Porcentaje de mercado
Telmex	10.179.036.000	94,89%	18300000	95,31%
Axtel	355.816.000	3,32%	606000	3,16%
Avantel	194.450.000	1,81%	113200	0,59%
Alestra	188.000.000	1,75%	106040	0,55%
Subtotal 4 operadores principales	10.676.470.000	99,53%	19125240	99,61%
Total del mercado	10.727.251.824	100,00%	19200000	100,00%

Telefonía móvil

Aunque por razones de defensa de la competencia en 2004 se considera-ba nominalmente separada a América Móvil de Telmex, la compañía líder del mercado de telefonía móvil mexicano pertenecía a la órbita del grupo Tel-mex. El dinámico sector de la telefonía móvil estaba definidamente contro-lado por América Móvil (69% de los ingresos; casi 80% de los clientes) y registraba una presencia minoritaria de Telefónica (17% de los ingresos, casi 12% de los clientes).

Grupo	Facturación (en millones U$S)	Porcentaje de facturación	Cantidad de abonados (millones)	Porcentaje de mercado
América Móvil (Telcel y Telmex)	4.055.000.000	68,76%	30500000	79,86%
Grupo Iusacell	500.000.000	8,48%	1200000	3,14%
UNEFON	300.000.000	5,09%	1800000	4,71%
Telefónica Móvil de México	1.010.630.000	17,14%	4500000	11,78%
Subtotal 4 operadores principales	5.865.630.000	99,46%	38000000	99,50%
Total del mercado	5.897.526.937	100,00%	38190000	100,00%

Tendencia de concentración

El promedio de la concentración de las industrias infocomunicacionales estudiadas en México en 2004 representa el 84% por parte de los cuatro pri-meros operadores en el caso del dominio de mercado; y el 87% en el caso de la facturación total relevada. Estos porcentajes superan con creces los niveles considerados "altos" por estudios internacionales en la materia (véase Alba-rran y Dimmick, 1996, por ejemplo). Esta situación merece además ser exa-minada a partir de la existencia de dos grupos con un dominio cercano o superior al 70% en los sectores de mayor importancia económica de entre los infocomunicacionales: el audiovisual (Televisa) y las telecomunicaciones (Telmex). La influencia de estos grupos no puede ser ignorada a la hora de analizar el panorama infocomunicacional mexicano: de hecho, dos años después, en 2006, se produjo en México un escándalo debido a la sanción, en plena campaña electoral de sucesión del ex presidente Fox, de una ley de radiodifusión conocida como "Ley Televisa" que fue posteriormente declarada inválida por la justicia.

Por otro lado, el promedio de concentración del primer operador era del 60% en el caso del dominio de mercado (audiencias) en México, con lo que la presencia de la principal empresa se acercaba a los dos tercios de control del mercado. Este indicador demuestra que el nivel de concentración en México es de los más altos de la región y que afecta la diversidad de versiones sobre la realidad que producen y distribuyen las industrias infocomunicacionales.

En tanto, el nivel de concentración por facturación, por parte del primer operador, fue en promedio del 57%, correspondiéndose así con el porcentaje de dominio de mercado señalado.

México: índice de concentración

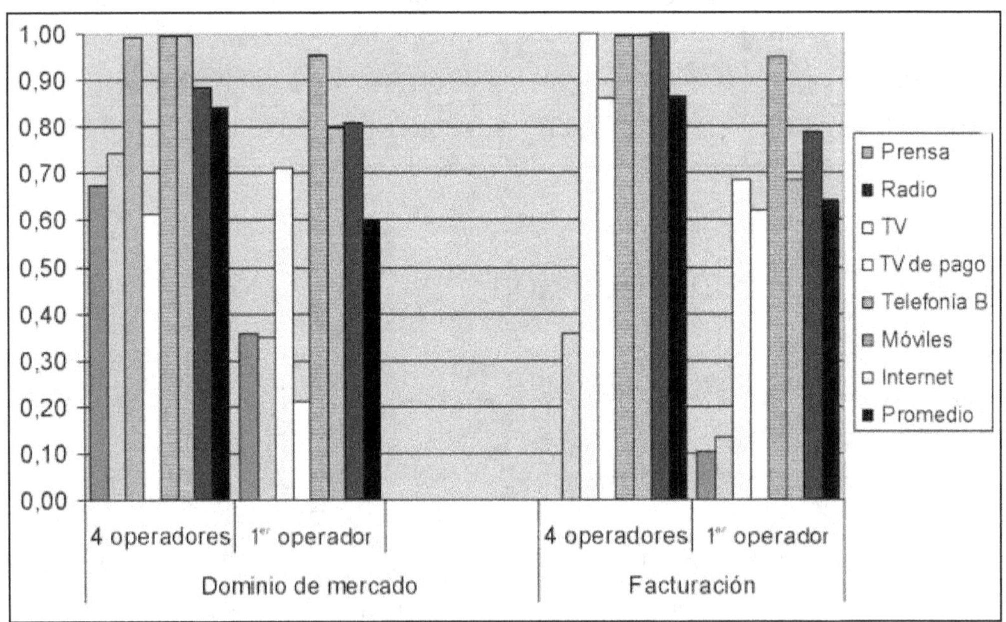

La tendencia entre los índices de concentración del año 2000 y los de 2004 confirma un aumento que profundiza la participación de menos actores en condiciones cada vez más dominantes: de un promedio del 63% para los cuatro primeros operadores por dominio de mercado en el año 2000 se pasa a un promedio de 84% en 2004.

Se observa, así, que en México el promedio de dominio de los cuatro primeros actores en los mercados infocomunicacionales es del 84%, con lo que el margen de participación de otros actores no dominantes se reduce a menos del 16% del mercado.

Por su parte, si se analiza la participación del primer operador de los sectores relevados, en el año 2000 en promedio alcanzaba en México un dominio del 43% de los mercados, y la incrementó al 60% en 2004.

▪ Paraguay

Gobernado desde hacía décadas por el Partido Colorado que apoyó entre 1954 y 1989 la dictadura militar de Alfredo Stroessner, en 2004 el Paraguay era uno de los países con mayores índices de pobreza en América latina y un desarrollo económico menos asentado de la región. Al igual que su vecina Bolivia, con la que sostuvo una fratricida guerra en 1935, Paraguay presenta niveles de desarrollo humano relativamente bajos (en comparación con el resto de Sudamérica) y una economía con altos índices de informalidad.

El país, que cuenta con 6 millones de habitantes, carece de un complejo de industrias de la información y la comunicación. En conjunto, esta sumaria información dificulta en Paraguay el hallazgo de estadísticas consolidadas sobre los sectores a los que procede el presente trabajo.

El principal grupo de comunicación en Paraguay es el de Antonio Vierci, que en 2004 explotaba la emisora televisiva Telefuturo (la de mayor audiencia), poseía radios AM y FM (La Estación) y es editor del diario *Última Hora*, entre múltiples intereses en medios de comunicación y en otras actividades comerciales alejadas de las industrias infocomunicacionales. También es importante el grupo Zuccolillo Moscarda, editor del periódico más influyente, *ABC Color*. También debe destacarse, en televisión por cable, la presencia de la compañía Multicanal perteneciente al Grupo Clarín (Argentina).

Estructura del mercado

El mercado paraguayo de industrias infocomunicacionales es muy endeble si se consideran los niveles de acceso (en valores absolutos y relativos) y también si se repara en sus niveles de facturación. El siguiente cuadro permite observar los indicadores básicos de las industrias estudiadas para el año 2004, ya que en el estudio realizado en el año 2000 no pudo completarse información válida en el caso paraguayo.

Paraguay	Facturación (millones de dólares U$A)	Ejemplares vendidos/ conexiones	Cada 1000 hab.
Libro	125.000	164250	27
Disco	s/d	s/d	s/d
Cine	s/d	s/d	s/d
Prensa	26500000	28800000	4652
Radio	12000000	1288717	208
TV	17000000	979424	158
TV de pago	49100000	250.000	40
Telefonía Básica	133000000	351114	57
Telefonía Móvil	150000000	2500000	360
Internet	s/d	130000	22
Subtotal IC	104.725.000		
Total	387725000	34463505	
PBI	7827000		
PBI *per capita*	1264,3		
% IC en PBI	1,34		
% Soc Info en PBI	4,95		
Población	6191000		

Las industrias culturales aportan el 1,34% del Producto Bruto Interno de Paraguay. Sumadas las telecomunicaciones, el sector infocomunicacional alcanza el 5% de contribución al PBI del país, destacándose en dicha contribución la importancia económica de las telecomunicaciones, que generan el 73% de los recursos sumados en los sectores que se analizan.

Entre las industrias culturales, la importancia económica de la televisión de pago y la mayor influencia en la facturación de la prensa escrita respecto de la televisión abierta son aspectos sobresalientes de Paraguay, que contrastan con las tendencias de otros países de la región.

Facturación Paraguay 2004 por industria

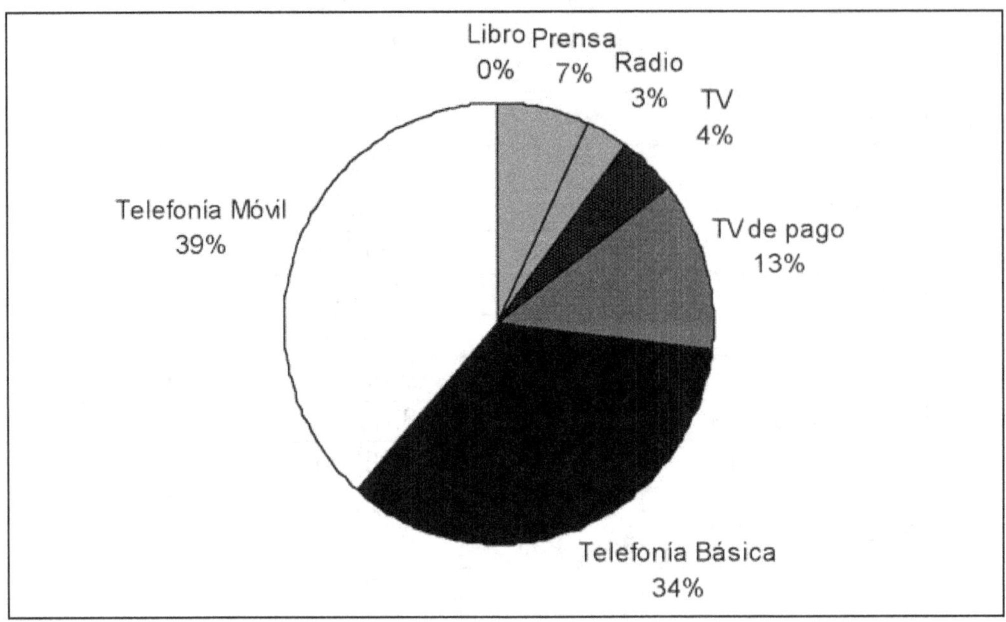

Prensa

El diario *ABC Color* ejerce tradicionalmente el liderazgo en las ventas y en la facturación del mercado de prensa escrita en Paraguay. Una influencia que alcanza niveles inéditos en otros países, si se repara en que *ABC Color* controla más del 55% de las ventas y de los ingresos del sector que, como se señaló, son más altos que los de la televisión abierta. Los diarios *Última Hora*, con el 25% del mercado y *La Nación*, con casi el 19% de las ventas, completan un panorama de alta concentración ya que estos tres operadores absorben prácticamente todos los recursos del mercado, del que representan casi la totalidad de las ventas registradas.

Grupo	Facturación (en millones U$S)	Porcentaje de facturación	Ejemplares vendidos (en millones)	Porcentaje de circulación
ABC Color	14700000	55,47%	16.000.000	55,6%
Última Hora	6540000	24,68%	7200000	25,0%
La Nación	4910000	18,53%	5400000	18,8%
Subtotal 4 diarios principales	26150000	98,68%	28.600.000	99,3%
Total del mercado	26500000	100	28800000	100

Televisión abierta

El Canal 4 Telefuturo es el de mayor audiencia y concentra el 40,6% de los ingresos de la televisión abierta. Canal 13, Teledifusora paraguaya, con el 26,5% de la facturación; TV Cerro Cora, con el 22,3% y la Red Guaraní, con el 7,6% de la facturación siguen en importancia decreciente, tanto en audiencia como en volumen económico de operación.

Grupo	Facturación (en millones U$S)	Porcentaje de facturación	Porcentaje de audiencia
Telefuturo Canal 4	6900000	40,59%	40
Teledifusora Paraguaya Canal 13	4500000	26,47%	30
TV Cerro Cora Canal 9	3800000	22,35%	20
Red Guaraní Canal 2	1300000	7,65%	10
Subtotal 4 emisoras principales	16500000	97,06%	100
Total del mercado	17000000	100	100

TV por cable

Hay sólo tres empresas que operan en el mercado de la televisión por cable, que es significativo en comparación con la televisión abierta: CableVisión, Televisión Dirigida y Multicanal (del Grupo Clarín, de Argentina). CableVisión cuenta con la mayor cantidad de abonados (más del 52%) y con los mayores beneficios de la actividad. Las tres empresas se reparten la totalidad del mercado.

Grupo	Facturación (en millones U$S)	Porcentaje de facturación	Cantidad de abonados	Porcentaje de mercado
Cable Visión Comunicaciones	25800000	52,55%	131449	52,6%
Televisión Dirigida	12500000	25,46%	63551	25,4%
Consorcio Multicanal Multipunto	10800000	22,00%	55000	22,0%
Subtotal 4 operadores principales	49100000	100,00%	250000	100,0%
Total del mercado	49100000	100%	250.000	100

Telefonía básica

La empresa COPACO (Compañía Paraguaya de Comunicaciones) era monopólica en 2004 y seguía siéndolo al momento de escribir el presente trabajo. Se trata de una sociedad anónima de propiedad estatal, que brinda el servicio de telefonía con resultados magros si se compara la teledensidad de Paraguay con la de otros países del Cono Sur americano.

Grupo	Facturación (en millones U$S)	Porcentaje de facturación	Cantidad de abonados	Porcentaje de mercado
COPACO	133000000	100,00%	351.114	100

Telefonía móvil

Las dos empresas dominantes del sector, TIGO y Telecom, controlan el 90% del parque de abonados. Los datos relativos a la facturación de las empresas resultan inconsistentes con los de dominio de mercado y en consecuencia, se cree que están subestimados. Por ello resulta más fiable la información sobre la cantidad de líneas por operador. Los cuatro operadores indicados en el siguiente cuadro abarcan todo el mercado de telefonía móvil del país.

Grupo	Facturación (en millones U$S)	Porcentaje de facturación	Cantidad de abonados	Porcentaje de mercado
TIGO Milicom Internacional	29800000	19,87%	1250000	50,0%
Grupo Telecom Internacional	23800000	15,87%	1000000	40,0%
VOX Grupo KDDI Japón	4700000	3,13%	200000	8,0%
CTI América Móvil	1300000	0,87%	50000	2,0%
Subtotal 4 operadores principales	59600000	39,73%	2500000	100,0%
Total del mercado	150000000	100	2500000	100

Tendencia de concentración

El promedio de la concentración de las industrias infocomunicacionales estudiadas en Paraguay de 2004 es muy elevado: representa el 92% por parte de los primeros 4 operadores, en el caso del dominio de mercado, y el 76% en el caso de la facturación. En consecuencia, el sector infocomunicacional en Paraguay está marcadamente concentrado por las primeras cuatro firmas.

El promedio de concentración del primer operador, en tanto, era en 2004 del 48% en el caso de dominio de mercado y del 44% en el de facturación.

Como se ha expresado anteriormente, el mercado paraguayo de prensa escrita es uno de los que registra mayor índice de concentración por parte del primer operador en la región. Otro sector con niveles muy altos de concentración por dominio del primer operador es la telefonía móvil.

La investigación no puede proporcionar una tendencia promedio de índices de concentración en el caso de Paraguay, dado que en el relevamiento hecho para el año 2000 no se pudieron obtener datos básicos sobre varios de los sectores analizados.

Paraguay: índice de concentración

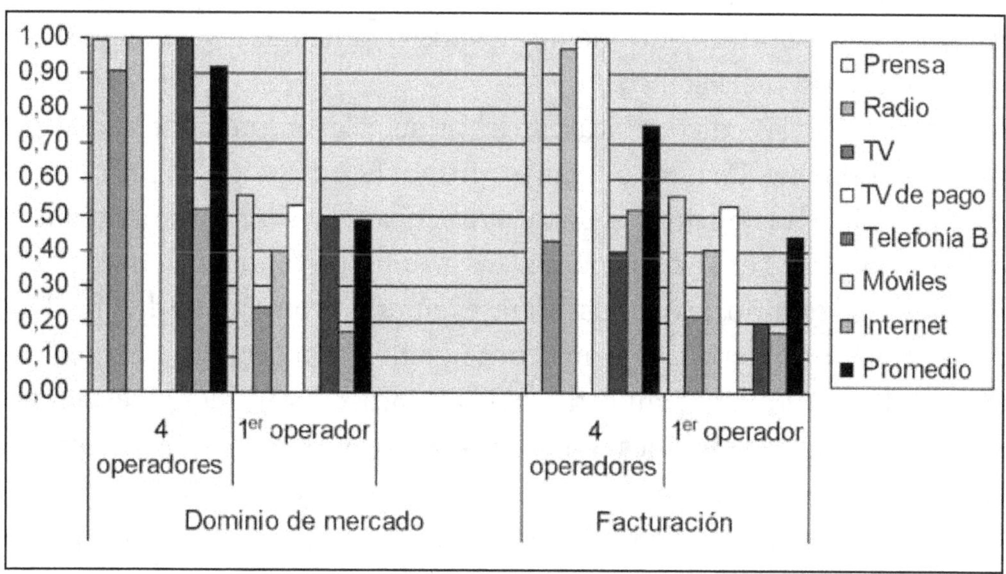

▪ Perú

El período correspondiente a la fecha de la investigación es el de la presidencia de Alejandro Toledo Manrique, quien a pesar de sus condenas a los gobiernos del ex presidente Alberto Fujimori, continuó algunas de sus orientaciones económicas y tuvo comportamientos ambivalentes en su gestión institucional. Como muchos otros países de la región, la República de Perú registró un crecimiento macroeconómico durante el primer lustro del siglo XXI.

Con una población de 27 millones de personas en 2004, Perú se situaba entre las estructuras demográficas de tipo intermedio (junto con Venezuela), pero su desigual composición socioeconómica colocaba al país por debajo del promedio latinoamericano tanto en PBI como en los niveles de acceso a bienes y servicios infocomunicacionales. La desigualdad no fue alterada de modo significativo, en el período considerado, por el crecimiento económico, como también lo demuestran los indicadores de desarrollo humano aludidos al comienzo de este trabajo. Las desigualdades socioeconómicas se traducen también en términos geográficos, toda vez que las regiones serranas y selváticas han sido históricamente más postergadas que las ciudades localizadas en la costa del Pacífico.

En la costa del Pacífico se localizan las principales empresas del sector infocomunicacional. En Lima operan los grupos Eco o Epeusa. El primero de ellos participa de la gestión del Canal 4 América Televisión junto a capitales colombianos. En Perú no hay poderosos grupos de comunicación conglomerales en el sentido de que sus intereses simultáneamente se desarrollen en diferentes industrias infocomunicacionales, con la excepción de Eco (dueño de varios diarios importantes) o Epeusa, cuya influencia está centrada en las industrias gráfica (y audiovisual), de Telefónica y Telmex en telecomunicaciones.

A pesar de que Lima sigue siendo una de las capitales latinoamericanas con mayor cantidad de diarios editados, la tradicional extensión del mercado de prensa escrita y de edición de libros, propia del Perú de los años sesenta y setenta, no halla conexiones directas con la situación presente de distintos sectores infocomunicacionales.

Estructura del mercado

El mercado peruano de industrias infocomunicacionales se ubica por debajo del promedio latinoamericano, aunque algunos sectores experimentaron sensibles mejoras, fruto de los años de crecimiento económico del país. El siguiente cuadro permite observar los indicadores básicos de las industrias estudiadas.

Los sectores que manifiestan un crecimiento del acceso en el lapso 2000 y 2004 son la prensa escrita, la televisión abierta y la televisión de pago, la telefonía móvil e Internet. Prácticamente no se registran cambios significativos en la telefonía básica y el cine. La industria del libro registra una merma de casi 6%.

Perú	Facturación (millones de dólares U$A)	Ejemplares vendidos/ conexiones	Cada 1000 hab.	Acceso comparativo 2004/2000 (en %)
Libro	48550000	4810000	174,6	-5,8
Disco	s/d	s/d	s/d	s/d
Cine	33.558.377	13.194.161	479,0	0,2
Prensa	76328000	341275000	12389,0	20,4
Radio	28300000	4.505.913	163,6	-36,2
TV	100800000	4.736.104	171,9	45,7
TV de pago	115.853.993	511000	18,6	50,1
Telefonía Básica	550000000	2100000	76,2	1,6
Telefonía Móvil	638.369.152	4092558	148,6	187,7
Internet	89.696.970	647793	23,5	291,9
Subtotal IC	953390370,3			
Total	1681456492	375872529		
PBI	61445000			
PBI *per capita*	2230,6			
% IC en PBI	1,6			
% Soc Info en PBI	2,7			
Población	27546574			

Las industrias culturales aportaron en 2004 el 1,6% del Producto Bruto Interno peruano, conservando la misma influencia relativa que en el año 2000. Sumadas las telecomunicaciones, el sector infocomunicacional genera el 2,7% de contribución al PBI del país. En este caso, la reducción de la facturación de la telefonía básica impactó en una baja de casi un punto en la participación infocomunicacional del Producto Bruto, entre 2000 y 2004.

Las telecomunicaciones aportan el 70% de la facturación infocomunicacional del Perú. Es llamativa la paridad entre la telefonía básica y la telefonía móvil a favor de la segunda, así como la que se registra entre la facturación en Internet y la de la televisión abierta (que a su vez se sitúa en el orden del de la prensa escrita).

Facturación Perú 2004 por industria

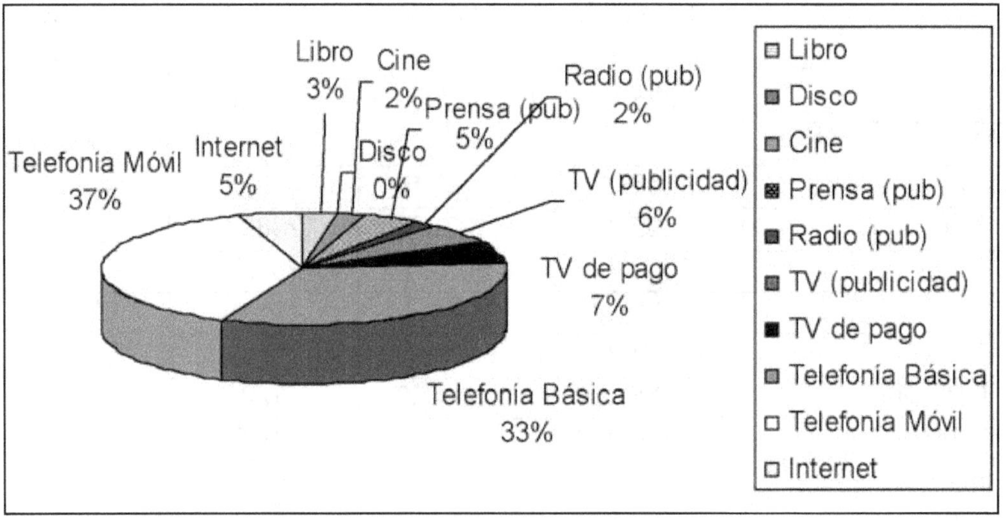

Prensa

El mercado de la prensa escrita en Perú está liderado por el diario *Correo*, que pertenece al grupo Epensa, propietario también de dos diarios de prensa popular (*Ajá* y *Ojo*). El 25,7% de la circulación de diarios está en manos de *Correo*, seguido por el tradicional *El Comercio* y el popular *Trome* en número de ejemplares vendidos. Detrás de estos líderes del mercado periodístico, se encuentra *Perú 21*.

Los diarios *El Comercio*, *Perú 21* y *Trome* pertenecen al Grupo Eco y entre los tres concentran el 83% de la facturación total del sector.

Operador	Ejemplares vendidos	Porcentaje de circulación
Trome	55480000	16,3%
El Comercio	45625000	13,4%
Correo	87600000	25,7%
Perú 21	25915000	7,6%
Subtotal 4 diarios principales	214620000	62,9%
Total del mercado	341275000	100,0%

Radio

Aunque se ha logrado identificar índices de audiencia en la investigación, preferimos ilustrar la concentración del sector radiofónico del Perú a través de los datos de la facturación de las principales emisoras, ya que los índices de audiencia obtenidos no resultan tan fiables. Las cuatro primeras radios controlan casi el 58% de la facturación, que para el mercado de la radio es un porcentaje elevado.

Operador	Facturación (en millones U$S)	Porcentaje de facturación
RPP	6870000	24,3%
Panamericana	3677000	13,0%
Radiomar Plus	3598000	12,7%
Moda	2225000	7,9%
Subtotal 4 radios principales	16370000	57,8%
Total del mercado	28300000	100,0%

TV abierta

Las cuatro emisoras líderes del sector de televisión abierta se hallaban en 2004 en relativa paridad de condiciones, con la excepción de América TV, que encabezaba los índices de audiencia con el 32% de la atención de los televidentes. La facturación publicitaria del sector está aún más equilibrada entre las cuatro principales empresas, que en conjunto generan el 82% del total del mercado y controlan un 90% de la audiencia.

Los principales avisos de TV son productos de consumo masivo (shampoo, detergentes, cervezas y gaseosas, entre otros), teléfonos móviles y anuncios gubernamentales.

Operador	Facturación (en millones U$S)	Porcentaje de facturación	Porcentaje de audiencia
América TV	20367898,79	20,2%	32%
Andina de Radiodifusión ATV	21.501.452,00	21,3%	23%
Frecuencia Latina	21097862	20,9%	20%
Panamericana TV	19690565	19,5%	15%
Subtotal 4 emisoras principales	82657777,79	82,0%	90,0%
Total del mercado	100800000	100,0%	100,0%

TV de pago

Cable Mágico es la empresa dominante entre las del mercado: genera casi el 90% de la facturación y controla el 76% de los abonados, que no constituyen un mercado masivo en el Perú. La incidencia del resto de los operadores es muy baja en relación con el líder.

Operador	Facturación (en millones U$S)	Porcentaje de facturación	Cantidad de abonados	Porcentaje de mercado
Cable Mágico	103.957.380	89,7%	389.174	76,2%
Boga Comunicaciones S.A.	3229657	2,8%	11582	2,3%
Telecable Siglo 21 S.A.A	1608182	1,4%	4841	0,9%
Radio TV HPCH EIRL	s/d	s/d	2996	0,6%
Subtotal 4 operadores principales	108795218,8	93,9%	408593	80,0%
Total del mercado	115853993	100,0%	511.000	100,0%

Telefonía básica

En Perú se registró un hecho singular en la región cuando se privatizaron las telecomunicaciones en 1994: Telefónica se transformó en un monopolio privado. Esa condición no la ha perdido del todo en 2004, si bien Telmex ya entonces se había insertado y otro tanto había hecho Americatel, no obstante la participación de estas últimas compañías en el mercado de abonados era marginal, en tanto que Telefónica conservaba, diez años después de la transferencia de activos estatales para su gestión privada, casi el 94% del sector en términos de abonados.

Operador	Facturación (en millones U$S)	Porcentaje de facturación	Cantidad de abonados	Porcentaje de mercado
Telefónica	450.000.000	81,8%	1970594	93,8%
Telmex Perú	43.436.039	7,9%	11.787	0,6%
Americatel	31.830.140	5,8%	1890	0,1%
Subtotal 3 operadores principales	525266179	95,5%	1984271	94,5%
Total del mercado	550.000.000	100,0%	2049654	100,0%

Telefonía móvil

El panorama del sector de telefonía móvil se hallaba protagonizado por Telefónica Móviles, con la mitad de los abonos y un 43,6% de la facturación, y dos empresas de importante presencia como Tim Perú (adquirida por América Móvil, de Telmex) y Bellsouth (luego adquirida por Telefónica). Nextel, la cuarta en cantidad de abonados, también participaba de una porción de la facturación total del sector. El porcentaje de concentración es total (100%), y por consiguiente, el más elevado posible.

Operador	Facturación (en millones U$S)	Porcentaje de facturación	Cantidad de abonados	Porcentaje de mercado
Telefónica Móviles SAC	278.515.090	43,6%	2.124.776	51,9%
Comunicaciones Móviles del Perú (Bellsouth, luego adquirido por Telefónica)	148.089.000	23,2%	680493	16,6%
Tim Perú S.A (América Móvil, Telmex)	121.221.487	19,0%	1102394	26,9%
Nextel S.A	90543575	14,2%	184895	4,5%
Subtotal 4 operadores principales	638369152	100,0%	4092558	100,0%
Total del mercado	638.369.152	100%	4092558	100%

Tendencia de concentración

El promedio de la concentración de las industrias infocomunicacionales estudiadas en el Perú de 2004 es muy elevado: representa el 82% por parte de los primeros 4 operadores, en el caso del dominio de mercado, y el 87% en el caso de la facturación. Los porcentajes demuestran la consolidación de una situación que es estructural: las industrias culturales y de telecomunicaciones peruanas se hallan fuertemente controladas por las primeras cuatro firmas. En los mercados convergentes, o más propios del escenario de convergencia tecnológica, los indicadores de concentración son más elevados que en las industrias culturales tradicionales.

El promedio de concentración del primer operador, en tanto, era en 2004 del 52% en el caso de dominio de mercado y del 63% en el de facturación. Estos indicadores también son una clave para analizar la existencia de un actor dominante en el promedio de las industrias infocomunicacionales peruanas.

Perú: índice de concentración

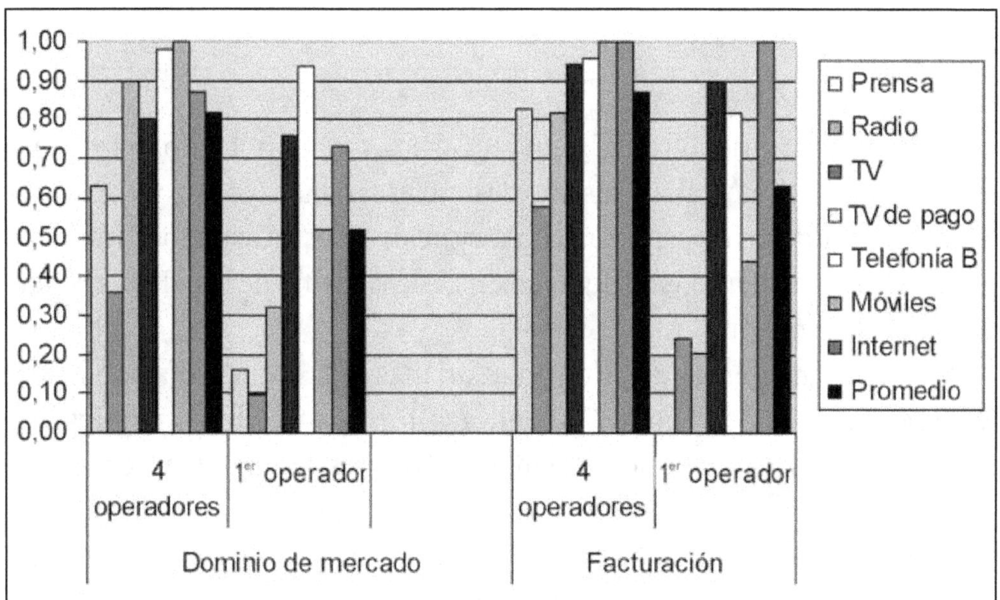

La tendencia entre los indicadores de concentración del año 2000 y los de 2004 confirma un incremento que se traduce en una retracción de la cantidad de actores presentes en las industrias infocomunicacionales: de un promedio del 70% para los 4 primeros operadores por dominio de mercado en el año 2000 se pasa a un promedio de 82% en 2004.

Una tendencia aún más pronunciada se registra en el caso de la facturación: de una participación del 47% en promedio por parte de las 4 primeras empresas en el año 2000 se pasó a un 87% en 2004.

Tomando como referencia el primer operador, en el año 2000 facturaba en promedio el 46% del total y en 2004 esa tendencia se incrementó al 63%. En cambio, en el caso del dominio del mercado el porcentaje se redujo levemente del 55% (año 2000) al 52% (año 2004).

▪ Uruguay

La República Oriental del Uruguay es el país menos poblado de los estudiados en el presente trabajo. Es uno de los países con mayores índices de alfabetización y de los que cuentan con mejores índices de desarrollo humano para las Naciones Unidas. Uruguay tiene, a la vez, uno de los PBI *per capita* más altos de la región.

Su estructura demográfica es singular: más de la mitad de la población reside en Montevideo y en sus alrededores, lo que sumado a la relativa homogeneidad socioeconómica del país (en términos comparativos con otros países latinoamericanos), constituye un escenario favorable para el desarrollo de mercados de la información y la cultura. De hecho, por ejemplo en el caso de la prensa escrita, Uruguay cultiva una tradición importante en la región.

En octubre de 2004, después de la alternancia en el ejercicio de gobierno por parte de los partidos Blanco y Colorado que se sucedían en la presidencia desde la recuperación del sistema constitucional de 1985, se realizaron elecciones presidenciales y por primera vez ganó el Frente Amplio consagrando así a Tabaré Vázquez como primer mandatario.

El tamaño de la economía uruguaya y las características de su estructura la han hecho históricamente muy vulnerable a los vaivenes económicos de Brasil y la Argentina, sus principales socios políticos. De este modo, la crisis argentina de 2001 y su posterior resolución influyen también en la paulatina recuperación del crecimiento en Uruguay.

Tres grupos, licenciatarios de emisoras de televisión abierta, son los que predominan en el mercado de medios uruguayo diversificados en diferentes medios: se trata del grupo Romay-Salvo, del grupo Scheck y del grupo De Feo-Fontaina: como en otras latitudes los tres grupos comparten negocios conjuntos, como la Red Uruguaya de Televisión, que opera en el interior del país. Complementariamente, en Uruguay existe una penetración de grupos de la Argentina (por ejemplo, el Grupo Clarín con el operador de cable TVC), sobre todo en la importación de programas de televisión, así como una influencia de las emisiones de radio y televisión argentinas.

Estructura del mercado

Teniendo en cuenta el acceso a las distintas actividades infocomunicacionales, en donde Uruguay se destaca en el contexto regional por indicadores superiores al promedio, se advierte cierta estabilidad en la comparación entre la situación de los sectores estudiados en el año 2000 y en el año 2004. Algunos hallazgos peculiares son el crecimiento de la venta de discos, ya que contradice el comportamiento crítico del mercado discográfico en casi todo el mundo, el incremento de la venta de diarios, y las previsibles mejoras en los niveles de acceso *per capita* a telecomunicaciones (aunque el crecimiento del parque de abonados a telefonía móvil resulta muy inferior al del promedio regional) e Internet.

Por el contrario, la televisión de pago es el único sector que evidencia una retracción entre 2000 y 2004.

Cuadro comparativo: industrias infocomunicacionales en Uruguay

Uruguay	Facturación (millones de dólares U$A)	Ejemplares vendidos/ conexiones	Cada 1000 hab.	Acceso comparativo 2004/2000 (en %)
Libro	s/d	1300000	382,4	s/d
Disco	9600000	2710000	797,1	341,6
Cine	14800000	2597902	764,1	-2,9
Prensa	6000000	52560000	15458,8	132,3
Radio (pub.)	5500000	1990000	585,3	-2,9
TV (publicidad)	33500000	970037	285,3	19,4
TV de pago	37000000	238507	70,1	-31,9
Telefonía Básica	262090000	989400	291,0	7,1
Telefonía Móvil	112466667	591600	174,0	39,8
Internet	38200000	680000	200,0	65,0
Subtotal IC	106400000	62366446		
Total	519156667	64627446		
PBI	19.725.000			

Uruguay	Facturación (millones de dólares U$A)	Ejemplares vendidos/ conexiones	Cada 1000 hab.	Acceso comparativo 2004/2000 (en %)
PBI *per capita*	5801,5			
% IC en PBI	0,5			
% Soc Info en PBI	2,6			
Población	3400000			

Las industrias culturales representaban en 2004 el 0,5% del aporte al Producto Bruto Interno uruguayo y en conjunto con las telecomunicaciones, su incidencia es del 2,6% del PBI. En ambos casos, la presente investigación registra un incremento de la facturación infocomunicacional en términos absolutos, pero un marcado descenso en términos relativos, ya que en el año 2000 las industrias culturales participaban de más del 2% del PBI y el conjunto de los sectores estudiados superaba el 6%.

Las telecomunicaciones en Uruguay generan el 78% de los ingresos infocomunicacionales. Entre las industrias de contenido se destaca la participación de la televisión abierta. El volumen relativo de Internet en la facturación infocomunicacional uruguaya de 2004 es otro dato relevante que se ilustra en el siguiente gráfico.

Facturación Uruguay 2004 por industria

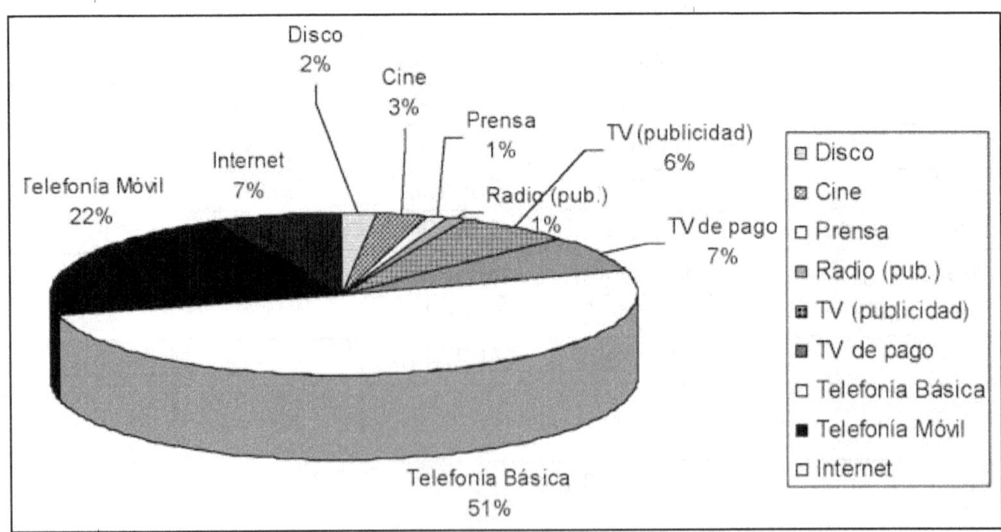

Prensa

El diario *El País* lidera las ventas del mercado de prensa escrita en Uruguay, con el 34% del control de la circulación (un tercio del mercado está controlado por El País). Sus competidores *La República*, *El Observador* y *Últimas noticias* no alcanzaban individualmente el 10% de las ventas de diarios en 2004. Estas cuatro primeras empresas periodísticas representaban en conjunto la mitad de los diarios que circulaban en el país en 2004.

Operador	Cobertura	Porcentaje de circulación
El Pais (grupo Scheck)	17885000	34,0%
La Republica	4300000	8,2%
El Observador	2500000	4,8%
Últimas noticias	1700000	3,2%
Subtotal 4 diarios principales	26385000	50,2%
Total del mercado	52560000	100,0%

Ni en el caso de la industria radiofónica ni en el de la televisión abierta fue posible obtener datos desagregados y confirmados sobre el comportamiento económico de los principales operadores.

Televisión abierta

El siguiente cuadro enseña la altísima concentración de las audiencias en el mercado de la televisión abierta uruguayo. Las tres emisoras principales de televisión pertenecen a los tres principales grupos de comunicación de la República.

Operador	Share (porcentaje de mercado)
Canal 4 (grupo Romay-Salvo)	32,7%
Canal 5	5%
Canal 10 (grupo Fontaina-De Feo)	26,6%
Canal 12 (grupo Scheck)	35%
Subtotal 4 operadores principales	99,3%
Total del mercado	100,0%

Televisión por cable

El creciente mercado de televisión por cable era disputado por cuatro empresas: TVC, del Grupo Clarín seguido por Nuevosiglo, TCC, del grupo Fontaina-De Feo y Montecable, grupo Romay-Salvo. Sin embargo, es importante aclarar que tanto Nuevosiglo como TCC y Montecable forman parte de un emprendimiento conjunto de los mencionados grupos: Equital SA.

Operador	Facturación (en millones U$S)	Porcentaje de facturación	Cantidad de abonados	Porcentaje de mercado
TVC (grupo Clarín)	10.500.000	28,4%	55000	23,1%
Nuevosiglo. Forma parte con TCC y Montecable de Equital SA	11.000.000	29,7%	51000	21,4%
TCC (grupo Fontaina-De Feo) Forma parte con Nuevosiglo y Montecable de Equital SA	7.960.000	21,5%	37000	15,5%
Montecable (grupo Romay-Salvo) Forma parte con TCC y Nuevosiglo de Equital SA	7.540.000	20,4%	35000	14,7%
Subtotal 4 operadores principales	37000000	100,0%	178000	74,6%
Total del mercado	37000000	100,0%	238.507	100,0%

Telefonía básica

Uruguay contaba en 2004 con un régimen de monopolio estatal sobre la telefonía básica. La empresa Antel garantizaba la provisión del servicio y, en consecuencia, gestionaba el 100% de las líneas existentes y controlaba todo el movimiento económico derivado de su operación.

Operador	Facturación en millones U$S)	Porcentaje de facturación	Cantidad de abonados	Porcentaje de mercado
ANTEL	262.090.000	100,0%	1048900	100,0%
Total del mercado	262.090.000	100,0%	1048900	100,0%

Telefonía móvil

Ancel, de la estatal Antel, era líder del sector de telefonía móvil en 2004, participando de la operación del 65% de las líneas y facturando el 60% de los ingresos. Movicom, perteneciente al grupo Telefónica, contaba con el 34% del mercado y CTI Móvil (Telmex) con una participación marginal. No fue posible obtener la información relativa a la facturación de las filiales de estos dos poderosos grupos español y mexicano en la telefonía móvil de Uruguay.

Operador	Facturación en millones U$S)	Porcentaje de facturación	Cantidad de abonados	Porcentaje de mercado
ANCEL	67480000	60,0%	384.500	65,0%
Movicom	s/d	s/d	201.500	34,1%
CTI Móvil	s/d	s/d	5.500	0,9%
Subtotal únicos 3 operadores (1 operador en el caso de la facturación)	67480000	60,0%	591500	100,0%
Total del mercado	112466667	100%	591.600	100%

Tendencia de concentración

El promedio de la concentración de las industrias infocomunicacionales estudiadas en Uruguay de 2004 es muy elevado: representa el 85% por parte de los primeros 4 operadores, en el caso del dominio de mercado, y el 87% en el caso de la facturación. Es importante aclarar que en algunas industrias no fue posible obtener datos válidos (radiodifusión, por ejemplo) que ampliaran los alcances de esta tendencia al conjunto de los sectores incluidos en la investigación.

El promedio de concentración del primer operador, en tanto, era en 2004 del 51% en el caso de dominio de mercado y del 62% en el de facturación. Estos indicadores también son una clave para analizar la existencia de una voz dominante cuya centralidad no puede ser soslayada cuando se evalúa la potencialidad plural y diversa de las industrias infocomunicacionales en Uruguay.

Uruguay: índice de concentración

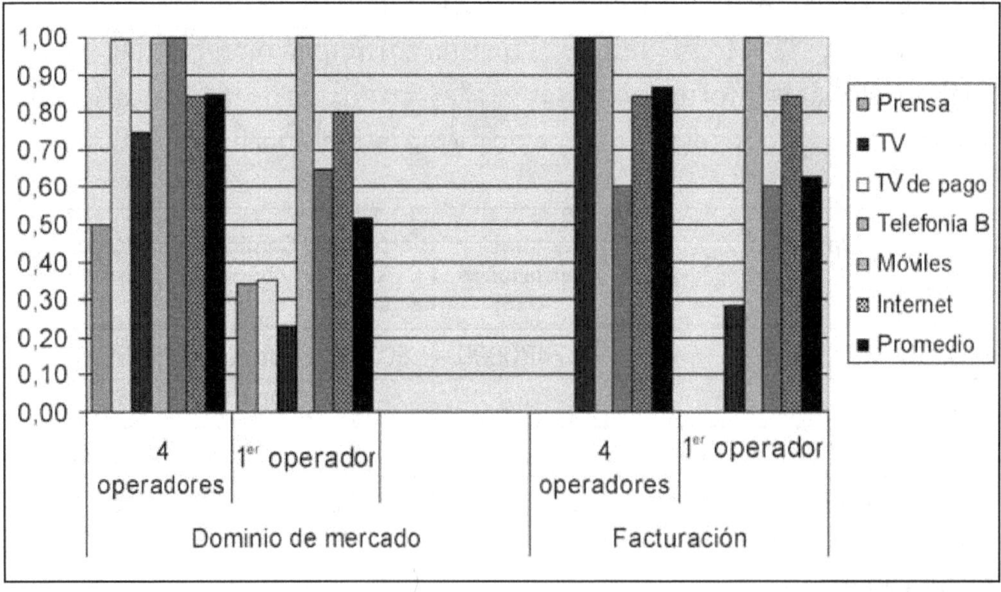

La tendencia entre los indicadores de concentración del año 2000 y los de 2004 plantea una gran estabilidad y regularidad con valores sumamente altos si se mide la participación de los 4 primeros operadores por dominio de mercado, ya que del 86% del año 2000 se pasó al 85% en 2004. En cambio, la comparación en el caso de la facturación evidencia una leve disminución, dado que los que los primeros 4 operadores controlan el 62%, en promedio, de los ingresos infocomunicacionales. Es preciso recordar que en algunos mercados resultó imposible acceder a la información económica de los 4 actores principales y que entonces este indicador resulta poco representativo del sector, a la luz de la cantidad de industrias contempladas en su construcción.

Tomando como referencia el primer operador, en el año 2000 controlaba en promedio el 59% de los mercados y en 2004 esa tendencia disminuyó al 51%. A pesar de la mayor participación de actores diferentes al predominante, más de la mitad de los mercados infocomunicacionales uruguayos siguen estando controlados en promedio por la empresa más importante en cada sector. Siempre considerando al primer operador, en el caso de la facturación el porcentaje se incrementó del 61% (año 2000) al 63% (año 2004).

▪ Venezuela

La República Bolivariana de Venezuela concitaba, en 2004, perspectivas antagónicas y en muchos casos, posiciones extremas e irreconciliables respecto de la dirección de los cambios que fue introduciendo desde su asunción como presidente por vía electoral Hugo Chávez (1998). El proceso de reformas, sometidas en muchos casos a consultas electorales por parte del poder político, incluye a todo el sistema de representación política, influye en la organización social y en las condiciones de regulación de la vida económica.

La situación de las industrias infocomunicacionales se halla inmersa en este contexto de transformaciones y de fuertes controversias, que en algunas etapas llegaron a particionar al país entre adherentes y opositores al gobierno de Chávez. En 2004 la política comunicacional del gobierno estaba orientada a estimular el surgimiento de radiodifusores comunitarios en un marco de abierto enfrentamiento retórico con la línea editorial de los grandes medios audiovisuales gestionados por empresas privadas (Radio Caracas TV, Venevisión) y por los principales diarios (*El Universal* y *El Nacional*, por ejemplo).

El principal grupo infocomunicacional venezolano es Cisneros, que opera la licencia de Venevisión y posee acciones en medios de otros países de la región (Chilevisión en Chile, Caracol Televisión de Colombia, Univisión en Estados Unidos), y es dueño de DirecTV Latinoamérica con el grupo Hughes Electronics.

En diciembre de 2004 la Asamblea Nacional de Venezuela aprobó la Ley de Responsabilidad Social en Radio y Televisión, cuyos efectos podrán analizarse en el próximo estudio. Es fundamental aclarar que, como la presente investigación no persigue fines de valoración de las políticas de comunicación en ninguno de los países que forman el corpus del trabajo, consecuentemente, tampoco se ensayará sobre aspectos valorativos que, siendo fudamentales (tanto en Venezuela como en otros países de la región), el tipo de estudio emprendido con su marco teórico y metodológico no permite desarrollar.

Estructura del mercado

El mercado venezolano de industrias infocomunicacionales se ubica en el promedio latinoamericano. Corresponde aclarar que la presente investigación no logró reunir los datos necesarios para componer un informe exhaustivo de Venezuela, y que algunas de las informaciones de base carecen de la validación y de los controles aplicados en el resto de los países.

Con la precaución del caso, entonces, se presentan los indicadores básicos de las industrias estudiadas.

Los sectores que manifiestan un crecimiento del acceso en el lapso 2000 y 2004 son Internet, la industria discográfica, la telefonía móvil y el cine. El resto de las actividades se mantiene estable en la comparación del período, habida cuenta de la necesaria precaución por el margen de error en el que puede incurrirse en el caso venezolano.

Venezuela	Facturación (millones de dólares U$A)	Ejemplares vendidos/ conexiones	Cada 1000 hab.	Acceso comparativo 2004/2000 (en %)
Libro			s/d	s/d
Disco	8906250	1900000	72,2	149,8
Cine	45781250	18900000	718,6	29,9
Prensa	310612000	320000000	12167,3	46457,9
Radio	77000000	4261840	162,0	-11,0
TV (publicidad)	1402519583	5.600.000	212,9	10,5
TV de pago	239900000	759419	28,9	-10,3
Telefonía Básica	1310074772	3346000	127,2	18,5
Telefonía Móvil	1791154533	8413007	319,9	42,1
Internet	94800000	3040000	115,6	817,8
Subtotal IC	2084719083			
Total	5280748388	366220266		
PBI	120.068.000			
PBI *per capita*	4565,3			
% IC en PBI	1,74			
% Soc Info en PBI	4,40			
Población	26300000			

Las industrias culturales aportaron en 2004 el 1,74% del Producto Bruto interno de Venezuela, incrementando levemente su participación respecto del registro del año 2000 (1,62%). Sumadas las telecomunicaciones, el sector infocomunicacional agregado genera el 4,40% del PBI del país. En este caso, también se mantiene la proporción del año 2000.

En relación con la facturación de las diferentes industrias infocomunicacionales, la telefonía móvil es el sector más dinámico, ya que aporta el 33% de los ingresos, seguida por la televisión abierta con el 27%, la telefonía básica, que contribuye al 25%, y luego se ubican la prensa escrita (6%) y la televisión de pago (5%). La llamativa paridad de facturación entre la telefonía básica y la televisión abierta debe ser considerada en el marco de la general precaución con la que se planteó la presentación de la información sobre Venezuela, dado el carácter aproximativo y no concluyente de los datos incluidos en el presente estudio.

Facturación Venezuela 2004 por industria

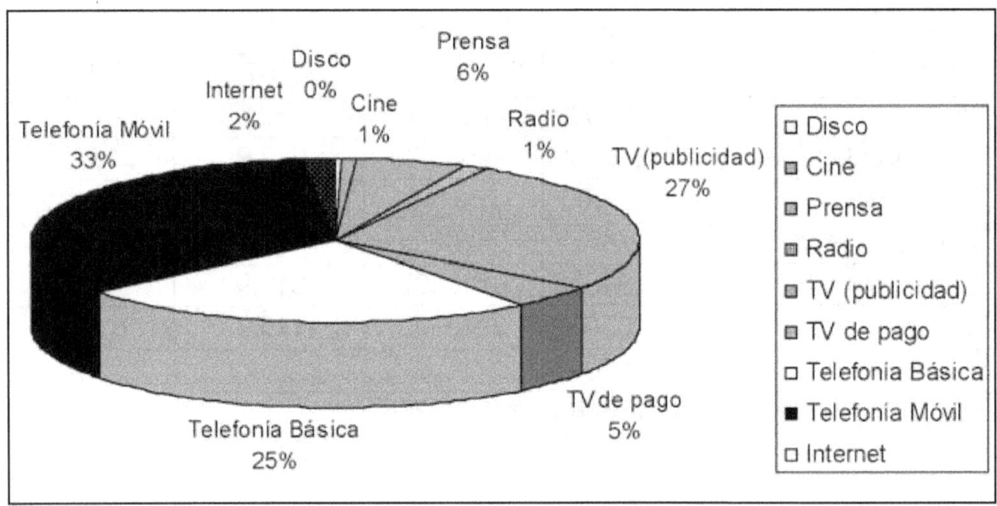

Prensa escrita

Los principales operadores del sector de prensa venezolana en 2004 eran los diarios *Meridiano* (25% de las ventas), *Últimas Noticias* (24%), *El Universal* (23%) y *El Nacional* (14,3%). Entre los cuatro controlaban el 86% de la circulación de diarios en 2004.

Operador	Ejemplares vendidos (cifra anual)	Porcentaje de circulación
A El Nacional	45.625.000	14,3%
B El Universal	73.000.000	22,8%
C Últimas Noticias	76.650.000	24,0%
D Meridiano	80.300.000	25,1%
Subtotal 4 diarios principales	275575000	86,1%
Total del mercado	320000000	100,0%

Televisión abierta

Entre Venevisión y RCTV sumaban el 67% de la audiencia televisiva venezolana en 2004. Junto a Televen y Globovisión el control del mercado de televisión abierta ascendía al 76,6%.

Operador	Porcentaje de audiencia
Venevisión	33,1%
RCTV	33,9%
Televen	6,5%
Globovisión	3,1%
Subtotal 4 emisoras principales	76,6%
Total del mercado	100,0%

Telefonía básica

La Compañía Autónoma Nacional de Teléfonos de Venezuela (CANTV) lidera el mercado de la telefonía básica al contar con el 83% de los abonos. En 2004 CANTV era una compañía privada y en 2007 sería adquirida por el Estado. Con una presencia inferior, Movistar controlaba el 15% del mercado en tanto que Digitel tenía una participación inferior al 2%. Entre CANTV y Movistar concentraban el 98% del mercado.

Operador	Cantidad de abonados	Porcentaje de mercado
A Cantv	2.787.602,00	83,3%
B Movistar	498.622	14,9%
C Digitel	53.543	1,6%
Subtotal 4 operadores principales	3339767	99,8%
Total del mercado	3.346.000	100,0%

Telefonía móvil

Tres empresas (Movistar, Movilnet y Digitel) dominaban en 2004 el sector de la telefonía móvil. Las dos empresas líderes eran Movistar, con el 45,4% de los abonos, y Movilnet, con el 37%. Digitel controlaba el 15,7% del mercado. Entre las tres compañías ejercían un dominio prácticamente total de la telefonía móvil.

Operador	Cantidad de abonados	Porcentaje de mercado
A Movistar	3.823.124,00	45,4%
B Movilnet	3.107.341,00	36,9%
C Digitel	1.322.093,00	15,7%
Subtotal 4 operadores principales	8.252.558,00	98,1%
Total del mercado	8.413.007	100%

▪ España

Por primera vez se incluye en el estudio el caso español, a efectos de comparar las tendencias generales de los países latinoamericanos con el mercado más potente de habla hispana en términos de volumen económico y acceso relativo.

Las condiciones de desarrollo de las industrias infocomunicacionales en contextos tan disímiles como el latinoamericano y el europeo convocan al ejercicio de la prudencia al momento de establecer comparaciones. No obstante, la existencia de mercados de tipo iberoamericano tanto por la producción y distribución de contenidos, como por la presencia de empresas de medios con asiento en varios países de Latinoamérica y en España (casi todas las grandes casas editoras de libros; el grupo periodístico Prisa; Televisa; O Globo; entre otras firmas) y la fuerte inserción de Telefónica de España en la región expresan procesos que es menester considerar aún dentro de la prudencia metodológica en el tipo de cruces comparativos que puedan realizarse.

En consecuencia, se presentará simplemente información general de los sectores infocomunicacionales de España y también los gráficos de resumen de las tendencias de concentración para luego proceder al capítulo final sobre el estado de la concentración infocomunicacional en los países analizados.

El PBI español, su constante crecimiento experimentado desde el inicio de la década del ochenta (hasta la fecha de consideración en el presente trabajo) que condujo a un importante proceso de desarrollo económico y social directamente vinculado con la unificación económica y política de Europa, y la lógica global de funcionamiento de varias de las actividades infocomunicacionales que España aprovechó para expandir su espacio de acción a Latinoamérica, potencian un panorama mucho más consolidado que el de los países de América latina.

Esa consolidación macroeconómica que fue acompañada por la sostenida ampliación del mercado de consumo y su complemento por la apertura a las fuerzas de mercado de importantes sectores de la economía, como es el caso de las telecomunicaciones a partir de la privatización de Telefónica en el primer lustro de la década del noventa, estimuló el crecimiento de grupos cuyo ámbito de expansión y operaciones incluye toda Iberoamérica. Los principales grupos con sede en España son: Telefónica, Prisa, Vocento, Planeta, Recoletos o Zeta.

Cuadro comparativo: industrias infocomunicacionales en España

España	Facturación (millones de dólares U$A)	Ejemplares vendidos/ conexiones	Cada 1000 hab.
Libro	3.582.405.120	237.067.206	5487,96
Disco	1.481.645.760	53.900.000	1247,75
Cine	855.446.928	144.142.142	3336,80
Prensa	4.826.770.000	1.161.083.250	26878,37
Radio	671.300.000	14.385.479,49	333,02
TV	4.967.000.000	14.675.576	339,73
TV de pago	2.104.600.000	3.217.166	74,48
Telefonía Básica	20.856.109.680	18531806,44	429
Telefonía Móvil	19.840.116.912	39525880,86	915
Internet	2.195.800.000	8154696	188,78
Subtotal IC	18.489.167.808		
Total	61381194400	1694683203	
PBI	992.043.600		
PBI *per capita*	22965,2		
% IC en PBI	1,86		
% Soc Info en PBI	6,19		
Población	43.197.684		

Tanto en los valores de acceso *per capita* a las industrias infocomunicacionales, como en la facturación absoluta registrada en cada uno de los sectores estudiados, España presenta grandes diferencias con los países latinoamericanos. Las contadas excepciones a esta regla se sitúan en el caso de la facturación absoluta de algunos mercados de Brasil o México, que cuadriplican o duplican, respectivamente, el tamaño demográfico español; y el acceso en términos relativos a alguna industria en el caso de los países del Cono Sur (Chile, Argentina, Uruguay) que, en algún caso aislado muestran comportamientos similares a los de algunos países desarrollados (como la televisión por cable en la Argentina).

La observación de los ingresos generados por las industrias infocomunicacionales españolas revela que las telecomunicaciones contribuyen con el 67% del total, que la televisión abierta y la prensa escrita lo hacen con el 8% cada una y la televisión de pago con el 3%. Estos valores reflejan una estructura de ingresos general similar a la de los países del Cono Sur americano. Donde se diferencia España de América latina es en la industria del libro, precisamente porque en gran medida el sector, en Latinoamérica, se halla controlado por firmas españolas o que cuentan con sede matriz en territorio español.

Facturación España 2004 por industria

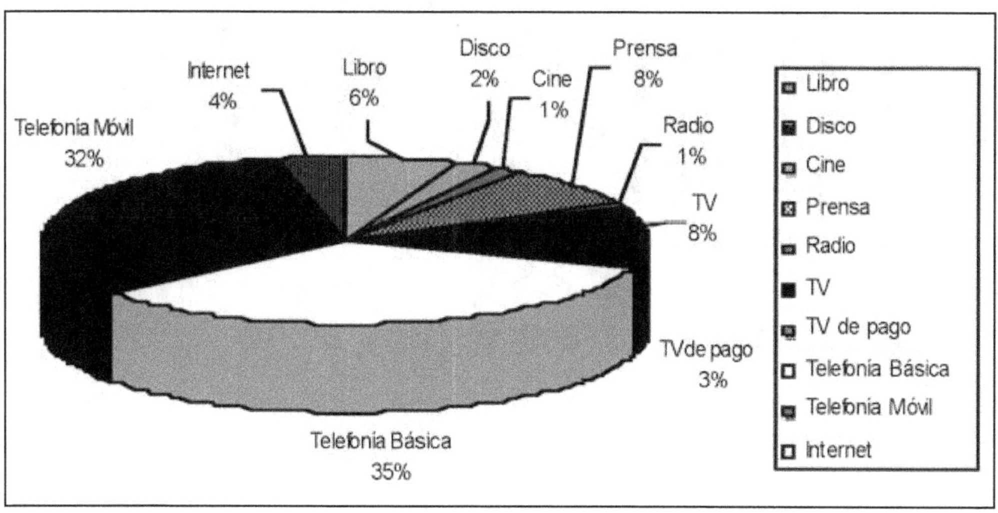

Tendencia de concentración

El promedio de la concentración de las industrias infocomunicacionales referidas en España en 2004 representa el 84% por parte de los cuatro primeros operadores en el caso del dominio de mercado; y el 74% en el caso de la facturación total relevada. Estos porcentajes superan con creces los niveles considerados "altos" por estudios internacionales en la materia (Albarran y Dimmick, 1996).

Por otro lado, el promedio de concentración del primer operador era del 42% en el caso del dominio de mercado (audiencias), algo inferior al promedio de los países incluidos en el estudio. El nivel de concentración por facturación, por parte del primer operador, fue en promedio del 45%, correspondiéndose así con el porcentaje de dominio de mercado señalado.

Las telecomunicaciones son el sector de mayores niveles de concentración, aunque si se consideran los 4 primeros operadores casi todas las industrias (con la excepción de la prensa escrita) demuestran índices que oscilan entre el 80 y el 90%.

España: índice de concentración

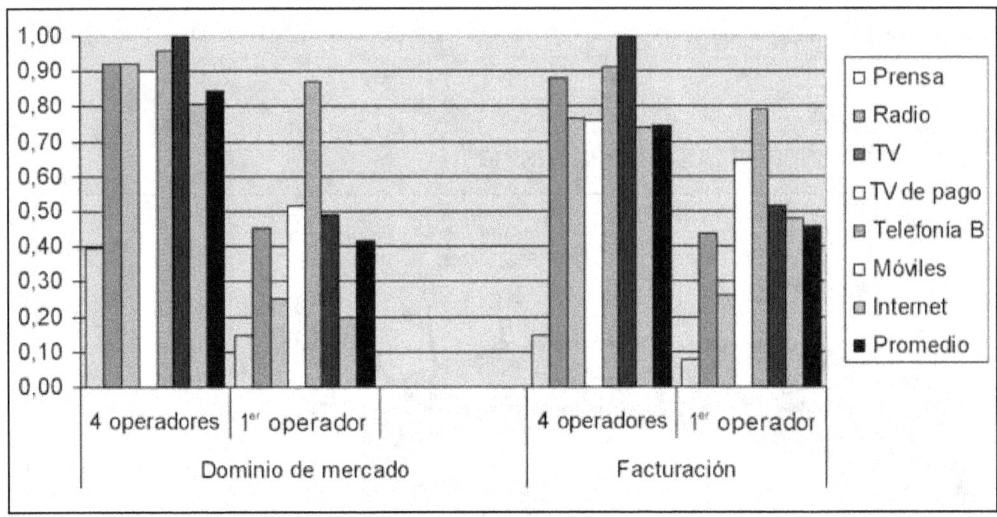

CAPÍTULO 5

La concentración de medios en Centroamérica[4]

"Por su importancia en términos de democracia, conviene subrayar la enorme influencia que los grupos de poder económico ejercen a través de los medios de comunicación social, la mayoría de los cuales están bajo control directo o pertenecen a grupos nacionales con los cuales tienen buenas relaciones y afinidades. A través de los medios de comunicación estos grupos hacen aparecer sus agendas particulares como agendas nacionales y tratan de influir sobre la opinión pública sobre políticas que ellos consideran críticas para sus intereses. Además, la influencia sobre los medios de comunicación y la ausencia de legislación efectiva que regule el acceso a los medios, les permite a los grupos de poder económico marginar a las voces que cuestionan la orientación general de la política socioeconómica. Como resultado, en algunos países del área ha disminuido la calidad del debate público sobre temas económicos, lo que a su vez ha influido negativamente en la legitimidad de las políticas públicas implementadas".

Alejandro Segovia, 2005

Que un trabajo sobre los procesos de integración económica en Centroamérica haga referencia específica al papel de los medios de comunicación puede resultar sorprendente para alguien que no sea conocedor de la región. Mucho más si la referencia es a la concentración de la propiedad de los medios y el complejo entramado de intereses que existe entre el poder político, el económico y el mediático. Sin embargo, para quienes transitan la cotidianidad centroamericana, no sólo no debería llamarle la atención sino que es

---

[4] La investigación que se presenta a continuación se asienta en un trabajo anterior realizado para comprobar el nivel de concentración en la propiedad de los medios en Sudamérica y México (Mastrini y Becerra, 2006), y que se actualiza en el presente volumen.

probable que le resulte lógico. Posiblemente no haya otro lugar en América donde los medios de comunicación hayan alcanzado un lugar tan determinante para la agenda política y económica. Desde elecciones de candidatos a presidentes (luego electos) realizadas en reuniones de directorio de un periódico a las rectificaciones de algunos aspectos de la política económica, todo puede tener lugar en las muy poderosas corporaciones mediáticas.

Los medios de comunicación son actores centrales de la compleja realidad de Centroamérica. Luego de décadas de predominio de gobiernos autoritarios, de múltiples dictaduras y enfrentamientos armados al interior de los países, desde la década del 90 se asiste a un período de mayor estabilidad política. El paso a sistemas formalmente democráticos ha permitido superar también los casos más flagrantes de persecuciones físicas a periodistas. Sin embargo, el ejercicio del periodismo de investigación en la región es, con honrosas excepciones, otra de las deudas que el sistema tiene para acentuar una sociedad más democrática.

Uno de los mayores desafíos que enfrenta Centroamérica es el de insertarse en un mundo que tiende a la globalización económica desde una posición que aún presenta niveles de desigualdad estructural y pobreza propios de la premodernidad. Como señala el informe "Tendencias 07" (Fundación Telefónica, 2007a): "Se ha fortalecido la integración en los últimos 15 años. La integración ha producido beneficios en términos de inversión, empleo y mejor aprovechamiento de las capacidades productivas regionales, así como el impulso de la incorporación regional en el mercado internacional. Sin embargo tal proceso de integración ha hecho más visibles las problemáticas que obstaculizan el desarrollo democrático de la región, entre otras, destacan las grandes desigualdades sociales y económicas en las estructuras de población de estos países y el cambio en la correlación de fuerza políticas a favor de los grupos económicos regionales y las empresas trasnacionales".

En la actualidad se asiste a una sutil puja entre los intereses contradictorios de las elites económicas locales y las grandes corporaciones mundiales que operan en la región. El informe sobre integración regional ya citado (Segovia, 2005) indica que de las 100 mayores empresas en Centroamérica, 56 son norteamericanas, 28 europeas, 9 asiáticas, 5 latinoamericanas (una de Costa Rica) y 2 de Canadá. En el sector infocomunicacional se observa una creciente disputa entre los propietarios nacionales de los medios y las dos grandes empresas telefónicas que operan en la región América Móvil, de Carlos Slim, y Movistar de Telefónica. Con dificultades para concentrarse aún más, los primeros no dudan en usar sus fluidos contactos con el poder político para ralentizar el ingreso de las "telcos" al sector de medios. El escenario convergente de las telecomunicaciones y el audiovisual y la gran capacidad económica de las segundas les permiten entrar en nuevos mercados, recientemente el de la televisión por cable. Resta ver si los pocos grupos de medios que tienen alcance regional (La Nación de Costa Rica, Amnet, y Ángel González con base en Guatemala) alcanzan economías de escala que le permitan profundizar su internacionalización.

Un factor que acompaña la compleja inserción de Centroamérica en el proceso globalizador es el cambio del modelo económico en la región. El tradicional modelo exportador de materias primas, especialmente del sector agropecuario, ha dado paso a un modelo más diverso, en el que aparece una tibia industrialización (maquila) y un mayor protagonismo del sector servicios, con una importante incidencia del turismo. Este cambio trae aparejados desafíos para los dueños de los medios dado que existe una estrecha relación entre los propietarios de los medios y las "ex" oligarquías "terratenientes" nacionales. Como se ha visto, las clases hegemónicas locales procuran aprovechar su influencia sobre el poder político a efectos de mantener su situación privilegiada en el nuevo entorno económico. Los medios de comunicación han acompañado el proceso de cambio de modelo y la integración regional, con intervenciones que simultáneamente resguardan los intereses de los grupos locales, en aquellas ocasiones que se enfrentan a los de los grandes capitales transnacionales.

Si bien han transcurrido más de 15 años de una precaria estabilidad democrática en todos los países de la región, la capacidad de la sociedad civil para instalar sus demandas es susceptible de importantes mejoras. Por otra parte la estructura sindical es sumamente deficitaria. En los últimos años numerosas Organizaciones No Gubernamentales (ONG) y entidades de cooperación internacional han logrado generar mayores niveles de participación de la sociedad civil. Estas acciones dan cuenta de la preocupación de las organizaciones sociales de ampliar los debates e incluir nuevos temas vinculados con los derechos humanos, la libertad de expresión y el acceso a la información pública. Los medios de comunicación no siempre han acompañado estas iniciativas, aunque no han podido desconocer completamente la nueva agenda.

Los principales medios de comunicación han sido y son proclives a reflejar los intereses de las clases hegemónicas, los sectores empresariales y terratenientes.

Durante décadas las principales diferencias entre los medios se limitaban a reflejar las disputas al interior de los sectores dominantes. El escenario más complejo de los últimos años ha generado una mayor diversidad en la cobertura mediática, que de todas formas sigue estrechamente vinculada con los grupos de poder.

El mercado de medios de comunicación es pequeño, comparado con el resto de América latina y se concentra generalmente en las capitales de cada país. La radio es el medio que presenta mayor penetración en los hogares centroamericanos. Sin embargo es claramente el menos importante económicamente. El sector radiofónico es el que menos ingresos genera por venta de anuncios publicitarios. De todas formas los bajos costos de producción de la radio le permiten ser el que cuenta con mayor cantidad y diversidad de medios. Por el contrario, la televisión es el medio con mayor poderío económico y acapara en la mayoría de los países centroamericanos más del 50% de la inversión publicitaria. A la vez es el medio donde se podrá verificar los mayores niveles de concentración de la propiedad. Finalmente, la prensa escrita se destaca por su decisiva influencia en la generación de la agenda informativa. Predominan los diarios de circulación nacional producidos en las capitales de los países.

En términos generales acordamos con Rockwell y Janus (2003), quienes señalan que la presencia y cantidad de medios existentes en la región no necesariamente garantiza su desarrollo cualitativo. El sector de los medios de comunicación presenta un déficit importante tanto en su calidad como en su aporte a la construcción de la democracia en la región.

Por su parte las telecomunicaciones presentan un espectacular desarrollo en los últimos 10 años. Si bien la telefonía básica mantiene índices de penetración muy bajos, sin que se aprecien indicios de una tendencia al crecimiento, la telefonía móvil ha tenido un impactante crecimiento en un plazo muy corto. En este sector, con la excepción hasta el momento de Costa Rica, es decisiva la participación del capital extranjero, a diferencia de los medios de comunicación donde predominan ampliamente los empresarios locales.

También en los últimos años ha comenzado el lento despegue de Internet. Todavía los índices de conectividad muestran niveles muy bajos, aunque se aprecia el desarrollo de portales de Internet especialmente dirigidos para los centroamericanos que viven en el exterior.

En relación con la estructura poblacional, Centroamérica es un conjunto de pequeños países con un número relativamente bajo de habitantes. La sumatoria de la población de los siete países no alcanza los 50 millones de personas, con cifras que van de los 3 a los 12 millones de personas. Este hecho dificulta el establecimiento de economías de escala, tan importantes para el rendimiento económico de los medios. Pero además, si se considera que de acuerdo con las estadísticas del PNUD una parte importante de la población se encuentra marginada del consumo de bienes y servicios por cuestiones económicas, el tamaño de la mayoría de los mercados queda acotado a dimensiones muy pequeñas. Como se podrá apreciar más adelante, los productos culturales que tienen acceso masivo son aquellos que no implican pago directo para acceder a los mismos, como la radio y la televisión. En este sentido, Centroamérica se halla en desventaja en relación con otros países latinoamericanos donde se encuentran mercados de gran tamaño (como Brasil y México), o con una estructura socioeconómica con menores niveles de inequidad en el acceso a bienes culturales (Uruguay, Argentina).

La densidad de habitantes es muy despareja en la región. En todos los países la ciudad capital concentra un elevado porcentaje de la población del país. La estructura demográfica ayuda a explicar el problema de la concentración geográfica, hecho que determina una fuerte desigualdad en la oferta de bienes y servicios infocomunicacionales entre los habitantes de las grandes ciudades que contaban con disponibilidad y diversidad de los mismos, y los del resto del país que carecían de la posibilidad de acceder incluso a los más básicos. Si bien la aparición de las llamadas nuevas tecnologías de la información y la comunicación permitió que la oferta se expandiese territorialmente, su acceso en este caso queda condicionado a la capacidad de pago. Por otra parte la topografía de la mayoría de los países, que si bien son pequeños en extensión son atravesados por cadenas montañosas, tampoco contribuyen a facilitar las comunicaciones.

Deben agregarse otros dos factores que también afectan seriamente el desarrollo de industrias culturales fuertes. Por una lado el bajo nivel de alfabetización de la población. Si se exceptúa a Costa Rica y Panamá, en el resto de los países analizados al menos un cuarto de la población queda automáticamente excluida del acceso a los recursos comunicacionales que requieran de una alfabetización básica. Por otra parte, si bien en los últimos años se ha acentuado el proceso de migración interna hacia las ciudades, todavía los índices de población rural son elevados. Cabe recordar que la estructura económica de la mayoría de los medios de comunicación (con la excepción de la radio rural, de recursos muy modestos) está vinculada con los grandes centros urbanos.

Tabla 1: estructura sociodemográfica				
Año 2004	**Población**	**Hab. por km. 2**	**% alfabetización**	**% población rural**
Costa Rica	4.284.481	83	96%	59%
El Salvador	6.757.000	312	85%	60%
Guatemala	12.389.000	113	69%	70%
Honduras	7.174.000	64	75%	52%
Nicaragua	5.142.092	43	78%	56%
Panamá	3.172.000	42	92%	70%
Rep. Dominicana	8.791.200	194	84%	64%

Por otra parte, si bien la estructura económica de la región ha experimentado un crecimiento en los últimos años, la situación dista de satisfacer al conjunto de la sociedad. Por un lado debe considerarse que el PBI de la mayoría de los países es muy modesto, y el producto bruto *per capita* es muy bajo en comparación con los países desarrollados. Es especialmente bajo en el caso de Honduras y Nicaragua. Por otra parte, existe una marcada desigualdad en la distribución de la riqueza en Guatemala, El Salvador, Honduras, Nicaragua, y República Dominicana, lo que deriva en la existencia de importantes bolsones de pobreza e indigencia.

Tabla 2: PBI		
Año 2004	**PBI Total (millones U$S)**	**PBI *per capita* (U$S)**
Costa Rica	18.592	4.376
EL Salvador	18.573	2.657
Guatemala	27.500	2.200
Honduras	6.901	962
Nicaragua	4.496	799
Panamá	13.700	4.325
Rep. Dominicana	29.333	3.247

Si se analiza el PBI *per capita* en los países centroamericanos, se distingue que dos de ellos, Costa Rica y Panamá, alcanzan niveles similares a los de los países de desarrollo medio, mientras que otros tres como República Dominicana, El Salvador y Guatemala, se encuentran en un nivel medio-bajo. Es preciso recordar que en estos casos, el PBI *per capita* sólo refleja la magnitud económica del país, pero no cómo se distribuyen los bienes en su interior. Finalmente, los casos de Honduras y Nicaragua presentan estructuras económicas muy empobrecidas. Es importante considerar la estructura socioeconómica dado que el escaso desarrollo económico resulta un condicionante clave para el progreso de las industrias infocomunicacionales.

De una u otra forma, sea por las tradicionales barreras geográficas, las dificultades económicas, la inequidad en la distribución de los recursos, o por las nuevas barreras vinculadas con el arancelamiento de los bienes y servicios infocomunicacionales, el acceso de la población a los mismos se presenta muy limitado en la región, comparado tanto con otros países de Latinoamérica, como con los países desarrollados.

Si bien el dinamismo de algunos de los mercados infocomunicacionales investigados implica que, en algunos casos, los datos obtenidos no reflejen cabalmente la situación actual[5], la decisión de concentrar el estudio en el año 2004 permite establecer rangos comparativos generales y focalizar la atención en un período donde hay mayor disponibilidad de información. En general, el relevamiento y procesamiento de la información en los países de la región considerados suele demorarse, además de ser de difícil acceso.

La estructura de medios

Luego de haber estudiado la estructura de los medios centroamericanos la primera conclusión es que no existen demasiadas sorpresas en relación con el nivel de concentración de la propiedad de los mismos. Si los escasos trabajos previos indicaban la existencia de un muy alto nivel de concentración de la propiedad del sistema de información y entretenimiento, estos datos fueron ampliamente corroborados. Por otra parte, también se ha po-

---

[5] Los casos de la telefonía móvil e Internet son los que, por su rápida expansión, presentarán mayores diferencias en los datos del año 2004 respecto de la situación actual.

dido verificar un alto grado de integración entre los intereses de las elites económica, política y mediática. Como ha señalado el informe Tendencias la concentración mediática tiene un fuerte correlato con la estructura social y económica. A la vez, una situación que sí resulta novedosa está marcada, desde la década del '90, por la continuidad de gobiernos surgidos de elecciones que garantizan niveles básicos de transparencia y pluralismo. Sin embargo, esa situación esperanzadora ha implicado una modificación en la relación entre los medios de comunicación y el poder político. En efecto, desde que se alcanzara mayor estabilidad institucional, se han incrementado los casos de personas directamente vinculadas con la propiedad de los medios que se lanzan a la carrera política, incluyendo a varios candidatos presidenciales, algunos de ellos electos. Si bien esta práctica encuentra algunos antecedentes en épocas autoritarias, cabe preguntarse en qué medida la posesión de medios se torna un factor clave para la actividad política. Y en este sentido cobra mayor importancia aún el estudio de la concentración en la propiedad de los medios.

Otra continuidad está dada por la enorme opacidad de los medios de comunicación a la hora de brindar información sobre sus intereses políticos y económicos. Ha sido muy difícil conseguir datos claros y certeros sobre la estructura de propiedad del sistema comunicacional. La información que se ha vertido en este libro es producto de varias verificaciones cruzadas que permiten confiar en su veracidad pero no en su absoluta certeza. Por otra parte, en muchos casos ha sido brindada por fuentes que han pedido estricta reserva de identidad. Las agencias estatales y los organismos reguladores son, en la mayoría de los casos, aún menos transparentes que en el caso sudamericano. La información que brindan es muy fragmentada y carente de una mínima sistematización.

Otro elemento que no ha resultado sorprendente es la marcada centralización geográfica de los medios centroamericanos. Especialmente en el caso de la prensa y la producción televisiva existe una altísima concentración de la ubicación de los medios en las ciudades capitales. Dado el carácter comercial de los medios, y su dependencia del financiamiento publicitario, sólo en las grandes urbes se alcanzan las escalas productivas necesarias para lograr un equilibrio económico. El resto del país queda condicionado a recibir la información y los productos culturales del centro. De esta manera la riqueza y la diversidad cultural de los países se ven amenazadas.

Este problema se ve incrementado por la carencia de medios públicos fuertes e independientes del poder político que pudieran brindar una programación más balanceada. En términos generales se observa la escasa presencia de los medios estatales.

En la estructura del mercado de medios no se observan grandes cambios desde la irrupción de la televisión. Este medio se ha tornado en el más importante económicamente y en términos de audiencia en los grandes centros urbanos. La prensa ha perdido una parte de su participación en relación con los ingresos publicitarios pero mantiene un fuerte peso en la definición de la agenda periodística. Se destaca la escasa presencia cuantitativa de la prensa escrita en la mayoría de los países. La radio es el medio de menor importancia económica, pero es el que garantiza su llegada al conjunto de la población, incluso en las zonas menos densamente pobladas. También en términos cuantitativos es el medio más importante: el número de emisoras de radio supera ampliamente la cantidad de diarios y televisoras, dado que sus costos de producción y funcionamiento son muy bajos.

El mercado publicitario oscila entre 650 y 700 millones de dólares. Los países con mayor gasto en publicidad son Costa Rica, Guatemala, Panamá y República Dominicana, seguidos en un segundo orden por El Salvador y Honduras, mientras que el mercado nicaragüense es mucho más pequeño que el resto. En promedio, se calcula que la inversión publicitaria representa entre el 1 % y el 2 % del PBI de la región. Como se ha indicado, la televisión abierta y generalista es la que recibe el mayor flujo de la inversión publicitaria, seguida por la prensa. La televisión abierta es, consecuentemente, el sector que mayor facturación aporta al conjunto de las industrias culturales y la más importante de ellas en términos económicos.

Como última conclusión general cabe destacar la lenta incorporación de las nuevas tecnologías de la información y la comunicación. Con la excepción de la telefonía móvil, en el año 2004 todavía eran pocos los centroamericanos que disponían de computadora y acceso a Internet en sus hogares y la penetración de la banda ancha se observaba extremadamente baja. Si bien en los últimos años existieron algunos proyectos para promover la difusión de estas nuevas tecnologías el proceso se daba de forma más pausada que en la mayoría de los países de América latina.

Los mercados infocomunicacionales

En los últimos años del siglo XX tuvieron lugar diversos cambios económicos y políticos. Los acuerdos de paz establecieron un piso elemental para que la región iniciara un lento pero constante proceso de crecimiento. Dicho proceso implicó además cambios en la estructura económica, con un proceso de diversificación a partir del desarrollo del comercio, el sector bancario e incluso servicios como las telecomunicaciones. Pese al incipiente proceso de desarrollo no se observan por ahora importantes modificaciones en la estructura social, debido a que las políticas de distribución de la riqueza o bien has sido insuficientes o bien no han existido.

Por el contrario, la influencia norteamericana se manifestó en la aplicación de las políticas impulsadas por el llamado "Consenso de Washington", que impulsó la transferencia de los estados nacionales de empresas y activos, especialmente en el sector de las telecomunicaciones, y se consolidara el predominio del mercado en la producción y distribución de bienes y servicios culturales y comunicacionales.

En relación con el objeto de la presente investigación, cabe destacar que, si bien algunos índices de acceso tecnológico mostraron crecimiento en los 90, también se aprecia que la posibilidad de un consumo cultural diversificado queda limitada a una porción minoritaria de la población, agravándose la fractura sociocultural en función del tipo de acceso de diferentes sectores sociales a los bienes simbólicos.

En este marco, el principal crecimiento del acceso se verifica en el sector telefónico, mientras que los consumos culturales masivos se vinculan principalmente con aquellas industrias que no exigen un pago directo, como la radio y la televisión. En el caso de la telefonía, sólo se aprecia un vertiginoso crecimiento en el sector de los teléfonos móviles, vinculados en un altísimo porcentaje con sistemas de tarjetas prepagas. Si bien ello implica una importante mejora de las condiciones de acceso a servicios telefónicos, es preciso a la vez llamar la atención a las limitaciones que presenta dicho sistema para el despliegue de telefonía de tercera generación, con una gama de servicios mucho más amplia que la mera transmisión de voz.

Como en el resto de América latina, también en Centroamérica el sector privado tuvo una clara supremacía sobre el Estado en la producción y distribución de los productos culturales. Esta primacía derivó en una fuerte influencia del financiamiento publicitario de los medios masivos de comunicación.

Debido a la fuerte desigualdad económica existente, pero especialmente al significativo porcentaje de la población que se halla en condiciones de pobreza y extrema pobreza, las ramas de la producción cultural no vinculadas con el soporte publicitario muestran un desarrollo sustantivamente menor. De esta forma se verificó un consumo acotado a los medios masivos en las clases populares y un consumo de mayor diversidad en las clases más acomodadas. La expansión del mercado en los '90 no parece haber modificado sustantivamente esta característica.

El sector telefónico es el más importante del sector infocomunicacional, y en los casos donde fue posible contar con datos, su volumen de facturación supera a la del conjunto de las industrias culturales (véase Tabla 1).

Tabla 1: Facturación de las industrias culturales (prensa, radio, televisión abierta y de pago) y de las telecomunicaciones en la región. Millones de dólares

Tabla 1	Ind. Culturales	Ranking	Telecomunicaciones	Ranking	Total	Ranking
Costa Rica	107,70	6	426,76	5	451.36	5
El Salvador	265.32	3	Estimado 630,00	3	895,00	3
Guatemala	486,19	1	Estimado 830,00	2	1316,00	1
Honduras	177,53	5	Estimado 180,00	6	357,00	6
Nicaragua	82,18	7	104,41	7	186,59	7
Panamá	245,56	4	515,00	4	760,56	4
Rep. Dom.	270,66	2	964,00	1	1234,66	2

Hay que subrayar que, si bien el financiamiento publicitario es uno de los principales generadores de recursos económicos (además del pago directo por el consumo telefónico), el tamaño del mercado publicitario es muy pequeño. Si se comparan los 700 millones de dólares anuales de la región con los que consigna el informe "Advertising expenditure forecast", editado por al consultora Zenith Optimedia para 2004, queda claro su reducido tamaño. 700 millones frente a los 168.000 millones de Estados Unidos y Canadá, los 104.000 millones de Europa, o incluso de los 15.000 de América latina en su conjunto. En dicho informe mundial sobre la inversión publicitaria sólo se destaca Panamá por el alto porcentaje que ocupa la publicidad en relación con el PBI del país, que alcanza el 1,61% ocupando el tercer lugar en el mundo.

De acuerdo con la facturación total (publicidad y ventas) de las industrias culturales, se destaca Guatemala con casi 500 millones, que alcanza el primer lugar gracias al alto impacto que tiene el mercado televisivo en dicho índice. En un rango medio se ubican países como República Dominicana, Panamá y el Salvador, que obtienen entre 200 y 300 millones, mientras que en Honduras, Costa Rica y Nicaragua, la facturación registrada no alcanza los 200 millones para el año 2004. Es preciso recordar en este punto que la disparidad de la muestra obtenida y de las fuentes de las que proceden los datos originales, pueden relativizar levemente la comparación, aunque la labor de validación efectuada y las observaciones de colegas y especialistas en los distintos países permiten apreciar a la muestra como suficientemente representativa de lo que ocurre en la región. También es preciso recordar que, en este caso, no pudo ser relevada la información sobre ingresos provenientes de los sectores del libro, el disco y el cine.

Acceso

Como se señaló en el párrafo anterior, no fue posible en la investigación acceder a los datos de los sectores del libro, el disco y el cine. En el caso del libro, se recabó un crecimiento de la industria editorial en República Dominicana, mientras que en el caso del cine se verifica un pequeño crecimiento en Costa Rica, especialmente por participar en fondos de coproducción iberoamericanos como Ibermedia. Del sector del disco, los registros de la Federación Internacional de la Industria Discográfica (IFPI por sus siglas en inglés) dan cuenta de la venta de 3 millones de unidades de discos compactos para toda la región centroamericana (sin República Dominicana). El mero hecho de que no existan registros discriminados por país muestra la poca importancia que se le asigna a la región en la industria. Si se considera que en el año 2004 la región tenía más de 38 millones de habitantes, un simple cálculo basta para verificar que menos de uno de cada 10 centroamericanos compra un CD una vez al año. Sí es importante considerar que en los propios archivos de la IFPI se destaca la enorme incidencia que tienen las ventas por canales no formales, que evidentemente no son registrados. La IFPI calcula que el 50% del acceso a la música grabada se produce por ventas en circuitos informales.

En el resto de los sectores, en términos de acceso se verifica un panorama muy diverso en los distintos países analizados en la investigación. Como se ha planteado, se aprecia la presencia cotidiana y gratuita de la radio y la televisión en los hogares centroamericanos. De todas formas se destaca que en el caso de Honduras y Guatemala la cantidad de aparatos de televisión es muy baja de acuerdo con las estadísticas recogidas. Por el contrario, en El Salvador y Costa Rica la presencia de la televisión supera a la de un aparato por hogar en promedio, mientras que en Honduras existe la más alta penetración relativa de la radio.

Al pasar a analizar los medios de comunicación que implican desembolso de dinero para su acceso, la situación cambia radicalmente. En el caso de la prensa se destacan Panamá y Costa Rica. Pese a que son países menos poblados que otros como Guatemala y República Dominicana, en varios rubros alcanzan los mayores índices de penetración total. De esta forma, se ratifican conclusiones alcanzadas en investigaciones realizadas en años anteriores (Mastrini-Becerra, 2006) en el sentido de que el acceso a los bienes infocomunicacionales onerosos, está directamente relacionado con la capacidad económica del país y especialmente con la distribución de la riqueza.

El acceso a la televisión de pago es muy bajo en toda la región. Si bien en los últimos años se ha registrado un crecimiento importante del sector, para el 2004 la cantidad de abonados, tanto absoluta como cada mil habitantes, era sustantivamente menor a los indicadores observados para el resto de América latina. La principal diferencia radica en que se trata de una rama cuyo desarrollo masivo tuvo lugar en la década del '90 en la región (pese a que sus antecedentes pueden hallarse a finales de los sesenta en los países pioneros). Por consiguiente, su estructura económica está directamente vinculada con el mercado y con el pago directo de los consumidores. En parte por su juventud y en parte por su costo, es la industria cultural con menor índice de penetración.

Finalmente, el acceso a los servicios de telecomunicaciones es todavía muy bajo. Pese a los procesos de privatización desarrollados en casi todos los países centroamericanos el número de líneas fijas sigue siendo muy bajo. En la mayoría de los países la telefonía fija se mantuvo estancada, debido a que los principales operadores centraron sus esfuerzos en el despliegue de la telefonía móvil. Paradójicamente, o no tanto, el único país que mantiene el monopolio estatal sobre la telefonía básica, Costa Rica, es el que presenta el mayor índice de penetración telefónica de América Central. Este dato cobra mayor dimensión si se considera que en América del Sur el único país con monopolio estatal (Uruguay) también es el de mayor cantidad de líneas fijas instaladas cada 1.000 habitantes.

Precisamente la telefonía móvil ha sido el único sector de los estudiados que ha mostrado un significativo incremento. De hecho puede señalarse que su crecimiento exponencial se ha mantenido incluso después de 2004, año de nuestro estudio. Si bien todavía no es posible hablar de un acceso universal, los índices de penetración soy muy elevados. De hecho en todos los países estudiados, con la excepción de Costa Rica, en el año 2004 existían más líneas móviles que fijas. Claro que este fenómeno ha sido posible a partir de la introducción de mecanismos de prepago, que permiten a los usuarios controlar notablemente el gasto.

Finalmente, en el caso de Internet, se destaca una bajísima penetración de Internet en los hogares centroamericanos. Sólo en el caso de Costa Rica se aprecian indicadores que permiten hablar de un acceso que trasciende a la elite del país. Particularmente en los casos de El Salvador, Guatemala y Honduras, el acceso a Internet en el año 2004 era todavía extremadamente bajo, con menos del 1 % de los habitantes con acceso directo.

El conjunto de datos sobre el sector de las telecomunicaciones cobra mayor importancia si se consideran los discursos existentes que proclaman el advenimiento de una Sociedad de la Información, donde la conectividad constituye un elemento central en la obtención/construcción de la ciudadanía.

Cuadro 1: Acceso al sector infocomunicacional cada 1000 habitantes en la región

	Costa Rica	El Salvador	Guatemala	Honduras	Nicaragua	Panamá	Rep. Dominicana
Prensa	20.671	12.424	15.343	Sin datos	6.791	23.488	8.968
Radio	198	989	132	160	Sin datos	179	293
TV	492	618	98	78	136	166	201
TV de pago	29	24	27	80	12	20	69
Telef. Básica	814	131	91	54	42	134	106
Telefonía Móvil	217	279	256	99	218	370	288
Internet	204	9	4	3	27	62	12

Cuadro 2: Acceso total al sector infocomunicacional

Acceso total	Costa Rica	El Salvador	Guatemala	Honduras	Nicaragua	Panamá	Rep. Dominicana
Prensa	87.822.000	83.950.000	190.080.000	Sin datos	34.920.000	74.503.435	78.840.000
Radio	842.000	6.683.768	1.633.186	1.146.103	Sin datos	568.564	2.580.000
TV	2.090.875	4.177.355	1.214.184	561.357	699.713	525.979	1.765.000
TV de pago	122.500	164.000	330.000	573.000	60.000	65.000	602.291
Telef. Básica	3.458.263	888.000	1.132.000	387.314	214.400	424.000	936.155
Telef. Móvil	921.920	1.883.000	3.168.000	707.201	1.119.000	1.174.000	2.534.063
Internet	866.506	61.240	51.000	22.227	140.000	196.000	106.296

Facturación

Si se contempla la situación en un plano comparativo, la facturación en lugar del acceso, se observa el mayor volumen económico de las telecomunicaciones respecto de los medios de comunicación. Lamentablemente no ha sido posible obtener datos precisos de la facturación telefónica en tres países, hecho que determina que una parte de la comparación quede trunca, dado que los números que presentamos para Guatemala, El Salvador y Honduras son estimativos ya que fueron calculados del cruce de los balances de las empresas, que tienen criterios estadísticos y contables disímiles.

Si se analiza la facturación global de los medios de comunicación se destacan por su importancia Guatemala, República Dominicana y El Salvador. Costa Rica y Panamá ocupan un lugar intermedio, mientras que los niveles de ingresos generados por los medios son bajos en Honduras y, especialmente, Nicaragua.

Si se considera la facturación por habitante, se destaca Panamá con altos índices de inversión publicitaria, que incluso se destaca en las estadísticas mundiales por la gran cantidad de dinero invertido en publicidad por habitante. Guatemala ocupa el primer lugar por el volumen absoluto de la inversión publicitaria, pero dado que es también el país con mayor población, la inversión publicitaria *per capita* se moderada. Tanto por los valores absolutos como por los valores por habitante, Nicaragua presenta las industrias culturales más modestas de la región. Costa Rica, República Dominicana y El Salvador presentan indicadores medios en relación con los ingresos *per capita* en materia de publicidad.

El balance general indica que al tratarse de países con baja cantidad de habitantes, de los cuales una importante cantidad se halla sumida en condiciones de pobreza y extrema pobreza, sus condiciones demográficas y socioeconómicas no facilitan el desarrollo de industrias culturales fuertes. No es posible encontrar un sector cultural con gran capacidad de generar contenidos diversos y originales, debido a que el tamaño del mercado no alcanza las economías de escala necesarias para rentabilizar las inversiones necesarias. Por otra parte, tampoco existe una tradición de medios públicos fuertes que cumpla dicha tarea. Sí se aprecian industrias culturales medias, con capacidad de alcanzar a franjas de población con capacidad de pago y de explotar las dimensiones del mercado publicitario.

Como se ha señalado, aun con datos incompletos, estamos en condiciones de afirmar que la telefonía es el sector que aporta el mayor volumen de facturación, exhibiendo una dimensión económica sustantivamente mayor que las industrias culturales. Cabe consignar que esta diferencia entre las telecomunicaciones y las industrias culturales seguramente se acrecentó en los últimos años a partir de un fuerte incremento en el desarrollo de la telefonía celular.

No obstante, hay un elemento fundamental que matiza esta cuestión. En la mayoría de las industrias culturales relevadas, sólo ha sido posible obtener los ingresos por inversión publicitaria y por lo tanto los números consignados son menores a los reales. Por ejemplo en el caso de la prensa falta consignar en muchos casos los ingresos generados por la venta de ejemplares. También en el caso de la televisión de pago fue casi imposible contar con datos confiables de los ingresos generados durante el año 2004 en cada país. Sin dudas la televisión es la principal industria cultural por sus niveles de facturación, que en la región proviene mayoritariamente de la publicidad, por lo que sus cifras y, lo que es más importante, la relación entre magnitudes, no se ve alterada por esta ausencia de datos, con excepción del sector de la prensa escrita.

La capacidad económica de la televisión de pago es todavía menor. Si bien en los últimos años hay coincidencias que el sector ha entrado en una fase de crecimiento, variable según los países, encuentra su límite en la pobreza existente en amplias franjas de las sociedades centroamericanas.

Importancia económica

Si se analiza la importancia económica del sector infocomunicacional en relación con el Producto Bruto de los países, se aprecia que el sector condensa actividades cada vez más medulares en la estructura económica. Teniendo en cuenta estas limitaciones, no es osado afirmar que el aporte las industrias culturales al PBI se acerca al 2% como promedio en la región, aunque sólo Honduras supera dicha cifra. El sector de las telecomunicaciones registra una incidencia económica superior, y su aporte supera el 3% del PBI. También es preciso subrayar que dado que es muy difícil dimensionar el aporte económico de Internet, en muchos países no fue posible incluir su facturación en la presente investigación, aunque sin dudas contribuiría a aumentar la participación de las industrias infocomunicacionales en las economías nacionales en futuras mediciones.

188

Cuadro 3: Facturación total (en millones de dólares)

Facturación total (millones de dólares)	Costa Rica	El Salvador	Guatemala	Honduras	Nicaragua	Panamá	Rep. Dominicana
Prensa (pub.)	$45,90	$117,30	$110,11	$53,75	$20,93	$49,44	$59,17
Radio (pub.)	$18,60	$10,36	$10,70	$14,91	$9,71	$10,00	$34,53
TV (publicidad)	$42,00	$137,27	$321,94	$108,87	$40,74	$153,88	$176,96
TV de pago			$43,44		$10,80	$27,00	
Telefonía Básica	$233,00	(E)$200,00	(E)$230,00	(E)$50,00	$104,41	$215,00	$964,00
Telefonía Móvil	$228,36	(E)$430,00	(E)$600,00	(E)$130,00		$300,00	

Nota: los datos correspondientes a la facturación del sector telefónico en Nicaragua y República Dominicana corresponde a la sumatoria de la telefonía móvil y fija. No se consiguió el dato segmentado. Los datos del sector telefónico en El Salvador, Guatemala y Honduras son estimados y por lo tanto no se realiza la comparación correspondiente (verde valor más alto, rojo valor más bajo).

Cuadro 4: Facturación por persona (en dólares)

Facturación por persona (dólares)	Costa Rica	El Salvador	Guatemala	Honduras	Nicaragua	Panamá	Rep. Dominicana
Prensa (pub.)	11	17	9	7	4	17	7
Radio (pub.)	4	2	1	2	2	3	4
TV (pub.	10	20	26	15	8	49	20
TV de pago			4		2	9	
Telef. básica	55	30	19	7	20	68	
Telef. Móvil	54	64	48	18		95	

De esta manera, sumadas las industrias culturales y las telecomunicaciones como actividades que conforman el sector infocomunicacional, se advierte que para el año 2004 la importancia económica se aproximaba al 5% del PBI en el conjunto de los países estudiados. Estos datos seguramente se han incrementado, especialmente por los incrementos registrados en el sector de la telefonía móvil e Internet.

Dentro del panorama general se destacan la importancia para la economía nacional de las industrias culturales en Panamá, Honduras y Nicaragua. El sector telefónico es todavía más importante y alcanza sus cotas más altas en Panamá y República Dominicana.

Finalmente, por importancia del conjunto del sector infocomunicacional, se destaca nuevamente Panamá, donde el aporte supera el 5% del PBI. El contraste está marcado por el caso costarricense, donde el aporte a la economía del sector infocomunicacional es bajo.

Tabla 4: peso porcentual del sector infocomunicacional en la economía

	Ind. Culturales	Telecom	Total
Costa Rica	0.58	2,48	3,06
El Salvador	1,43	3,39	4,82
Guatemala	1,77	3,02	4,79
Honduras	2,57	2,61	5,18
Nicaragua	1,83	2,32	4,15
Panamá	1,79	3,76	5,55
Rep. Dominicana	0,92	3,29	4,21

Cabe señalar que otra dimensión sumamente importante pero que no puede ser abordada en este análisis, es la relación de las industrias infocomunicacionales con su potencial para generar empleo como un valor económico-social primordial.

La concentración del sector infocomunicacional

Los procesos de concentración de medios en América latina en general, y en América Central en particular, no son nuevos ni desconocidos. Desde sus inicios, la prensa escrita, la radio y la televisión tuvieron estrechos vínculos con el poder económico y político. Dado que los poderes fácticos en Centroamérica estuvieron fuertemente concentrados en torno de una elite, no es de extrañar que el mismo camino hayan seguido los medios de comunicación.

Por su parte, las telecomunicaciones en general se desarrollaron con fuertes inversiones de los estados nacionales o en menor medida de inversores extranjeras, tanto porque se requerían grandes cantidades de capital para su desarrollo como porque los gobiernos autoritarios de la región procuraron controlar directamente un servicio considerado estratégico para la seguridad interior. Este panorama comenzó a cambiar en la década del '90 cuando bajo el denominado "Consenso de Washington" se estimularon, entre otras, políticas privatistas que promovían la enajenación de las empresas en manos del Estado. Las empresas prestadoras de servicios públicos telefónicos ocuparían un lugar destacado en los procesos de privatización centroamericanos. Cabe destacar que en todos los casos (con la excepción de Costa Rica, que todavía no culminó el proceso) la telefonía quedo en manos de capitales extranjeros. Como se verá más adelante, la privatización no implicó que el sector pasara a tener un funcionamiento competitivo, sino simplemente se trató de un desplazamiento de monopolios estatales a oligopolios privados. De hecho una de las conclusiones del presente trabajo es alertar sobre la constitución de un virtual duopolio constituido por las empresas América Móvil (Claro) y Telefónica (Movistar), que ya tienen presencia dominante en la mayoría de los países centroamericanos.

Estos elementos deben analizarse juntamente con un factor histórico: la dificultad por parte de los estados para establecer políticas claras, que favorezcan algún grado de participación de la sociedad en su definición. Puede afirmarse al respecto que ha sido el mercado el que ha fijado de hecho las principales estrategias en el sector infocomunicacional, para que con posterioridad el Estado ajuste el marco regulatorio a dicha situación.

Índice de concentración

Intentar medir el nivel de concentración del sector infocomunicacional en América Central, resultó una tarea mucho más ardua de lo previsto. Como se consignó, resultó sumamente difícil acceder a datos sistematizados por lo que hubo que recurrir a múltiples fuentes que, por supuesto, no utilizaron la misma metodología para la recolección de los datos. Más allá de estas limitaciones metodológicas, entendemos que los resultados alcanzados permiten tener un excelente panorama de la situación del sector infocomunicacional. Si bien en algún caso puntual puede existir alguna desviación (por la disparidad de metodologías aplicadas por las fuentes en un sector de la industria en dos países diferentes, por ejemplo), estamos convencidos que el mapa de la concentración no difiere sustantivamente del que a continuación se explicará. Cabe consignar, finalmente, que ha sido más sencillo contar con datos de facturación que con datos que reflejen la cuota de mercado, mientras que en el caso de las empresas de telecomunicaciones ha sido diametralmente opuesto, y ha sido posible conseguir números que den cuenta del reparto de los abonados a sus servicios, pero en muy pocos casos se pudo registrar la distribución de los ingresos. Estas dificultades deben ser tenidas en cuenta cuando se efectúan las comparaciones, ya que la presencia o no de un determinado sector implica cambios en el índice de concentración general, dificultando las comparaciones posteriores.

Del análisis del nivel de concentración alcanzado por el primer operador (cuadros 5 y 7) de cada mercado, se observa un fenómeno que aparecerá recurrentemente en el análisis: la radio es el sector menos concentrado y la telefonía básica el más concentrado y que cuenta con niveles más bajos de concurrencia de actores. De hecho, había tres países con monopolios en el año 2004. En los países que ya presentaban competencia en el sector de la telefonía básica, también los índices de concentración del primer operador son excesivamente altos, superando el 80% del mercado. Un atenuante a tan elevado nivel puede estar dado porque en la mayoría de los casos los procesos de privatización se hallaban en su fase inicial. También en el caso de la telefonía móvil los índices de concentración son muy altos y en todos los casos alcanzan el máximo nivel posible para los cuatro primeros operadores, pero se registran indicadores más bajos.

Al considerar los distintos países, se aprecian índices de dominio del primer operador con una marcada diferencia entre el sector de las telecomunicaciones (donde como se ha señalado superan el 80% del mercado) y las industrias culturales donde los índices de concentración del primer operador se ubican en casi todos los casos entre 0,1 y 0,5. Sin embargo no se aprecia una marcada tendencia por país, sino que en unos países la concentración es más alta en un mercado, y en otros en otro. A diferencia de América del Sur, no es tan claro que los países con mayor cantidad de habitantes tengan menores índices de concentración (en lo que hace a dominio del primer operador) que aquellos con poblaciones más reducidas. De todas formas es importante considerar que hay menos diferencias en la estructura demográfica centroamericana (con un mínimo de 3 millones de habitantes en Costa Rica y un máximo de 12 millones en Guatemala) que en la sudamericana (con un mínimo de 3 millones de habitantes en Uruguay y un máximo de 180 millones en Brasil).

Si se consideran los cuatro primeros operadores los índices de concentración son extremadamente elevados. Nuevamente la radio presenta el indicador más bajo y la telefonía el más alto. De hecho la telefonía básica no parece admitir mucho más que cuatro operadores en el mercado regional: el índice de concentración es muy cercano al máximo posible.

Cabe destacar que en casi todos los casos, en todas las industrias y en todos los países, la suma de los cuatro primeros operadores supera el 30% del mercado y en la mayoría supera el 50%. Esta cifra es muy alta, especialmente para las industrias culturales, que deberían por su importancia simbólica y cultural proteger la diversidad de fuentes, actores y voces. Es importante destacar que en el presente estudio los índices de concentración se han constituido por empresas y no por grupos, dado que la estructura multimedia se ha estudiado por separado. Pero no hay dudas que de haberse estudiado los índices de concentración por grupos económicos los mismos serían mucho más elevados, limitando aún más la diversidad de la oferta. Como se ha relevado en los casos nacionales, en varios mercados y especialmente en la prensa y la televisión, es común que un mismo grupo concentre varios diarios o estaciones de televisión, en un típico caso de concentración horizontal.

Tampoco se ha podido considerar el fenómeno del encadenamiento de las transmisiones, es decir, la repetición en las ciudades pequeñas de los contenidos de los principales centros urbanos. Además de incrementar los riesgos de disminución del pluralismo político este fenómeno tiene una seria consecuencia en materia de diversidad cultural y representa una amenaza para que toda la riqueza cultural de los países centroamericanos se vea reflejada en los medios de comunicación, que suelen concentrarse en los estereotipos culturales que generan mayor adhesión en la comunidad.

Si se toman en cuenta las dos dimensiones mencionadas, la concentración horizontal de los mercados y la unificación de los contenidos a nivel nacional, se llega a la conclusión que el índice de concentración de la prensa escrita, la radio y la televisión se vería incrementado notablemente sobre los valores actuales, que son de por sí muy elevados.

Cuadro 5: Índice de concentración del primer operador por facturación

Ind. de concentrac. 4 primeros operad. Facturación	Costa Rica	El Salvador	Guatemala	Honduras	Nicaragua	Panamá	Rep. Dominicana
Prensa	0,71		0,54	0,35	0,62	0,28	
Radio	0,11		0,10	0,25	0,18	0,24	0,18
Televisión	0,46	0,15	0,45	0,35	0,46	0,36	
Tv de pago					1,00		
Telefonía B	1,00				1,00	1,00	
Móviles	1,00					0,53	
Promedio	0,66		0,36	0,32	0,65	0,48	

Cuadro 6: Índice de concentración de los cuatro primeros operadores por facturación

Ind. de concentrac. primer operador Facturación	Costa Rica	El Salvador	Guatemala	Honduras	Nicaragua	Panamá	Rep. Dominicana
Prensa	0,99		0,95	1,00	1,00	0,98	
Radio	0,34		0,35	0,54	0,47	0,84	0,42
Televisión	0,96	0,43	0,97	0,81	0,90	0,78	
Tv de pago					1,00	1,00	
Telefonía B	1,00				1,00	1,00	
Móviles	1,00				1,00	1,00	
Promedio	0,86		0,76	0,78	0,89	0,93	

Cuadro 7: Índice de concentración del primer operador por cantidad de abonados, ventas o audiencia

Primer operador audiencia y abonados	Costa Rica	El Salvador	Guatemala	Honduras	Nicaragua	Panamá	Rep. Dominicana
Prensa	0,41	0,39	0,54		0,41	0,55	0,34
Radio	0,07						0,16
Televisión	0,30					0,26	0,12
Tv de pago	0,46				1,00	0,60	0,18
Telefonía B	1,00	0,90	0,82	0,95	1,00	1,00	0,82
Móviles	1,00	0,28	0,48	0,72	0,40	0,53	0,49
Promedio	0,54	0,52	0,61	0,83	0,70	0,58	0,35

Cuadro 8: Índice de concentración de los cuatro primeros operadores por cantidad de abonados, ventas o audiencia

4 primeros operad. audiencia y abonados	Costa Rica	El Salvador	Guatemala	Honduras	Nicaragua	Panamá	Rep. Dominicana
Prensa	0,98	0,92	0,91		1,00	0,74	0,83
Radio	0,14						0,38
Televisión	0,80					0,77	0,38
Tv de pago	0,95				1,00	1,00	
Telefonía B	1,00	0,98	0,96	1,00	1,00	1,00	1,00
Móviles	1,00	1,00	1,00	1,00	1,00	1,00	1,00
Promedio	0,81	0,96	0,95	1,00	1,00	0,90	0,71

Si se realiza un análisis más pormenorizado por sectores, se verifica que la prensa presenta niveles muy altos de concentración en casi todos los países, donde para los cuatro operadores más grandes, el dominio tanto de ventas de ejemplares como de ingresos supera el 0,9. Que, en el mejor de los casos, cuatro empresas controlen el 90% del mercado de diarios centroamericano habla de un nivel de concentración de la propiedad inigualado en el resto de América, y muy difícilmente alcanzado en el resto del mundo.

Si bien en el caso de la radio el índice es menor y similar a los estándares latinoamericanos, en el caso de la televisión los índices son nuevamente muy elevados, situándose en promedio por encima de 0,8. Sí es preciso destacar que este hecho invierte una tendencia verificada en otras geografías, donde la prensa suele tener indicadores menores que la televisión. Desafortunadamente los escasos datos obtenidos para la televisión de pago no permiten realizar un análisis comparativo detallado del sector.

Como se ha indicado, tanto la telefonía básica como la móvil presentan los mayores niveles de concentración y en las mayorías de los casos alcanzan el máximo nivel posible, o sea 1. Esto quiere decir que se comprueba que los mercados telefónicos, por sus altas barreras de entrada, son muy poco competitivos. Esta situación es preocupante si se considera la tendencia de las más grandes empresas telefónicas de incursionar en el terreno de los medios de comunicación a partir de la convergencia tecnológica y la digitalización.

Si se analizan con mayor detalle los índices de concentración de los países, se observa que no hay mayores diferencias. El hecho de no contar con los mismos datos para todos los países dificulta la comparación. Por ejemplo incluir los datos del sector telefónico supone elevar el índice de concentración. De esta forma los comentarios que se realizan a continuación deben ser seguidos teniendo en cuenta atentamente que la carencia de datos restringe los alcances de las conclusiones obtenidas.

Del estudio de la concentración por los ingresos generados en cada mercado (cuadro 6) se destaca que todos los países presentan índices muy altos. En el caso de Guatemala y Honduras el promedio es menor, pero debe tenerse en cuenta que en dichos países no se obtuvieron datos del sector telefónico, lo que explica la diferencia, dado que en las industrias culturales los índices son similares a los de los otros países.

Si se compara la concentración por ventas o número de abonados (cuadro 8), el indicador más bajo está presente en la República Dominicana. El indicador de Costa Rica es alto (0,81) y muy alto si se tiene en cuenta que, de no ser por la radio (0,18), la prensa y la televisión de pago presentan niveles similares de concentración a los de la telefonía. El resto de los países tiene índices todavía mayores, pero en estos casos sólo aparecen datos del sector telefónico, que en parte explica esa tendencia.

Para analizar los datos obtenidos puede resultar de utilidad cruzar los índices de concentración con la estructura poblacional de los diferentes países. Como se ha señalado al comienzo de esta investigación, el sector infocomunicacional suele aprovechar las economías de escala. De acuerdo con este criterio, en la tabla 7 se relacionan las posiciones entre la cantidad de habitantes de cada país y los mismos IC que en la tabla 7. En términos generales, se puede apreciar que existe una relativa correspondencia entre los IC y el tamaño del mercado.

Tabla 7: relación entre IC y cantidad de habitantes

Posición por cantidad de habitantes. Año 2000	IC TV abierta Facturación	IC TV abierta Abonados	IC Telef. Básica Facturación	IC Telef. Básica Abonados	IC. 4 oper. Facturación	IC. 4 oper. Abonados
1. Guatemala (12.389.000)	0,97			0,96	0,76	0,95
2. Rep. Dom. (8.791.000)		0,38		1,00		0,71
3. Honduras (7.174.000)	0,81			1,00	0,78	1,00
4. El Salvador (6.757.000)	0,43			0,98		0,96
5. Nicaragua (5.142.000)	0,90		1,00	1,00	0,89	1,00
6. Costa Rica (4.248.000)	0,96	0,80	1,00	1,00	0,83	0,81
7. Panamá (3.172.000)	0,78	0,77	1,00	1,00	0,93	0,90

Para simplificar, en la tabla 8 se vincula la cantidad de habitantes al promedio de índices de concentración de cada país por facturación y por dominio de mercado. Como se puede apreciar, los primeros lugares de cada tabla tienden a equipararse, al igual que los últimos. La tabla de facturación presenta mayores coincidencias que la de abonados.

Tabla 8: síntesis relación entre IC y cantidad de habitantes

Posición por cantidad de habitantes. Año 2000	IC. 4 operadores X Facturación	IC. 4 operadores X Abonados
1. Guatemala (12.389.000)	1	4
2. Rep. Dom. (8.791.000)		1
3. Honduras (7.174.000)	2	6
4. El Salvador (6.757.000)		5
5. Nicaragua (5.142.000)	4	7
6. Costa Rica (4.248.000)	3	2
7. Panamá (3.172.000)	5	3

De todas formas y a diferencia de lo observado para América del Sur (y en México), en este caso no se verifica una correlación importante entre la estructura poblacional y los niveles de concentración. El hecho de que no haya grandes diferencias en la cantidad de habitantes entre el más y el menos poblado nos brinda una primera explicación de la diferencia con Sudamérica. Una vez hay que recordar que la muestra base de la comparación no ha sido homogénea en todos los países, lo que relativiza los resultados.

Los grandes grupos de comunicación

Como se ha visto en el apartado anterior, el nivel de concentración de la propiedad del sector infocomunicacional es muy elevado en todos los países considerados, en todos los sectores relevados. Por su parte, en los análisis de la situación de cada país se pudo apreciar la existencia de importantes grupos de comunicación que restringen más la diversidad de voces por ser reducido el número de propietarios del sector, ya que muchos tienen presencia dominante en varias ramas de la industria. En este apartado se ensayará una interpretación sobre el rol de los grupos de comunicación y un análisis sobre las características regionales de los grupos.

Desde nuestra perspectiva, la historia económica y política del sector infocomunicacional también podría ser sintetizada a partir de un reducido grupo de empresas concentradas que ejemplifican, como emergentes, el desarrollo del conjunto de las industrias.

En un completo estudio sobre la televisión latinoamericana John Sinclair (1999) destaca que la base del modo de propiedad y control se encuentra en sus estructuras familiares con figuras patriarcales fuertes. Sin embargo, este modelo de propiedad se ha visto afectado no sólo por el recambio generacional, sino por el proceso de "globalización". Los antiguos "campeones nacionales" deben enfrentar a grupos de escala planetaria que funcionan con la impronta de la lógica comercial y para los cuales Centroamérica suele ser presentada en su conjunto como una subcuenta.

Si los grupos nacionales habían sido tradicionales importadores de contenidos extranjeros hoy deben enfrentar la competencia de empresas globales, principalmente telefónicas guías por un expansionismo competitivo que no reconoce límites. De esta forma, en términos de estructura de grupos de comunicación la principal novedad está marcada por la irrupción de dos grupos multinacionales con presencia en toda la región, Telmex y Telefónica, que se encuentran abocados a una carrera entre sí por el dominio de los sistemas infocomunicacionales. Si bien en principio su base de operaciones quedó enmarcada en la prestación de servicios telefónicos y de Internet, en los últimos años se han expandido hacia sectores como la televisión por cable. Estos dos grandes grupos tienen una capacidad económica muy superior a la de los grupos de medios nacionales, y aunque dentro del conjunto de sus intereses América Central ocupa un lugar periférico, la región se torna estratégica si se trata de impedir el avance del otro grupo. Sólo en Costa Rica no está presente ninguno de estos dos grupos, pero resta ver cuánto tiempo transcurrirá entre la prometida desregulación del mercado telefónico "tico" y la llegada de las multinacionales telefónicas.

Frente a la impetuosa, y especialmente acaudalada, irrupción de los capitales mexicanos y españoles, los grupos nacionales de medios han iniciado un discurso nacionalista que procura presionar a sus propios gobiernos para obtener marcos jurídicos que protejan sus intereses o al menos que les otorguen beneficios a la hora de negociar con las telefónicas. Sin embargo, los acuerdos de libre comercio que ha suscripto la región dificulta el trato discriminatorio hacia inversiones provenientes de otros países. Mientras tanto, los principales grupos autóctonos buscan adquirir dimensión regional. Un ejemplo lo constituye la empresa Amnet, el principal jugador en la oferta múltiple con operaciones en Costa Rica, El Salvador y Honduras. Otra expansión importante se verifica en el mercado de periódicos con el Grupo La Nación, originario de Costa Rica, que ocupa el lugar 50 entre las empresas más importantes de Centroamérica con ventas por 74,8 millones de dólares. Finalmente el mexicano-guatemalteco Ángel González con su presencia y dominio del mercado televisivo en varios países se ha transformado en el tercer gran operador regional. Curiosamente, en el mercado televisivo se aprecia una muy escasa presencia de capitales norteamericanos, que de todas formas es sustantivamente mayor en los contenidos que se emiten.

Resulta claro que será el mercado de la televisión de pago y especialmente de las redes de servicios múltiples el lugar donde se apreciarán las mayores disputas entre propietarios nacionales, grupos regionales y grandes corporaciones multinacionales en los próximos años. Resta saber si los grupos locales tendrán capacidad de hacer pesar su influencia política, o si el peso económico de las empresas telefónicas hará decantar la balanza en su favor.

Otra cuestión que es importante subrayar sobre Centroamérica es la muy escasa presencia de grupos medianos de comunicación. En el panorama infocomunicacional de la región se aprecian a los grandes *players* globales, a los grandes grupos nacionales, y a las pequeñas radios provinciales e incipientes diarios *on-line*. No ha sido posible observar grupos de tamaño medio emergentes con vocación de disputar la hegemonía de los principales operadores.

Finalmente, el análisis debe reparar en que el principal y primer punto de encuentro entre las industrias culturales y las telecomunicaciones se da en el mercado de Internet, al que unas llegan como proveedoras de contenidos y otras para brindar servicios de conexión. A partir de estos servicios, tanto las telefónicas han comenzado a brindar contenidos, como algunos grupos de medios comienzan a ofrecer conectividad.

Conclusiones sobre Centroamérica

La presente investigación parte de la premisa de que se ha hablado de la concentración de la propiedad de los medios mucho más de lo que se la ha investigado empíricamente. Por lo tanto, el objetivo inicial del trabajo era aportar datos que permitieran relevar los niveles de concentración de la propiedad de las industrias culturales, entendiendo que el subsector de medios de comunicación se halla inmerso en un proceso de compenetración con otras industrias de bienes y servicios de carácter simbólico. A su vez, fue necesario extender el objeto de indagación a las telecomunicaciones por el mismo motivo y su potencialidad convergente.

Los resultados alcanzados en el presente trabajo permiten aseverar que existe un muy alto nivel de concentración en el sector infocomunicacional en Centroamérica construyendo, por primera vez, un informe en el que se aplicó una misma metodología, sistemáticamente, para toda la región.

Al igual que en el caso sudamericano, es preciso advertir que no se pretende establecer, con los resultados hallados, lecturas deterministas sobre los efectos de la concentración en términos de influencia política. Pero nos permitimos señalar que el nivel de concentración observado es extraordinariamente elevado para cualquier sector económico, y que resulta mucho más grave por tratarse de un sector que tiene influencia sobre el volumen y los trayectos de la producción y circulación de la información en nuestras sociedades. Justamente, sociedades cuyo devenir bien puede ser interpretado como la construcción colectiva de sentido.

La investigación buscó desde sus inicios, además de medir la concentración de la propiedad, relacionar este proceso con sus contextos más inmediatos como son la estructura del mercado en que se produce y las estrategias de los grupos infocomunicacionales, más allá de su participación en cada mercado. En este sentido, las principales conclusiones halladas en Centroamérica son:

a) la estructura de los mercados analizados, de dimensión muy pequeña, dificulta el establecimiento de economías de escala. En efecto, los mercados infocomunicacionales presentan serias dificultades para su desarrollo como consecuencia de sus reducidas dimensiones. A esto debe agregarse otro fenómeno que profundiza de manera sustancial el problema, como la extrema desigualdad en la distribución de la riqueza presente en la mayoría de los países. Si de por sí se trata de economías que no se encuentran entre las más potentes del planeta, la tremenda inequidad existente en la distribución del ingreso ha generado enormes bolsones de pobreza. Es impensable para una porción significativa de la población destinar una parte de sus escasos recursos al consumo cultural cuando tiene necesidades básicas insatisfechas. Su consumo de las industrias culturales queda limitado a la posibilidad de acceder a aquellos medios que no implican pago directo (pero en algunos casos tampoco se cuenta con los recursos para disponer de los aparatos reproductores). De esta forma el tamaño del mercado dificulta la existencia de una oferta diversa, y la mala distribución del ingreso genera serios problemas para el acceso de importantes sectores de la población a dicho acceso.

b) Sí se verifica que aun los sectores empobrecidos suelen destinar una porción de sus escasos ingresos para adquirir servicios de telefonía móvil. En efecto, ya en 2004 se observaba el impactante crecimiento de dicho sector, cuyo crecimiento no se ha detenido desde entonces. Si bien las condiciones de acceso aparecen mayoritariamente limitadas a las de más bajo gasto (pero a mayor costo relativo) la telefonía móvil ha permitido el acceso a bienes comunicacionales básicos a franjas poblacionales antes excluidas. De todas formas por el tipo de conexión adquirida (servicios prepagos) se presupone la existencia de importantes dificultades para la migración de estos servicios a las últimas generaciones de servicios telefónicos.

c) Con la excepción del caso mencionado de la telefonía móvil, se aprecia un importante retraso en el acceso a los bienes y servicios de comunicación la utilización de tecnologías. En términos muy generales se comprobó que existe una relación entre los niveles de acceso a los bienes y servicios del sector infocomunicacional y los indicadores de desarrollo elaborados por el PNUD.

d) Se verificaron significativos niveles de concentración de la propiedad en todos los mercados analizados. El sector de las telecomunicaciones registra el mayor nivel de concentración de todos los sectores estudiados y la radio el menor. En todos los países el dominio de ventas/audiencia/abonados, así como de la facturación (aunque no se cuenta con datos completos en este caso) de las cuatro empresas más grandes de cada sector es elevado, y va desde el 40% (promedio) en el caso de la radio a más de un 95% en telefonía básica y móvil.

e) Se observó la existencia de dos tipos de grupos de comunicación en la región. Por un lado, los grupos concentrados de capital nacional que controlan la mayoría de las industrias culturales. Con la excepción de tres casos (La Nación de Costa Rica, AMNEt, y Ángel González) no se aprecian grupos de alcance regional, ni tampoco grupos nacionales que logren posiciones dominantes en el conjunto de las industrias culturales de un país (diario, radio, televisión y cable). Por el otro lado, las empresas prestadoras de servicios telefónicos superan ampliamente a las industrias culturales por su capacidad económica. Dentro de las mismas se destacan dos grupos multinacionales con clara vocación de expansión a todos los países de la región. De hecho se ha constatado la presencia de Telefónica o Telmex en todos los países centroamericanos con la excepción de Costa Rica, donde Telefónica tiene una posición marginal sólo con su portal Terra. Estas empresas están invirtiendo crecientemente en el sector de la televisión por cable.

f) Se ha observado en varios países una cada vez más estrecha relación entre el poder mediático y el poder político. Si bien han existido lazos desde los orígenes de los medios de comunicación, desde que se ha alcanzado cierta estabilidad política tras los acuerdos de paz se ha asistido a varios casos donde el presidente electo es directamente propietario de medios. Esta situación se reitera para otros cargos de la administración del Estado.

En los inicios del siglo XXI, en los que cotidianamente se insiste sobre la entrada en la llamada Sociedad de la Información y donde los medios y sistemas de comunicación ocupan cada día un lugar más importante tanto política como económicamente, la región centroamericana debe decidir de qué manera va a participar en ella. En este sentido, una tarea pendiente es la de garantizar un mayor acceso de la población a los sistemas comunicacionales. Asimismo, la dificultad para que los medios de comunicación alcancen rendimientos económicos que permitan la sustentabilidad en el tiempo es otra variable que afecta el análisis del sector. Ante esta situación, una posibilidad es lograr una mayor articulación de las industrias culturales de la región. En este sentido es importante no sólo incentivar la producción sino gestionar canales de distribución que faciliten la circulación de la producción entre los países, y permitan al sector productivo alcanzar una dimensión de mercado aceptable. Finalmente es preciso agregar que dichas políticas de estímulo de la producción requieren de estrategias de estímulo a la diversidad, para evitar que se produzcan y reproduzcan posiciones dominantes. Esa estrategia sólo puede desarrollarse en la medida en que los actuales niveles de concentración de la propiedad se limiten. El involucramiento de la sociedad civil en las políticas de comunicación, para que éstas no queden reducidas a una disputa entre los grandes propietarios de medios de cada país y las multinacionales telefónicas que aspiran a entrar en su mercado, puede contribuir, como ha sucedido en otras latitudes, a la democratización de las actividades infocomunicacionales en Centroamérica.

Los resultados del presente trabajo, posibilitado gracias a un esfuerzo colectivo de investigadores y periodistas de distintos países centroamericanos, permiten hoy contar con indicadores inéditos en la región y reeditar, con el marco metodológico construido, el relevamiento de datos para actualizar las conclusiones y realizar, a modo de series históricas, el seguimiento del sector sobre información actualizada.

Capítulo final

América latina: tendencias de un nuevo siglo

La cita de Manuel Delgado que abre la Introducción de este libro recuerda la tarea explicativa de las ciencias sociales, que procura establecer conexiones lógicas entre hechos, propiedades y sistemas. El propósito explicativo vindicado por Delgado presupone niveles anteriores, el exploratorio y el descriptivo, sin los cuales el ensayo de explicación carece de respaldo, de solidez y de potencia.

La inquietud programática de la investigación sobre la estructura, el acceso y la concentración de las actividades de información, cultura y comunicación en América latina reflejada en estas páginas coincide con la orientación explicatoria. Explorar y describir conforman pues objetivos que, aunque iniciales, resultaron cardinales por dos razones: la primera es que la exploración y la descripción son la condición de posibilidad para el ejercicio explicativo y para la interpretación y el análisis; la segunda es que los actores protagonistas de las actividades industrializadas de información y comunicación en América latina, los "dueños de la palabra", son singularmente turbios y herméticos a la hora de posibilitar el acceso público a los datos básicos sobre su accionariado, sobre su comportamiento económico, sobre sus lazos orgánicos con el poder estatal en todos los países de la región.

Un campo de estudios que es cada vez más fecundo en la interrogación sobre los modos de funcionamiento y articulación de las industrias de la cultura y de la información en sociedades que se socializan, en buena medida, a partir de las complejas relaciones mediadas por esas industrias, enmarca conceptual y metodológicamente nuestro trabajo.

Por ello, después de haber presentado los resultados de acceso y los informes de los países que constituyen el estudio, es posible exhibir las tendencias de la región en términos de acceso y de concentración entre los años 2000 (fecha de referencia de la primera investigación) y 2004.

La influencia de las actividades industrializadas de comunicación en las sociedades contemporáneas opera en dos movimientos: es estructurada por la tradición política, cultural y económica de cada país, de cada región, y es simultáneamente estructurante de las condiciones políticas, culturales y económicas, toda vez que estas actividades infocomunicacionales permean las concepciones del mundo que las sociedades construyen. En consecuencia, están determinadas pero son, a la vez, determinantes. Se definen en términos históricos y al mismo tiempo, construyen historia. Su dimensión simbólica es, en el contexto de un sistema atravesado por las tecnologías infocomunicacionales, tan significativa como su dimensión económica. Estos movimientos están fuertemente atravesados por la tendencia a la operación global de muchas de las actividades y funciones infocomunicacionales.

En términos estructurales, el presente estudio alcanza, al evaluar la influencia económica de las industrias infocomunicacionales, un primer resultado fruto de la comparación entre el aporte al Producto Bruto Interno de los distintos países: en la medida en que la estructura económica de los países es más compleja y la formación capitalista más madura y diversa, la participación relativa de las industrias infocomunicacionales se diluye. Con la notable excepción de las telecomunicaciones en Brasil, que en sí mismas generan más del 4% del PBI del gigante sudamericano, el resto de países grandes en América latina (México, Argentina, Colombia) con mayor cantidad de habitantes exhiben porcentajes más bajos de incidencia infocomunicacional en el PBI que en países más pequeños como Uruguay o Ecuador[6]. Esta conclusión es válida también para España, que lideraría el primero de los grupos. Sería errado, empero, deducir que en los países grandes las actividades infocomunicacionales carecen de relevancia. Todo lo contrario: los principales grupos de comunicación de la

---

[6] En Europa, un estudio de la Comisión Europea sobre la economía de la cultura en Europa, muestra que en 2003 el sector cultural ha contribuido en aproximadamente un 2,6 % al PIB de la UE y ha conocido un crecimiento más elevado que el de la economía en general. Además, en 2004, más de cinco millones de personas, es decir, el 3,1 % de la población activa de la UE, trabajaban en este sector (Comisión Europea, 2006).

región, los "dueños de la palabra", tienen sus orígenes en estos países, en donde a la incidencia económica en términos absolutos de la facturación de las industrias infocomunicacionales hay que añadir, como se subrayó en las páginas anteriores, la decisiva influencia política de los actores más concentrados de estas actividades.

De este modo, medir la concentración fue otro objetivo medular de la investigación, ya que contribuye a despejar una incógnita principal sobre la estructuración de las industrias productoras y distribuidoras de información, comunicación y entretenimientos. En el trabajo se aportaron datos y comparaciones que ayudan a caracterizar el sector infocomunicacional en América latina y en España en relación con la concentración.

Las páginas que siguen procurarán agregar los datos con promedios por país y por industria en el contraste del panorama descripto para el año 2000 y el correspondiente para 2004. El estudio avanza, de este modo, en la construcción de tendencias y de una primera comparación histórica cuya continuidad permitirá analizar las continuidades y las rupturas de los sectores infocomunicacionales en la región.

En este sentido, el crecimiento relativo del acceso a los servicios infocomunicacionales en el período 2000 a 2004 es la primera tendencia significativa que corresponde citar. Si bien en algunas industrias (como la prensa escrita) se constatan retrocesos vinculados, entre otras causas, con el avance de nuevos soportes (como Internet), otros sectores, como la telefonía móvil, de modo notable, se caracterizan por su expansión. En rigor el crecimiento de la telefonía sin hilos, que confirma la intuición de Nicholas Garnham (1996) cuando hace más de una década planteaba que la televisión iría a mediano plazo hacia un modelo de distribución con soportes físicos (el cable) y la telefonía, hacia un modelo de conexión vía aérea, debe apuntarse como uno de los cambios más rotundos de la estructura de acceso a los bienes y servicios infocomunicacionales en América latina.

Precisamente, a continuación se presenta un gráfico relativo a la industria que mayor crecimiento evidenció en el período del estudio, la telefonía móvil:

Acceso telefonía móvil 2000/2004 (cada 1000 habitantes)

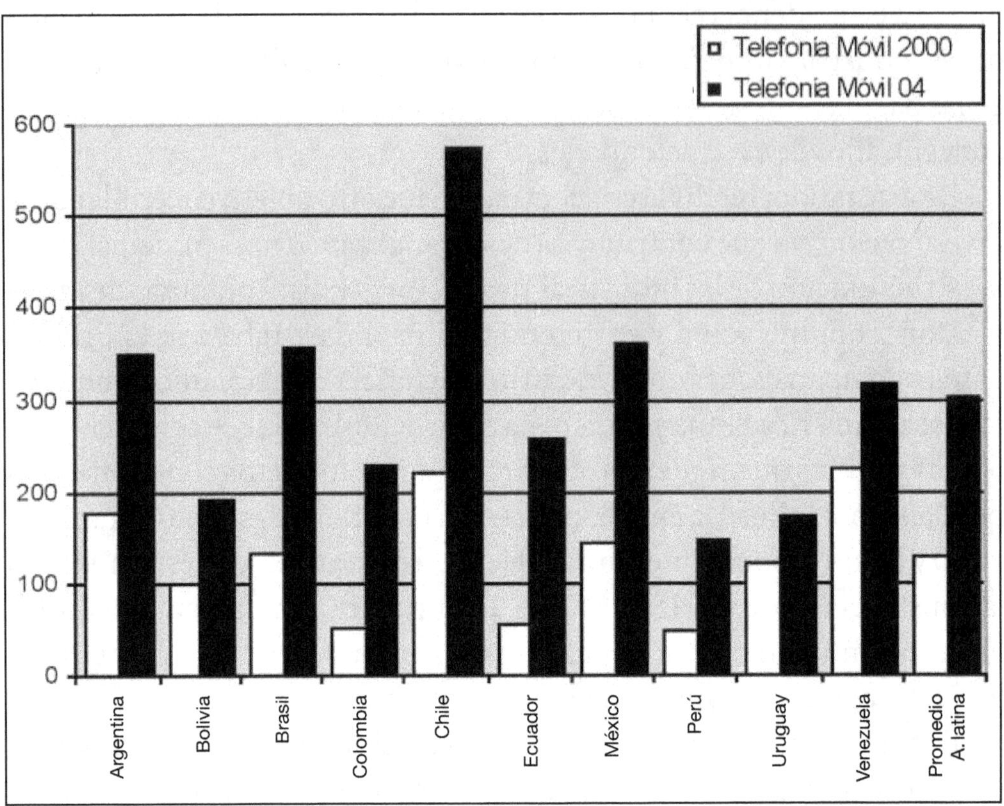

La expansión de la telefonía móvil en la región, acompañando una tendencia mundial, tiene en América latina peculiaridades: la mayor parte del acceso social a esta tecnología se realiza a través de servicios prepagos (tarjetas) y no mediante abonos. Este tipo de consumo, monitoreado por el usuario pero a la vez más gravoso para su economía, se inscribe en un panorama general de accesos restringidos en América latina a los servicios infocomunicacionales. La condición creciente de "pago por consumo" que determina la posibilidad de acceso a los servicios de la información y la comunicación es aludida en un clásico libro de Vincent Mosco y Janet Wasko (1988), que caracterizan a las sociedades mediadas por tecnologías convergentes y aranceladas como *pay-per-societies*.

Uno de los sectores más afectados, en términos de acceso social en América latina, es el de la prensa escrita. Más allá de las profecías hasta ahora no cumplidas sobre su desaparición en el mediano plazo, lo cierto es que esta industria no sólo acusa la competencia tradicional de los medios audiovisuales con su menú informativo y de entretenimientos, sino que también registra un retroceso fruto de la mudanza de antiguos lectores hacia portales digitales de noticias, en un contexto en el que la capacidad de pago simultáneo de la sociedad para acceder a varios servicios infocomunicacionales resulta limitada. En este marco, la prensa escrita evidencia una crisis de modelo general (no sólo de modelo de negocios, lo cual es una expresión de la crisis de modelo) y ello se verifica en el descenso del acceso en la región en el lapso considerado por la presente investigación:

Acceso prensa 2000/2004

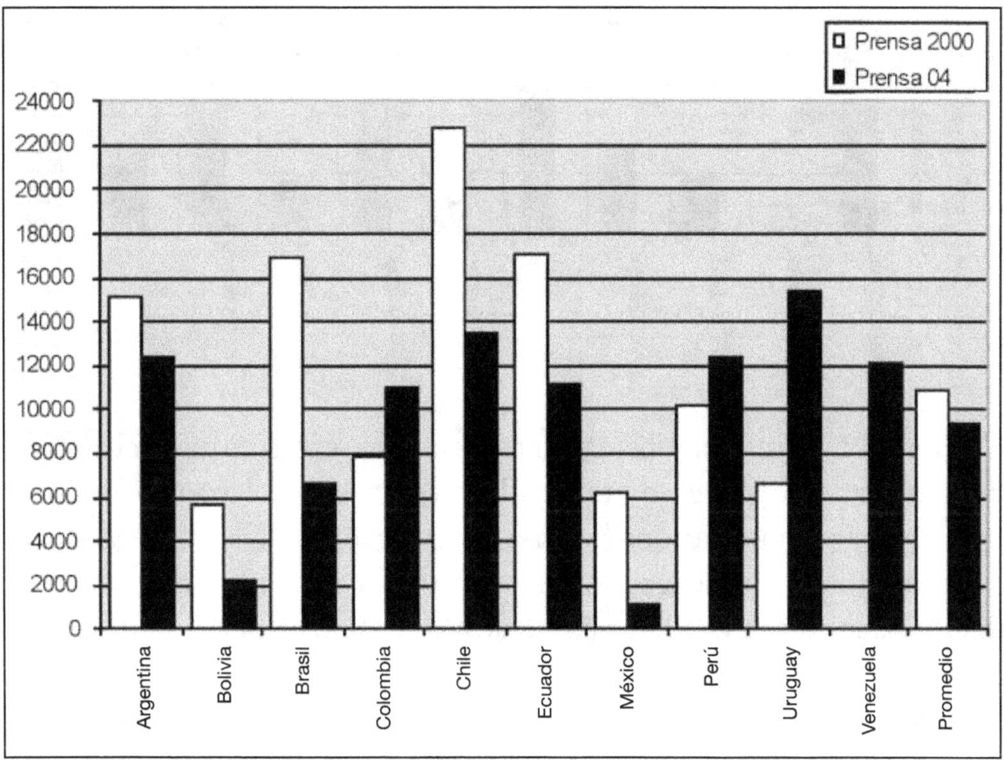

Otra de las industrias consideradas en el estudio fue la televisión de pago, en donde se verifica en 2004 un leve descenso, en promedio, tomando en cuenta los datos de la industria del año 2000. La Argentina y Uruguay influyen en ese descenso, fruto de la crisis que vivió la Argentina entre los años 2001 y 2003, cuyas consecuencias golpearon también a Uruguay. En 2004 el mercado de televisión de pago comenzaba a estabilizarse y recién dos años después encontraría niveles de acceso superiores a los del año 2000.

Acceso TV paga 2000/2004 cada 1000 habitantes

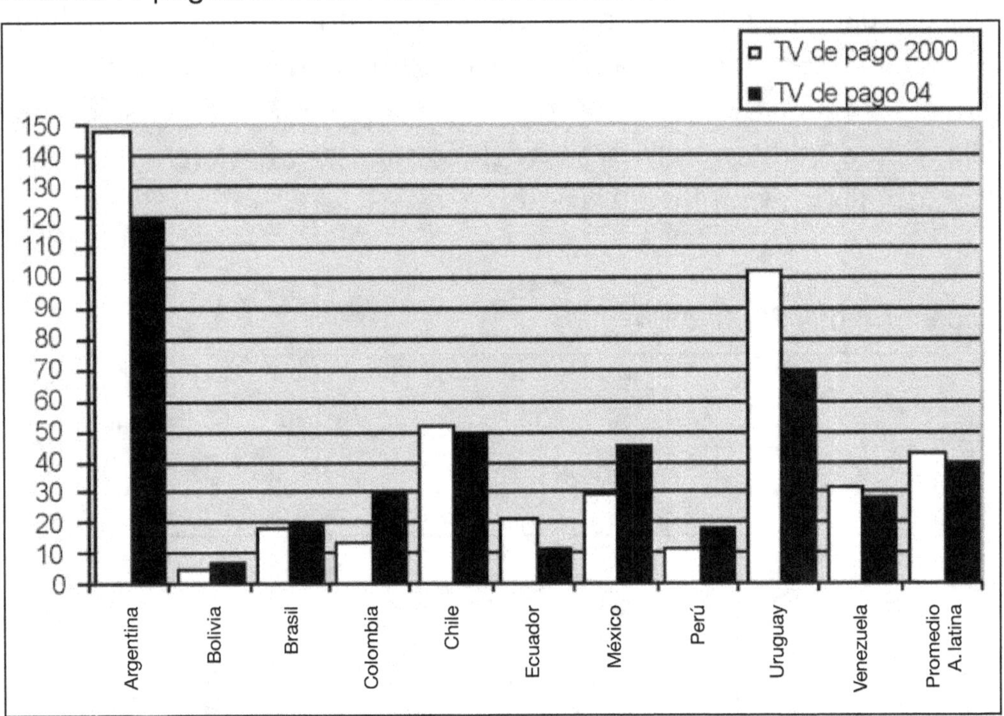

En el promedio general iberoamericano, España se sitúa en un nivel muy superior al resto de los países en términos de accesos relativos al conjunto de las actividades infocomunicacionales. En la investigación también se ha intentado obtener un promedio de acceso general por país, al conjunto de las industrias infocomunicacionales. Cabe realizar, antes de sintetizar el resultado de este ejercicio, una aclaración fundamental: la ponderación en igualdad de condiciones de la incidencia de cada una de las actividades infocomunicacionales relevadas sólo es posible efectuarla con fines analíticos generales, toda vez que la importancia de las industrias de prensa escrita, televisión abierta o telefonía móvil es muy diferente, y sus usos y accesos marcadamente heterogéneos.

Con la debida aclaración, entonces, el único país europeo incluido en el presente estudio (España) exhibe indicadores de acceso comparativo promedio a las industrias que distribuyen la información y el entretenimiento que duplican a los países latinoamericanos mejor situados, que son Uruguay, la Argentina y Chile, en ese orden.

A su vez, entre los países latinoamericanos es posible agrupar cuatro subconjuntos en términos de accesos relativos a los bienes y servicios de la información y la comunicación: por un lado los tres países del Cono Sur ya mencionados, que cultivan una historia de mayores niveles comparativos de acceso social a los medios, a las industrias culturales y a las telecomunicaciones. En segundo lugar, Colombia, Venezuela y Perú, que cuentan con indicadores de acceso más bajos que Uruguay, la Argentina y Chile pero que se ubican igualmente por encima del promedio regional. En tercer lugar, Brasil y México, los dos gigantes en población y en la escala de sus mercados infocomunicacionales que pese al vigor de los mismos en términos absolutos se posicionan levemente por debajo del promedio latinoamericano. En cuarto lugar, Ecuador, Paraguay y Bolivia, países cuyo acceso social a las actividades infocomunicacionales es más relegado y su promedio se halla muy por debajo de la media regional.

Al igual que en el año 2000, y en relación con la estructura poblacional, la mayoría de los países estudiados no alcanza los 50 millones de habitantes, con la excepción de Brasil y México. Si se considera que una parte importante de la población se encuentra marginada del consumo de bienes y servicios infocomunicacionales por cuestiones económicas, el tamaño de la mayoría de los mercados queda acotado a dimensiones relativamente pequeñas. Esto constituye un escollo para el desarrollo de las industrias culturales en las que las economías de escala permiten amortizar las fuertes inversiones que demanda la producción de bienes simbólicos. En este sentido, América latina se halla en desventaja en relación con los países centrales donde se encuentran mercados de gran tamaño (como Estados Unidos, Alemania, Reino Unido o Italia), o bien de muy alto poder adquisitivo de la población (Holanda, Dinamarca, Bélgica, Suecia, por ejemplo).

Concentración

El primer lustro del siglo XXI revela la consolidación, con una tendencia a incrementarse, en el proceso de concentración de medios y del resto de industrias infocomunicacionales en América latina. La lógica comercial-financiera de operaciones de las actividades infocomunicacionales conduce, en rigor, a procesos de concentración en casi todo el planeta[7], pero la profundidad y consolidación que demuestra en América latina es distintiva.

---

[7] En el marco de una discusión pública motivada por la ofensiva de sus pares del Partido Republicano para relajar aún más el marco regulatorio vigente en EE.UU. sobre límites a la concentración

Esta tendencia resulta sobresaliente si se la observa desde la necesidad de garantizar la diversidad de voces, fuentes y actores para así lograr introducir el pluralismo en los sistemas de medios de los sistemas democráticos vigentes en los países de la región. De hecho, en los últimos años se conocieron informes de las Relatorías sobre Libertad de Expresión de la OEA y de la ONU que subrayan su preocupación por el tema al que se califica como "amenaza indirecta" a la libertad de expresión (véase OEA, 2004).

Además, en 2005 se suscribió en la UNESCO la Convención por la Diversidad Cultural que sostiene que "el acceso equitativo a una gama rica y diversificada de expresiones culturales procedentes de todas las partes del mundo y el acceso de las culturas a los medios de expresión y difusión son elementos importantes para valorizar la diversidad cultural y propiciar el entendimiento mutuo". A su vez, las Relatorías sobre Libertad de Expresión de la OEA, ONU y la OSCE coinciden en que "la promoción de la diversidad debe ser el objetivo primordial de la reglamentación de la radiodifusión; la diversidad implica igualdad de género en la radiodifusión e igualdad de oportunidades para el acceso de todos los segmentos de la sociedad a las ondas de radiodifusión" (ONU, OEA, OSCE: 2007).

En América latina se registran altísimos márgenes de concentración infocomunicacional, que superan con creces los estándares considerados aceptables y cuyo resultado promedio es un escenario que en la presente investigación se verifica como estabilizado con tendencia al alza. En efecto, de acuerdo con Albarran y Dimmick (1996) se considera que la concentración existe y es alta al superar un promedio de 50% del control de un mercado por parte de los cuatro primeros operadores y un 75% por los ocho primeros operadores. Pero en América latina los cuatro primeros operadores superan con creces esos porcentajes en promedio. Es más, estos cuatro primeros operadores (y en ocasiones dos de ellos) sobrepasan las estimaciones de alta concentración estipulada para ocho empresas.

---

de la propiedad de medios de comunicación, el comisionado Michael Copps de la Federal Communications Comisión sentenció: "la combinación de la propiedad entre diarios y medios audiovisuales nos conduce a menos cantidad de noticias y a la disminución de voces en mercados locales" (Copps, 2007).

Si bien más adelante se expondrán gráficos sectoriales que permitirán detener la observación, un primer procesamiento general de los índices de concentración por industria y por país entre 2000 y 2004 anticipa la tendencia global a la concentración en casi todos los sectores, de casi todos los países (véase gráfico sobre comparación de tendencias en el anexo).

El índice general de la concentración de todos los sectores estudiados en la región en el año 2000, por dominio de mercado, fue de 0,77 (siendo 1 el valor más alto que equivale a monopolio y 0 el más bajo, de dispersión de los mercados en innumerables competidores). La presente investigación revela que en el año 2004 ese índice se elevó al 0,82.

En ambos casos, los indicadores citados expresan que la participación de las cuatro principales empresas en cada industria de la cultura y de la información, en promedio, logra controlar valores que ascendieron del 77% al 82% de los mercados (superando entonces los valores señalados en el trabajo de Albarran y Dimmick tanto para cuatro como para ocho operadores). En consecuencia, el resto de propuestas culturales, informativas y de entretenimientos de la región se restringió a un promedio del 18% del mercado, siendo de este modo casi impracticable la verdadera competencia, en el sentido de contraste de versiones sobre la realidad, de comparación de opiniones y mensajes diferentes, en el ámbito de los medios, la cultura y la información.

Promedio concentración infocomunicacional por dominio de mercado de 4 primeros operadores, América latina 2000/2004

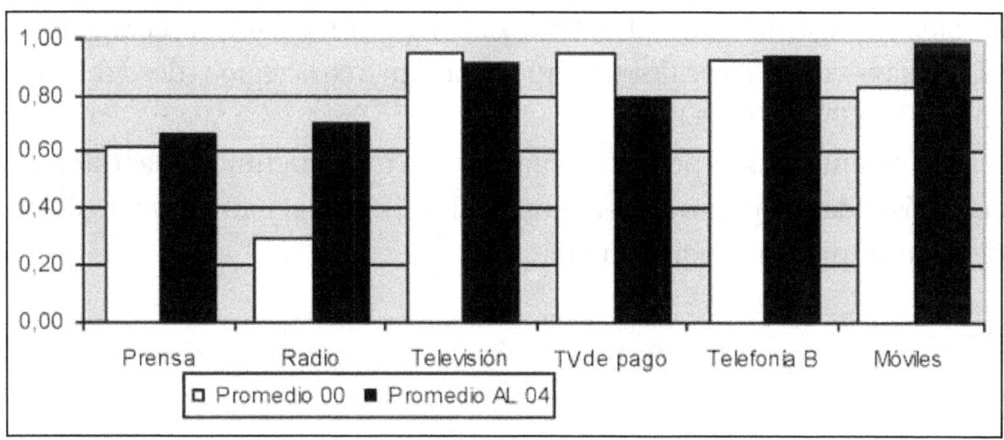

Como ilustra el gráfico precedente que discrimina la comparación entre 2000 y 2004 en distintas industrias consideradas en el estudio, el promedio de incidencia de las cuatro primeras empresas por dominio de audiencias o mercados, creció a nivel regional en el caso de la prensa escrita (desde el 62% en 2000 al 67% en 2004); de la radio (desde el 31% en 2000 al 70% en 2004); de la telefonía básica o fija (desde el 93% en 2000 al 95% en 2004); y de la telefonía móvil que además fue el mercado de mayor expansión en términos comparativos por acceso y por facturación (desde el 83% en 2000 al 99% en 2004). Si bien en el caso de la radio el incremento es asombroso, su explicación se debe a que el presente estudio cuenta con datos más fiables y verificados que el de 2000, por lo que este notable incremento en rigor entendemos que está basado en la subestimación de las cifras de concentración en la industria de la radio en 2000. No obstante, la tendencia al aumento de los índices de concentración se extiende hacia muchas otras actividades. La subordinación del movimiento de estos mercados a los operadores dominantes explicita, con estos indicadores, la falta de espacios reales de incidencia por parte de actores de tamaño medio o mediano. El crecimiento de la concentración implica pues una retracción directamente proporcional de la capacidad de que otros actores u operadores incidan en los mercados señalados.

El gráfico también enseña un descenso del promedio de concentración por dominio de mercado en el caso de la televisión abierta (desde el 96% en 2000 al 92% en 2004) y una mayor disminución de la concentración en la televisión de pago, mercado que –con las citadas contracciones de la Argentina y Uruguay– también verificó un importante auge en la región (desde el 96% en 2000 al 80% en 2004).

El siguiente gráfico permite visualizar con mejor definición las diferencias registradas en los procesos de concentración en los cuatro primeros años del siglo XXI por país y por industria.

Diferencia 2000/2004 en concentración 4 primeros operadores A. latina

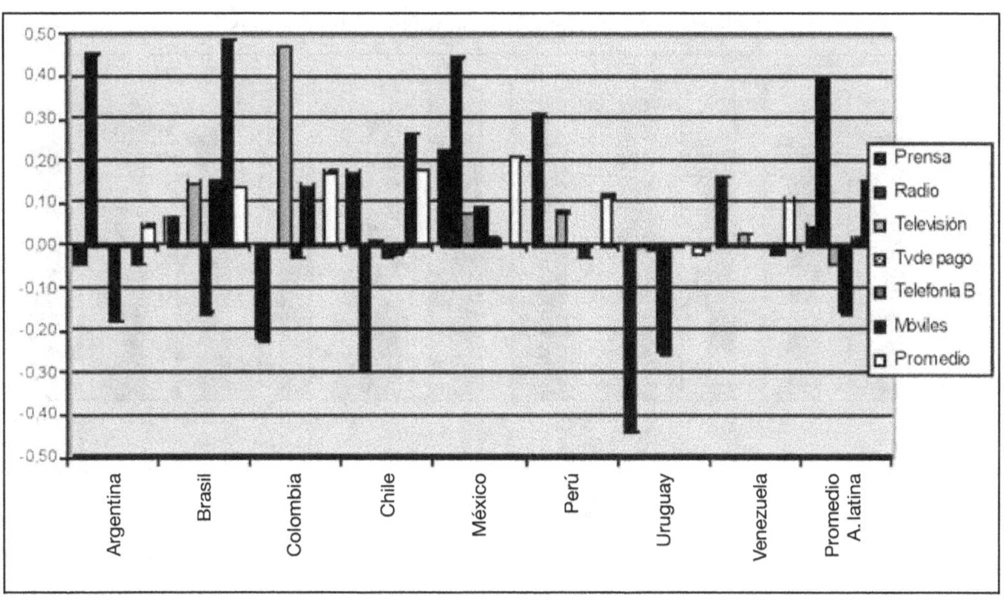

La correlación entre las tendencias promedio de concentración y la de los diferentes mercados en los distintos países ha sido examinada con detenimiento en el trabajo de investigación, tanto como estrategia de conocimiento de las tendencias que las distintas industrias expresan en contextos diferentes, como también en tanto método de control y validación de los datos y las comparaciones que el estudio fue estableciendo. Por ello, la relación entre el promedio de concentración de los cuatro primeros operadores en televisión abierta y el promedio de concentración general por país (de los cuatro primeros operadores) en dominio de mercado, resulta pertinente y manifiesta las características de cada uno de los casos a la vez que demuestra que, más allá de diferencias, existe una correspondencia evidente.

Por otro lado, la evolución del dominio de mercado por parte del primer operador es otro elemento que colabora en la comprensión del sistema de medios e industrias colindantes o convergentes en la región por cuanto expresa la influencia del principal actor: el índice arroja en promedio un valor de 0,45 en 2004, contra el 0,43 del año 2000, lo que implica la estabilidad en un margen realmente elevado, e incluso la tendencia expresa un tenue incremento.

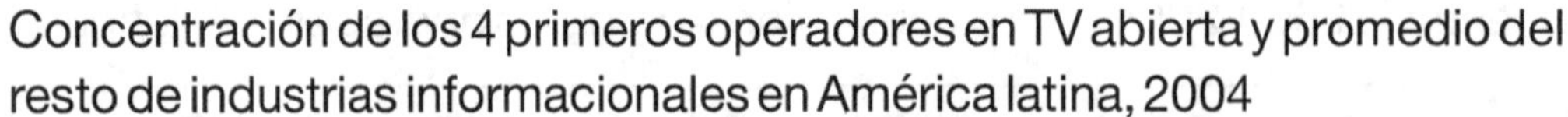

Concentración de los 4 primeros operadores en TV abierta y promedio del resto de industrias informacionales en América latina, 2004

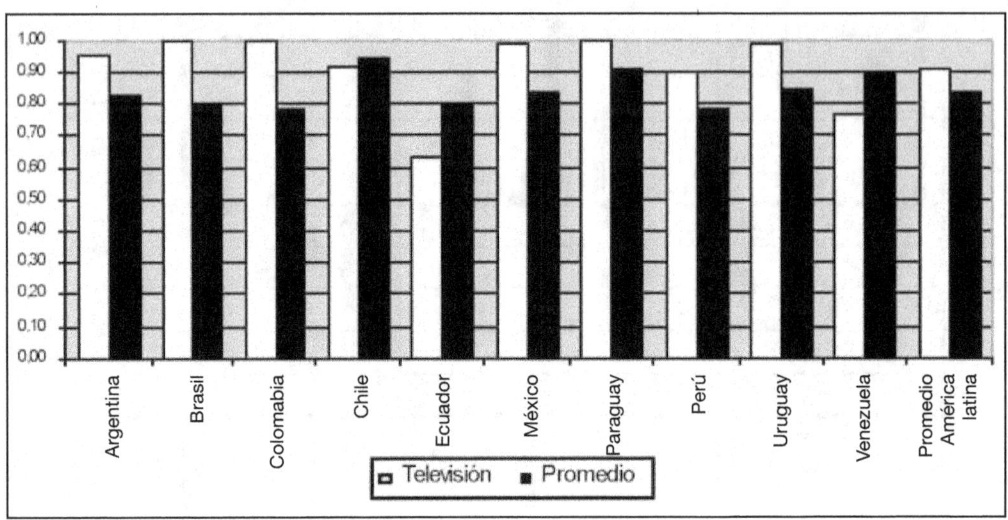

Que el promedio de participación del primer operador en las actividades infocomunicacionales sea del 45% del mercado en promedio regional refuerza la importancia de incluir las referencias al proceso de concentración cuando se describe, se explica, se analiza o se interpreta el panorama de medios y de industrias infocomunicacionales en América latina: una sola empresa se acerca en solamente cinco puntos al porcentaje previamente citado de Albarran y Dimmick sobre un alto índice de concentración cuando cuatro (no uno) actores alcanzaban el meridiano de la mitad del mercado. En otras palabras, casi la mitad del mercado de productos y servicios de la información y la comunicación en la región se halla, en promedio, controlado por un solo operador (véase gráfico sobre comparación de tendencias en el anexo).

Al detener el análisis en el primer operador, se advierte que el comportamiento de las diferentes industrias es desigual y difiere del panorama que se obtiene al procesar los datos de las cuatro empresas principales. En este sentido, se pueden organizar tres niveles de participación del primer actor por industrias, de menores a mayores porcentajes de concentración: el primer nivel está compuesto por las industrias de prensa escrita y de radiofonía, donde la participación del primer operador se sitúa en torno del 30% del mercado aproximadamente; un segundo nivel refiere a la industria televisiva (tanto abierta como de pago) en la que la primera emisora controla en promedio entre el 40% y el 45% de la audiencia; en tanto que un tercer nivel ubica a la telefonía, en la que el principal prestador del servicio franquea en promedio el 50% llegando a casi el 70% en el caso de la telefonía básica o fija, industria que tributa así a un pasado de operador monopólico que no ha sido demasiado alterado –en lo que a la predominancia de un actor principal se refiere– por las privatizaciones ocurridas en casi todo el subcontinente (con excepción de Uruguay).

El siguiente gráfico permite comparar la evolución del dominio del primer operador en diferentes industrias entre el año 2000 y el año 2004 en la región, y se representan los tres niveles en función de los márgenes de centralidad alcanzados en cada caso.

Promedio concentración infocomunicacional por dominio de mercado del 1er operador. América latina 2000/2004

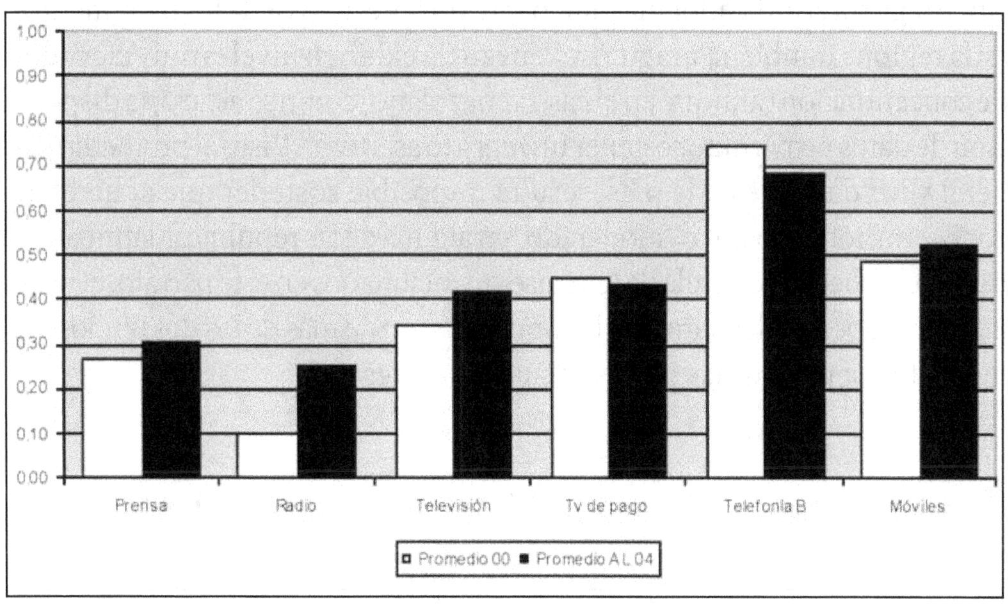

En cuanto a las tendencias de modificación intra-industria entre 2000 y 2004, pueden distinguirse casos de incrementos definidos en el promedio de concentración por dominio de mercado del primer operador, en la industria de la radio (desde el 11% en 2000 al 26% en 2004), la televisión abierta (desde el 35% en 2000 al 43% en 2004). Otras tendencias expresan alzas menos pronunciadas, como en el caso de la prensa escrita (desde el 27% en 2000 al 31% en 2004) o la telefonía móvil (desde el 49% en 2000 al 53% en 2004). La televisión por cable casi no registra modificaciones (desde el 45%

en 2000 al 44% en 2004) y la telefonía básica o fija evidencia un descenso desde el 75% en 2000 al 69% en 2004.

Otra forma de representación de los datos obtenidos en el trabajo de investigación es la consideración de los países y el seguimiento de la evolución de los procesos de concentración en el lapso de cuatro años por país. En este sentido, se presentan dos gráficos: el primero ilustra el promedio de concentración de los cuatro primeros operadores de todas las industrias analizadas, por país, en el año 2000 (columnas blancas) y en el año 2004 (columnas negras); el segundo refiere al promedio de concentración del primer operador en todas las industrias del estudio, por país, en el año 2000 (columnas blancas) y en el año 2004 (columnas negras).

De este modo, se advierte que en la evolución del índice de concentración por mercados y audiencias, por país, en los cuatro primeros operadores, Chile registra el indicador más alto para 2004, y el mayor de los incrementos en la región. También Paraguay y Venezuela exhiben niveles muy elevados de concentración (aunque en el caso venezolano, como se aclaró, la disposición de datos no permite sostener un registro asertivo). Visto el promedio general y los datos de cada país, resulta imposible sostener que el nivel de concentración es "bajo" o "moderado" en alguna de las repúblicas latinoamericanas. De hecho, más allá de los países mencionados en este párrafo, el resto también supera holgadamente la concentración de más de los dos tercios del mercado por parte de las primeras cuatro empresas.

Evolución concentración por mercado por país, promedio 4 primeros operadores, 2000/2004

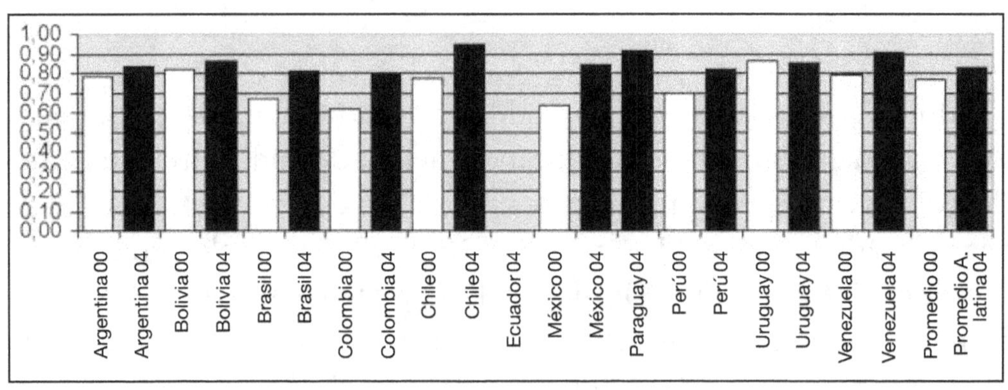

Por otro lado, en la evolución del índice de concentración del primer operador por mercados y audiencias, por país, se destacan México y Uruguay como los casos con indicadores más altos, en ambos casos superando el 50% de dominio de mercado por parte de la primera empresa, pero también Paraguay, Perú, Ecuador y Chile presentan registros muy elevados. En los estudios de economía de la comunicación se suele sostener que el tamaño de la población incide directamente en la escala necesaria para que existan varios competidores en mercados cuyas características radican en que la generación de los prototipos y los costos de producción son muy altos en términos comparativos, como es el caso de los infocomunicacionales. Sin embargo, esta consideración conceptual, que podría ser válida para comprender la tendencia a controlar casi la mitad del mercado en promedio por parte de un solo operador en Uruguay (por supuesto, operador que difiere según la industria que se estudie), no alcanza para contener en el registro explicativo los niveles de concentración del primer operador en el resto de los países de la región. En efecto, en casi toda Latinoamérica la tendencia a la concentración se ha mantenido estable o bien se ha incrementado y el dominio del primer operador oscila entre un promedio del 30% (Argentina) a casi el 60% (México).

Evolución concentración por mercado por país, promedio 1er operador, 2000/2004

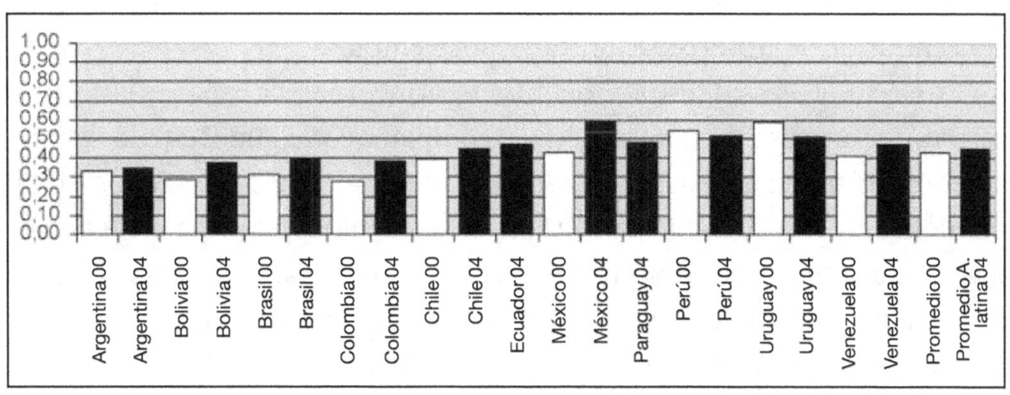

Causas y alternativas

Habiendo sintetizado las conclusiones más sobresalientes del estudio, es pertinente interrogarse acerca de cómo se ha arribado a (por una parte) y cuáles son las consecuencias de (por otra parte) la situación de accesos debilitados y desigualdad estructural que, en América latina, coexisten con un panorama presidido por niveles de concentración de la propiedad de las industrias de contenidos y de conexión de servicios y bienes simbólicos que son más altos y más extendidos a múltiples actividades que en otras regiones del mundo.

La complementación del acceso desigual con la alta concentración en pocas manos de los instrumentos de producción y distribución de contenidos informativos y de entretenimiento, es fruto de la acumulación de políticas que, por acción u omisión, conformaron las condiciones de posibilidad para que esa coexistencia se fuera consolidando en términos de estructura. A la vez, esta estructura plantea el desafío de su transformación a menos que la apuesta de la región sea la de profundizar la desigualdad y la concentración.

Si el proceso de concentración constatado para América latina ocurriera, con los niveles explicitados, en países con acceso generalizado a los bienes y servicios infocomunicacionales, la concentración constituiría una preocupación atendiendo a la necesidad de promover políticas de contenidos diversos. En efecto, parte de las estrategias desarrolladas en políticas de comunicación y cultura en Europa se sitúan en este plano al establecer cuotas de pantalla y de contenidos para estimular la diversidad, a la vez que implementan restricciones a la concentración de la propiedad cruzada, por ejemplo.

En efecto, el presente estudio demuestra, al incorporar a España a la investigación, que un país que hace tres décadas compartía con algunos estados latinoamericanos muchas de las características de estos países, al implementar políticas de signo diferente para las actividades infocomunicacionales en el marco de un proceso de despegue socioeconómico general (despegue tributario en buena medida –aunque no únicamente– al proceso de unificación europea), ha podido suturar las brechas de acceso más significativas. No obstante, España ostenta un índice de concentración tan elevado como el de muchos de los países latinoamericanos estudiados y, en sustancia, no se aleja del promedio general de la investigación. La ausencia de políticas de servicio público, la resistida (por los actores oligopólicos infocomunicacionales y por buena parte del estamento político ibéricos) creación de autoridades regulatorias independientes que atiendan la complejidad del abordaje del proceso de concentración de la propiedad y de los contenidos en España, colaboraron con la cristalización de los índices reflejados en este libro.

Pero la realidad latinoamericana combina, potenciando sus efectos, tanto la limitación en el acceso de las sociedades a los productos infocomunicacionales (con la notable excepción de la radio y la televisión, cuyo acceso y consumo se presume "gratuito" ya que no implica un pago directo de las audiencias[8]) como la alta concentración de la propiedad y gestión del circuito de producción de esos productos.

Algunos procesos centrales concurren para posibilitar las condiciones de consolidación del panorama descripto en la región: por un lado, América latina arrastra una tradicional debilidad de los poderes públicos para disponer reglas de juego ecuánimes que garanticen el acceso de los diferentes sectores sociales, políticos y económicos a la titularidad de licencias (cuya administración, legalmente, realiza el Estado) de radio y televisión.

Por otro lado, tampoco existen antecedentes –como sí ocurre en vastas regiones del mundo desarrollado– de sistematización de los vínculos económicos del Estado con los medios (incluso escritos) de tal modo de que puedan promoverse expresiones alternativas a las del *status quo* mediático e infocomunicacional. La demanda de transparencia en el manejo de los recursos públicos, que forma parte de las más elementales cualidades de una democracia, corre el serio riesgo de transformarse en una retórica cuando sólo es dirigida al estamento político pero se exime a los medios de comunicación y al conjunto de las industrias culturales de la misma exigencia.

Otro motivo que interviene en la singular estructuración infocomunicacional latinoamericana es la ausencia de servicio público audiovisual propiamente dicho en la región. Sostienen Daniel Hallin y Paolo Mancini que "América latina, hasta el momento, ha sido la única región del mundo, exceptuando a América del norte, donde la radiodifusión se ha desarrollado como un proyecto fundamentalmente comercial" (2007: 93). En efecto, el servicio público audiovisual, gestionado por entes públicos no gubernamen-

---

[8] No obstante, el pago se realiza por vías indirectas, ya que los servicios audiovisuales son financiados por un conjunto de opciones como la publicidad (que implica entonces que los consumidores de productos de consumo masivo participan de la cadena que indirectamente sostiene parte de los costos de producción audiovisual), eximición de impuestos, regímenes de promoción y ayudas estatales (es decir, impuestos generales solventados con el aporte de los ciudadanos).

tales, se ha revelado durante décadas en otras latitudes (Europa, Canadá) como un virtuoso reaseguro de pluralidad ante la lógica puramente lucrativa de los operadores comerciales del sistema de medios. Fuera del año considerado en el estudio, es preciso citar la iniciativa del presidente brasileño Luis Ignacio Lula da Silva al promover, en 2006, una red pública no gubernamental de emisiones audiovisuales en abierto. Su concreción podría inaugurar en América latina un tipo de intervención de carácter público sin injerencia directa de la administración (contingente) del poder político.

De modo tal que a los procesos de concentración horizontal o monomedia registrados en América latina antes de la década del noventa, hay que añadir la progresiva complejidad de un escenario atiborrado de concentraciones multimedia y conglomerales (también llamados "de multiformidad" por algunos autores), muchas de ellas protagonizadas por actores extranjeros y en algunos casos, ajenos a las industrias infocomunicacionales y particularmente vinculados con los mercados financieros, lo que habilita a pensar en un proceso de "financierización" del sector que imprime un sesgo cortoplacista al funcionamiento del sistema que precisa de contenidos provocativos que atraigan las audiencias (entendidas como consumidores) y sumen publicidad para rentabilizar las inversiones como fin último y justificador. Como sostienen Fox y Wasbord (2002), la privatización y liberalización operada en las industrias infocomunicacionales aceleró su internacionalización y afectando de este modo la inmunidad de la que gozaron tradicionalmente los sistemas de medios nacionales en América latina en cuanto a relaciones de propiedad.

Los indicadores provistos por el presente estudio deben analizarse, pues, a la luz de la identificación del carácter conglomeral, multimedia y de "multiformidad" de la concentración del sector en pocos grupos infocomunicacionales que suelen tener predominancia no ya en una sola actividad (por ejemplo prensa escrita), sino en el cruce de sus propiedades en varias actividades (industrias) en simultáneo. De este modo, uno de los principales operadores telefónicos (Telefónica) detenta en la Argentina la licencia de uno de los dos canales de televisión que domina tanto en audiencia como en facturación publicitaria; en Brasil la principal red de televisión abierta pertenece al mismo grupo (Globo), que a la vez gestiona uno de los principales diarios matutinos y es beneficiario de más de la mitad de la inversión publicitaria en medios de comunicación brasileños; en Colombia un grupo español de comunicación (Prisa), que adquirió la primera cadena radial está presente en otros medios en otros países de la región (como Bolivia o la Argentina); en Venezuela el grupo más consolidado (Cisneros) y licenciatario de la principal emisora televisiva cuenta con intereses en la televisión hispana en Estados Unidos y en medios de varios países de la región (Colombia o Chile).

Los "dueños de la palabra" son los grupos que han logrado consolidarse en el liderazgo de los mercados infocomunicacionales iberoamericanos. Su predominio exhibe niveles que constituyen barreras de entrada para competidores incluso en los casos en que éstos son fuertes operadores comerciales (como ocurre con Telmex en el mercado de telecomunicaciones mexicano, que en los hechos imposibilitó el ingreso de Telefónica, pero inversamente, con Telefónica en el mercado de telecomunicaciones argentino que en la práctica contuvo la inserción de Telmex). Si la competencia entre grandes grupos resulta quimérica por las características reglamentarias y las posiciones dominantes toleradas en los países de la región, junto a la existencia en muchos casos de un reparto de facto de los mercados entre los principales consorcios, es evidente entonces que la probabilidad de que operadores no comerciales accedan en igualdad de condiciones a las actividades que producen, editan, almacenan y distribuyen la información en Iberoamérica es casi nula. Para los autores de este libro, la contundencia de los indicadores relevados sobre concentración se corresponde con el carácter sistémico que dicho proceso tiene en la región. Los dueños de la palabra como Globo, Televisa, Telefónica, Telmex, Cisneros, Prisa, Clarín, Edwards-El Mercurio, Bavaria-Santo Domingo, Abril o Azteca son exponentes privilegiados de ese sistema, que demanda la atención hacia sus condiciones de posibilidad y de funcionamiento.

Estos actores son paradigmas en la región de un sistema global comercial de actividades de información y comunicación en el que América latina aparece completamente inmersa, con un rol subordinado respecto de los grandes grupos que dominan el escenario planetario, pero con tendencias especulares respecto del desarrollo de estos procesos en los países centrales (Estados Unidos, Canadá, Japón y Europa occidental). Por ejemplo, los grupos Globo y Televisa cuentan con años de experiencia en procesos integrados de producción y distribución de contenidos culturales, que ahora son multidistribuidos. A ellos se suma el resto de los consorcios y grupos aludidos en las páginas del presente libro.

Las tendencias constatadas en el presente estudio sobre la estructuración concentrada de las actividades infocomunicacionales en América latina son un proceso dinámico, que expresa cambios y evoluciona hacia una mayor consolidación. Este proceso no podría ocurrir sin la concupiscencia de los estamentos políticos gobernantes (se elude la referencia concreta a "gobiernos" en la convicción de que este proceso supone una larga construcción histórica que involucra a gobernantes de diferentes partidos políticos y tendencias, en los países de la región). La apelación a la "autorregulación" de los grupos mediáticos, que ha fracasado allí donde se intentó (por ejemplo, en el período 2002-2006 en España) revela la incapacidad demostrada en casi todos los países de la región para establecer reglas de juego ecuánimes en el sector infocomunicacional. Ello condiciona, lógicamente, agendas: para Mattelart (2005), "los grandes grupos de comunicación (…) no tienen muchas ganas de que la cuestión de la diversidad se trate públicamente en el espacio mediático. Porque abordarlo implica debatir el tema de la censura económica en el contexto de la concentración y el auge del capital financiero en su campo de actividades. Los gobiernos autoritarios, por su parte, son poco propensos a responder de su régimen de censura permanente".

La propiedad cruzada de medios, al no existir impedimentos de orden legal ni albergar los países de la región una cultura institucional de medios públicos no lucrativos que estimulen la diversidad, se traduce en un marco de intervención de grandes grupos con escasos márgenes de incidencia para otros actores sociales, económicos, políticos o culturales. En las primeras páginas del libro se resaltó la peculiar adhesión que concita en América latina la prenoción del funcionamiento "autónomo" de los medios respecto de los poderes fácticos (formales e informales): como se trata, precisamente, de una prenoción, es que la constatación de los niveles de concentración en pocos grupos conduce a advertir sobre la inevitable tendencia de los medios controlados por estos grupos a validar y representar su propio interés (y el de sus alianzas) como el interés general.

Sería un equívoco, porque el razonamiento no sería completo, si se atribuyera esta operación metonímica de los principales grupos de representar su interés corporativo como interés general únicamente a su dimensión y a su capacidad económica. Como es lógico, el argumento de su peso económico posee una fuerza explicatoria elocuente, pero reclama la intervención de otras dimensiones, como la histórico-política. Buena parte de los grupos infocomunicacionales que operan en la región cuentan con más de medio siglo de historia (y en algunos casos, como el grupo Mercurio de la dinastía de los Edwars en Chile, más de un siglo). Forman parte, entonces, de la historia contemporánea de los países en los que activan su propia trayectoria corporativa confundida con el pasado del país. La confusión es tal que la mencionada operación por la cual el nombre de una empresa o grupo de comunicación se presenta como portavoz del interés nacional general requiere permanentemente de enmiendas y gambetas, toda vez que la historia latinoamericana de los últimos 50 años fue prolífica en la existencia de dictaduras militares y de gobiernos corruptos y autoritarios, con los cuales la mayoría de los grandes grupos mediáticos de la región hicieron sólidos negocios.

A la vez, como sostienen Bustamante y De Miguel (2005), "en su origen y durante su etapa de consolidación, la mayoría de estos grupos obedecen a una estructura familiar y patriarcal señalada por diversos investigadores, menos acusada en los grupos españoles por su desarrollo posterior; sin embargo en casi todos los casos se ha producido un recambio generacional, especialmente en los '90, con herederos y gestores formados en universidades y escuelas de negocio estadounidenses, que aun reteniendo generalmente el control familiar han significado al mismo tiempo la introducción de formas de *management* modernas y reestructuraciones organizativas profundas (los autores mencionan como referencia el trabajo de Mastrini y Becerra, 2001; Fox, 1999 y Sinclair, 2002)". Es decir que además del capital histórico que les ha permitido tejer relaciones con la elite política, económica y cultural del país, los grupos más importantes mencionados en este trabajo se modernizaron en la última década del siglo veinte al tiempo que protagonizaban un recambio generacional que les permitió vincularse más orgánicamente con otros grupos de escala global (News Corp, Time Warner, Disney, Microsoft, Viacom, Bertelsman, entre otros).

La globalización no supone, parafraseando a García Canclini, la interacción equitativa de países y actores corporativos, ya que los grupos con sede en América latina registran en los últimos años una disminución en la participación en las exportaciones mundiales, como constata Getino. Esta menor participación de los capitales latinoamericanos en el mercado global de la cultura industrializada se complementa con "un creciente flujo de inversiones de capitales norteamericanos y europeos, solos o en asociación con inversionistas (o testaferros) locales, destinadas principalmente a las industrias del complejo audiovisual" (Getino, 2008: 51).

A su vez, la presencia de nuevos grupos extrarregionales en el mapa de industrias infocomunicacionales, que a pesar de su reciente arribo a algunos países de América latina ya detentan posiciones dominantes en diferentes mercados ha provocado, en algunos casos, cambios (o propuestas de cambios) en la regulación para estipular límites al capital extranjero en materia de bienes culturales. Sin embargo, esta reacción suele colisionar por un lado con acuerdos bilaterales o multilaterales de libre comercio suscriptos por los gobiernos (TLC's, OMC) y por otro lado, con la lógica convergente de producción y distribución de bienes y servicios infocomunicacionales donde la disposición de fronteras legales resulta sumamente compleja.

En los primeros años del siglo XXI la tendencia concentrada de funcionamiento de las industrias de la información, la comunicación y la cultura se constata como un fuerte rasgo identitario del sector en América latina. Los esfuerzos para despenalizar la radiodifusión comunitaria (en Perú, en Uruguay o con matices, en Chile, en Brasil y en la Argentina) o para organizar emisoras poderosas de servicio público no gubernamental (como en Brasil) son señales que comenzaron a producirse después de 2004 y que son por ahora tenues ante los niveles de concentración verificados.

La concertación de políticas regionales y nacionales para restringir la concentración, la aplicación de medidas que garanticen el acceso de los ciudadanos a servicios que en otras latitudes son concebidos como servicios públicos o servicios universales, la transparencia informativa como requisito para todos los operadores (privados comerciales, ciudadanos comunitarios o estatales), el acceso a la información pública, la disposición de sistemas ecuánimes de ayudas y subvenciones a medios plurales, la observación y el control público del sistema, el aliento a formas alternativas de financiamiento no publicitarias, el estímulo a la producción y circulación de contenidos regionales y al interior de los países, federales, entre otras medidas, surgen como estrategias que ameritan un debate amplio para transformar y mejorar las actividades de información y comunicación en el marco de la democratización del espacio público en los países de América latina.

Referencias

ALBARRAN, ALAN y JOHN DIMMICK (1996), "Concentration and economies of multiformity in the communication industries", en *The Journal of Media Economics 9(4)*, Lawrence Erlbaum Associates, Inc., pp.41-50.

ALBORNOZ, LUIS (2003), "La prensa *on line*: mayor pluralismo con interrogantes", en Bustamante, Enrique (coord), *Hacia un nuevo sistema mundial de comunicación. Las industrias culturales en la era digital*, Gedisa, Barcelona, pp. 111-138.

ARRIAZA IBARRA, KAREN y LARS W. NORD (2008), "What is public service on the *Internet*? Digital challenges for media policy in Europe", mimeo, paper presentado en la 2ª Conferencia de la European Communication Research and Education Association, Barcelona, 25-28/11/2008.

BECERRA, MARTÍN y GUILLERMO MASTRINI (2006), "Senderos de la economía de la comunicación: un enfoque latinoamericano", en *Cuadernos de Información y Comunicación*, vol. 11, Universidad Complutense de Madrid, Madrid, pp. 111-128.

BECERRA, MARTÍN (2003), *La Sociedad de la Información: proyecto, convergencia, divergencia*, Norma editorial, Buenos Aires, 153 p.

BLACKMAN, COLIN (1998), "Convergence between telecommunications and other media. How should regulation adapt?", en *Telecommunications Policy*, N° 3, Vol. 22, Elsevier Science, Cambridge (UK), pp. 163-170.

BOTELLA, JOAN (2006), "¿Pluralismo en los medios audiovisuales", en Quaderns del CAC, Consejo Audiovisual de Cataluña, consultado en agosto de 2006 en el sitio www.cac.cat.

BUSTAMANTE, ENRIQUE y JUAN CARLOS DE MIGUEL (2005), "Los grupos de comunicación iberoamericanos a la hora de la convergencia", en *Diálogos de la Comunicación* N° 72, Felafacs, Lima.

BUSTAMANTE, ENRIQUE (ed.) (2003), *Hacia un nuevo sistema mundial de comunicación. Las industrias culturales en la era digital*, Gedisa, Barcelona.

BUSTAMANTE, ENRIQUE (2002), "Nuevas fronteras del servicio público y su función en el espacio público mundial", en Vidal Beneyto, José (comp.), *La ventana global*, Taurus, Madrid, pp. 181-193.

CHAMORRO, CARLOS (2002) *Los medios de comunicación colectiva en Centroamérica*, ponencia preparada para el segundo informe sobre el desarrollo humano en Centroamérica y Panamá, PNUD, mimeo, Managua.

COPPS, MICHAEL (2007), "Statement of Commissioner Michael J. Copps FCC Media Ownership hearing, Seattle, Washington, November 9, 2007", consultado el 14 de noviembre de 2007 en www.fcc.gov.

COMISIÓN EUROPEA (2007), *Media pluralism in the Member States of the European Union*, Working document SEC (2007)32, mimeo, Bruselas, 91 p.

COMISIÓN EUROPEA (2006), *KEA European Affaire. La economía de la cultura en Europa*, Dirección General de Educación y Cultura de la Comisión Europea, mimeo, Bruselas.

COMISIÓN ECONÓMICA PARA AMÉRICA LATINA Y EL CARIBE (CEPAL) (2005), *Anuario estadístico 2005*, consultado en el sitio web:

http://www.cepal.org/publicaciones/xml/0/26530/LCG2311B_2.pdf

DELGADO, MANUEL (2007), *Sociedades movedizas. Pasos hacia una antropología de las calles*, Anagrama, Barcelona, 278 p.

DELLA VIGNA, S. y KAPLAN, E. (2006), *The Fox News effect: Media bias and voting*, Cambridge: National Bureau of Economic Research.

DE MIGUEL, JUAN CARLOS (2003), "Los grupos de comunicación: la hora de la convergencia", en Bustamante, Enrique (coord.), *Hacia un nuevo sistema mundial de comunicación: las industrias culturales en la era digital*, Gedisa, Barcelona, pp. 227-256.

DOYLE, GILLIAN (2002) *Media ownership*, Londres, Sage.

DJANKOV, SIMEON et al. (2001), *Who owns the media?*, World Bank, Office of the Senior Vice President, Development Economics Washington, D.C., 52 p.

FEDERAL COMMUNICATIONS COMMISSION (FCC) (2007), "Chairman Kevin J. Martin proposes revision to the newspaper/broadcast cross-ownership rule", en *News Media Information* 202, noviembre, FCC, Washington, consultado el 14 de noviembre de 2007 en www.fcc.gov.

FOX, ELIZABETH y SILVIO WAISBORD (eds) (2002), *Latin politics, Global media*, University of Texas Press, Austin.

FOX, ELIZABETH (1999), *Latin American Broadcasting. From Tango to Telenovela*, John Libbey Media, University of Luton, Luton.

FRATTINI, ERIC y YOLANDA COLÍAS (1996), *Tiburones de la comunicación: grandes líderes de los grupos multimedia*, Pirámide, Madrid, 341 p.

FUNDACIÓN TELEFÓNICA (2007a), *Tendencias 2007: Medios de comunicación. El escenario iberoamericano*, Madrid, Fundación Telefónica. Disponible en http://www.fundacion.telefonica.com/forum/media/publicaciones/Anuario_medios.pdf

FUNDACIÓN TELEFÓNICA (2007b), *Digiworld América Latina 2007*, Fundación Telefónica/Ariel, Madrid.

GALPERÍN, HERNÁN (1997), "Las industrias culturales en los acuerdos de integración regional. El caso del TLCAN, la UE y el Mercosur", en *Comunicación y Sociedad*, N° 31, Universidad de Guadalajara, Guadalajara, pp. 11-46.

García Canclini, Néstor y Ernesto Piedras Feria (2006), *Las industrias culturales y el desarrollo de México*, Flacso y Siglo XXI, México DF, 128 p.

García Canclini, Néstor (2004), *Diferentes, desiguales y desconectados: mapas de la interculturalidad*, Gedisa, Barcelona, 223 p.

García Canclini, Néstor y Carlos Moneta (coords.) (1999), *Las industrias culturales en la integración latinoamericana*, Eudeba, Buenos Aires, 342 p.

Garnham, Nicholas (1996), "Le développement du multimedia: un déplacement des rapports de force", en AAVV, *La Société face au Multimedia*, IDATE, Montpellier, pp. 153-174.

Getino, Octavio (1998), *Cine y televisión en América latina: producción y mercados*, Ciccus, Santiago de Chile, 279 p.

Getino, Octavio (2008), *El capital de la cultura. Las industrias culturales en la Argentina*, Ciccus, Buenos Aires, 495 p.

Gitlin, Todd (2005) *Enfermos de información: de cómo el torrente mediático está saturando nuestras vidas*, Paidós, Barcelona, 310 p.

Gómez, Rodrigo (2004), "TV Azteca y la industria televisiva mexicana en tiempos de integración regional (TLCAN) y desregulación económica", en *Comunicación y Sociedad*, Universidad de Guadalajara, Guadalajara, p. 51-90.

Groseclose, T. y Milo, J. (2005), "A measure of media bias", en *Quarterly Journal of economics*, Vol. CXX. Nº 4, Harvard, MIT.

Hallin, Daniel y Paolo Mancini (2007), "Un estudio comparado de los medios en América latina", en *Tendencias 07: medios de comunicación, el escenario iberoamericano*, Fundación Telefónica y Ariel, Madrid, pp. 91-93.

Horkheimer, Max y Adorno, Theodor (1988) *Dialéctica del Iluminismo*, Sudamericana, Buenos Aires, 302 p.

Idate (2008), *Digiworld Yearbook 2008: the digital world´s challenges*, Idate, Montpellier, 171 p.

Just, Natascha (2009), "Measuring media concentration and diversity: new approaches and instruments in Europe and the US", en *Media Culture Society, vol.* 31 (1), Sage, London, pp. 97-117.

Llorens Maluquer, Carles (2001), *Concentración de empresas de comunicación y el* pluralismo: *la acción de la Unión Europea*, tesis doctoral defendida en la Universidad Autónoma de Barcelona, Barcelona, mimeo, 474 p.

Mansell, Robin (2005), "Las contradicciones de las sociedades de la información", en *Quaderns del CAC* Nº 21, Instituto de la Comunicación (InCom) de la Universidad Autónoma de Barcelona y Consejo del Audiovisual de Cataluña (CAC), Barcelona.

Mastrini, Guillermo y Martín Becerra (2006), *Periodistas y magnates: estructura y concentración de las industrias culturales en América Latina*, Prometeo, Buenos Aires, 330 p.

Mastrini, Guillermo y Martín Becerra (2001), "50 años de concentración de medios en América Latina: del patriarcado artesanal a la valorización en escala", en Quirós Fernández, Fernando y Francisco Sierra Caballero (eds.), *Globalización, comunicación y democracia. Crítica de la economía política de la comunicación y la cultura*, Comunicación Social Ediciones y Publicaciones, Sevilla, España, pp. 179-208.

Mastrini, Guillermo y César Bolaño (eds.) (1999), *Globalización y monopolios en la comunicación en América latina: hacia una economía política de la comunicación*, Biblos, Buenos Aires, 250 p.

Mattelart, Armand (2005), *Diversidad cultural y mundialización*, Paidós, Barcelona, 177 p.

McChesney, Robert (2005), "Congress Tunes In", en *The Nation*, 23 de mayo, consultado el 3 de julio de 2007 en:

http://www.thenation.com/docprint.mhtml?i=20050523&s=scott

McChesney, Robert (2002), "Economía política de los medios y las industrias de la información en un mundo globalizado", en Vidal Beneyto, José (director), *La ventana global*, Taurus, Madrid, pp. 233-247.

Miège, Bernard (2006), "La concentración en las industras mediáticas (ICM) y los cambios en los contenidos", en *Cuadernos de Información y Comunicación*, vol. 11, Universidad Complutense de Madrid, Madrid, pp. 155-166.

Mosco, Vincent y Janet Wasko (1988), *The political economy of information*, University of Wisconsin Press, Madison, 330 p.

Mueller, Milton (2004), "Convergence: a reality check", en Geradin, Damien y David Luff, *The Wto and global convergence in telecommunications and audio-visual services*, Cambrige, cambridge University Press.

Murdock, Granham (1990), "Redrawing the map of the communications industries: concentration and ownwership in the era of privatization", en Ferguson, Marjorie (ed.), *Public Communication. The New Imperatives*, London, Sage.

Murdock, Graham y Peter Golging (1981), "Capitalismo, comunicaciones y relaciones de clase", en James Curran (ed.) Sociedad *y comunicación de masas*, Fondo de Cultura Económica, México, pp. 22-57.

Nieto, Alfonso e Iglesias, Francisco (2000), *La empresa informativa*, Madrid: Ariel.

Noam, Eli (2006), "How to measure media concentration", en FT.com, 06/19/2006.

Noam, Eli (2004), "Overcoming the three digital divides", en Geradin, Damien y David Luff, *The Wto and global convergence in telecommunications and audio-visual services*, Cambrige, cambridge University Press.

Nye, Joseph S. (2003), "La fuerza no basta", en Yaleglobal, 4 de diciembre de 2003. Consultado en diciembre de 2008 en:

http://yaleglobal.yale.edu/article.print?id=5840

OEA (2004), "Informe anual de la Relatoría para la Libertad de Expresión 2004", Organización de los Estados Americanos, mimeo, documento consultado en noviembre de 2007 en http://www.cidh.org/Relatoria/showarticle.asp?artID=459&lID=2.

ONU, OEA, OSCE (2007), "Declaración conjunta de los Relatores sobre Libertad de Expresión de ONU, OEA y OSCE, sobre diversidad en la radiodifusión", mimeo, documento consultado en marzo de 2008 en http://www.cidh.org/Relatoria/showarticle.asp?artID=719&lID=2.

ORGANIZACIÓN PARA LA COOPERACIÓN Y EL DESARROLLO ECONÓMICO (OCDE) (2003), *Seizing the benefits of ICT in a digital economy*, OCDE, París, 26 p.

PERELMAN, PABLO (2003), *Estudio sectorial sobre la Industria de generación de contenidos y bienes culturales*, Oficina de la CEPAL-ONU y de la Secretaría de Política Económica, Ministerio de *Economía* de la Nación, Buenos Aires.

PÉREZ GÓMEZ, ALBERTO (2000), "Las concentraciones de medios de comunicación", en *Quaderns del Consell de l'Audiovisual de Catalunya*, Consell de l'Audiovisual de Catalunya, Barcelona, pp. 81-91.

PETKOVIC, BRANKICA (ed.) (2004): *Media ownership and its impact on media independence and pluralism*, Peace Institute, Ljubljana.

PICARD, ROBERT (1988), *Press concentration and monopoly, new perspectives on newspaper ownership and operation*, Ablex. Norwood.

ROCKWELL, RICK y NOREENE JANUS (2003), *Media power in Central America*, Illinois, Universidad de Illinois.

SÁNCHEZ TABERNERO, ALFONSO y CARVAJAL, MIGUEL (2002), "Concentración de empresas de comunicación en Europa: nuevos datos contradicen los viejos mitos", en *Comunicación y Sociedad,* Vol. XV N° 1, Guadalajara: Universidad de Guadalajara

SARLO, BEATRIZ (1998), *La máquina cultural: maestras, traductores y vanguardistas*, Ariel, Buenos Aires, 292 p.

SCOTT, BEN (2004), "The politics and policy of media ownership", *American University Law Review vol 53*, N° 3, Washington College of Law, Washington, p. 645-677.

SEGOVIA, ALEJANDRO (2005), *Integración real y grupos de poder económico en América Centra: Implicaciones para el desarrollo y la democracia de la región*, Fundación F. Ebert, mimeo, San José.

SILVERSTONE, ROGER (1996), *Televisión y vida cotidiana*, Amorrortu editores, Buenos Aires, 313 p.

SINCLAIR, JOHN (2002), Televisión, *comunicación global y regionalización*, Gedisa, Barcelona.

SMIERS, JOOST (2006), *Un mundo sin copyright: artes y medios en la globalización*, Gedisa, Barcelona, 383 p.

SUBSECRETARÍA DE TELECOMUNICACIONES DE CHILE (Subtel) (2005), *Informe Anual del sector telecomunicaciones 2005*, consultado en el sitio web http://www.subtel.cl/prontus_subtel/site/artic/20070212/asocfile/20070212182348/informe_anual_2005_061219_v2.PDF

SUNKEL, GUILLERMO y ESTEBAN GEOFFROY (2001), *Concentración económica de los medios de comunicación*, Lom Ediciones, Santiago de Chile.

UNITED NATIONS DEVELOPMENT PROGRAMME, UNDP (2005), *Human Development Report 2005*, UNDP, New York, 372 p. Disponible en:
http://hdr.undp.org/en/media/HDR05_complete.pdf

VAN AUDENHOVE, LEO, JEAN-CLAUDE BURGELMAN, GERT NULENS y BART CAMMAERTS (1999), "Information society policy in the developing world: a critical assessment", en *Third World Quarterly,* vol. 20 N° 2, pp. 387-404.

VAN CUILENBURG, JAN y DENIS MCQUAIL (2003), "Media policy paradigm shifts: towards a new communications policy paradigm", en *European Journal of Communication,* vol. 18, N°2, Sage, Londres, pp. 181-207.

VAN DIJK, JAN (2005), *The Deeping divide. Inequality in the Information Society*, Sage, Thousand Oaks, 240 p.

WILLIAMS, RAYMOND (ed.) (1992), *Historia de la comunicación*, editorial Bosch, Barcelona. Capítulo "Tecnologías de la información e instituciones sociales", pp. 182-210.

YÚDICE, GEORGE (2002), El recurso de la cultura: usos de la cultura en la era global, Gedisa, Barcelona, 475 p.

ZALLO, RAMÓN (2007), "La economía de la cultura (y la comunicación) como objeto de estudio", en *Revista Zer* N°22, Universidad del País Vasco, Bilbao, consultado en julio de 2008 en http://www.ehu.es/zer/zer22/zer22_zallo.htm

ZALLO, RAMÓN (1988), *Economía de la comunicación y la cultura*, Akal, Madrid, 207 p.

ZENITH OPTIMEDIA, *Americas Market & Mediafact*, at www.zenithoptimedia.com, 2006.

Otros recursos consultados, en páginas web (organismos y consultoras):

-Comisión Federal de Telecomunicaciones (México). URL:
http://www.cft.gob.mx/quienes_somos_direct.shtml.

-Comisión Interamericana de Telecomunicaciones (OEA) URL:
http://www.citel.oas.org/citel_e.asp.

-Comisión Nacional de Comunicaciones, (Argentina) URL:
http://www.cnc.gov.ar/index.asp.

-Comisión Nacional de Telecomunicaciones (Paraguay) URL:
http://www.conatel.gov.py/.

-Comisión Nacional de Telecomunicaciones (Venezuela) URL: http://www.conatel.gov.ve/.
-Comisión de Regulación de Telecomunicaciones (Colombia) URL:
http://www.crt.gov.co/.
-Consejo Nacional de Telecomunicaciones (Ecuador) URL:
http://www.conatel.gov.ec/
-Convergencia Latina, consultora regional sobre telecomunicaciones y servicios convergentes. URL: http://www.convergencialatina.com/sp/
-Ministerio de Comunicaciones (Colombia URL:
http://www.mincomunicaciones.gov.co.
-Ministerio de Obras Públicas y Comunicaciones (Ecuador) URL:
http://www.mop.gov.ec/.
-Ministerio de Obras Públicas y Comunicaciones (Paraguay) URL:
http://www.mopc.gov.py/.
-Ministerio de Obras Públicas, Transportes y Telecomunicaciones (Chile) URL:
http://www.moptt.cl/.
-Ministerio de Transportes y Telecomunicaciones (Perú) URL:
http://www.mtc.gob.pe/portal/itramites.htm.
-Organismo Supervisor de la Inversión Privada en Telecomunicaciones (Perú) URL:
 http://www.osiptel.gob.pe/
-Unidad Reguladora de Servicios de Telecomunicaciones (Uruguay) URL:
http://www.ursec.gub.uy
-Unión Internacional de las Telecomunicaciones (UIT) *World Telecommunication Indicators Database*, URL:
http://www.itu.int/ITU-D/ict/publications/world/world.html

ANEXO
Gráficos en color

Concentración de mercados 4 primeros operadores, comparación 2004/2000

Concentración de mercados 1er operador, comparación 2004/2000